増補版

金融リスク管理を変えた
10大事件
＋X

10 CASES THAT CHANGED
FINANCIAL RISK MANAGEMENT
SECOND EDITION

藤井 健司 著
KENJI FUJII

一般社団法人 金融財政事情研究会

本書で示した意見は、著者が現在および過去に所属した組織のものではなく、著者個人のものである。また、本書の内容にかかるありうべき誤りは、すべて著者個人の責任による。

増補版発刊にあたって

　2013年に刊行した『金融リスク管理を変えた10大事件』は、多くの方に読んでいただく光栄を得た。著者と同時代を生きた方から、より若い投資家の方、さらには、学生の方まで、幅広い世代の方々に、つたない文章にお付き合いいただいたようである。読者の方からは、なぜこの10件なのか、なぜあの事件は入っていないのか、などのご意見をいただき、ありがたいことに、今般、金融財政事情研究会さんから、増補版発刊の機会をいただけることになった。

　増補版では、数の制約から初版に織り込めなかった事件や、初版刊行時には、その行く末が見込めず、織り込むことをあきらめた事件など、新たに３つの事件を加え、また、旧９章を２章に分けている。その意味では、「10大事件」ではなくなっているが、どれがほかより重要、ということはないので、「10大事件＋$\mathcal{X}$」とさせていただいた。あわせてそれ以外の章についても、状況のアップデートや記載の補足などを行っている。著者の実務家としての生の声である「目撃者のコラム」についても、その内容を見直した。

　金融リスク管理の歴史の目撃者としての「語り部」の役割が果たせたかどうかはいまだに確信がない。しかしながら、多くの方のさまざまな感想に背中を押していただき、さらなる「目撃証言」を残すべきとの思いに至った。本書増補版が、金融リスク管理に関心をもつ方にとり、なんらかのヒントになれば幸いに思う。

　2016年８月

藤井　健司

はじめに

　社内のリスク管理部門や財務・主計部門の若手社員向けに、勉強会を実施している。毎月第1・第3金曜日の昼休み。参加は任意、出入り自由。ただし、宿題・事前課題あり。ケーススタディによる発表もあり。

　「寺子屋プロジェクト」と名づけられた勉強会は、リスク管理の理論から時々のトピックまで臨機応変にカバー、3年前に始めて以来、すでに60回を重ねている。

　ある回で取り上げたヘッジファンドLTCMのケースで何やら反応が鈍い。ふと気がついて、「LTCMって何か、知っている人？」と聞くと、参加者17名のうちであがった手は1人。その彼も、「ロシアのファンドだと思っていました」。なるほど、LTCM危機が発生したのは彼ら彼女らが中学生や高校生の頃。むしろ、知らないのが当然だろう。

　「10大事件」は、いささか興味本位にみえるかもしれないが、後述のとおり、金融リスク管理の歴史はさまざまな経験と教訓に対する不断の改善努力の賜物である。実務の側から、そのすべてを目の当たりにしてきた「目撃者」として、それを伝えるのは義務ではないか、と考えた。

　金融リスク管理の「語り部」の役割がどこまで果たせるか、甚だ疑問は残るが、個々の出来事自身が雄弁に語ってくれることを期待して、まずは流れに任せてみたい。

2013年6月

　　　　　　　　　　　　　　　　　　　　　　　　藤井　健司

目　次

序章　「10大事件+x」と本書の構成

1. 伝統的な金融リスク管理 …………………………………… 2
2. 金融自由化と「現代」金融リスク管理 …………………… 3
3. 10大事件の発生と金融リスク管理──本書の構成 ……… 5

第1章　外国為替取引とヘルシュタット・リスク【1974年】

1. ブレトンウッズ体制とニクソンショック …………… 12
2. 外国為替取引と通貨決済のユニークさ …………… 15
3. ヘルシュタット銀行の経営危機と「ヘルシュタット・リスク」の発生 …………………………………………… 18
4. 国際的な金融監督への影響とその後の「ヘルシュタット・リスク」…………………………………………… 21
5. 「外為取引の決済リスク」報告 ……………………… 24
6. 金融リスク管理への影響 ……………………………… 24
   - ●目撃者のコラム ………………………………………… 27
   - ●参考資料 ………………………………………………… 29

第2章　ブラックマンデー【1987年】

1. 「ウォール街の10月の大虐殺」……………………… 32

2 事件の「犯人」——プログラム・トレーディングとポートフォリオ・インシュアランス ………………………………… 34
 3 10月19日——「暗黒の月曜日」………………………………… 36
 4 事態の収拾——恐慌からの脱出 ………………………………… 38
 5 事件後の経緯 ……………………………………………………… 38
 6 金融リスク管理への影響 ………………………………………… 41
   ●目撃者のコラム ………………………………………………… 42
   ●参考資料 ………………………………………………………… 43

第3章　BCCIとマネーローンダリング【1991年】

 1 多国籍銀行BCCI ………………………………………………… 46
 2 BCCIをめぐる懸念と対応の遅れ ……………………………… 48
 3 BCCIと不正取引 ………………………………………………… 50
 4 マネーローンダリング（資金洗浄）…………………………… 52
 5 BCCI対応の問題点 ……………………………………………… 55
 6 金融機関監督体制への影響 ……………………………………… 57
 7 金融リスク管理への影響 ………………………………………… 61
   ●目撃者のコラム ………………………………………………… 62
   ●参考資料 ………………………………………………………… 63

第4章　G30レポートとVaR革命【1993年】

 1 ニューヨーク連銀総裁の警告 …………………………………… 66
 2 デリバティブ取引市場の拡大 …………………………………… 67

3　G30レポート……………………………………………… 69
4　バーゼル委員会のデリバティブ管理ガイドライン……… 73
5　JPモルガンの「リスクメトリクス®」…………………… 73
6　BIS規制と市場リスク規制の導入………………………… 76
7　自己資本比率規制における「メニュー方式」…………… 79
8　「VaR革命」と金融リスク管理への影響………………… 81
　●目撃者のコラム…………………………………………… 82
　●参考資料…………………………………………………… 84

第5章　FRBショックとデリバティブ損失【1994年】

1　「FRBショック」…………………………………………… 86
2　金利上昇とデリバティブ損失…………………………… 87
3　デリバティブ仕組取引…………………………………… 89
4　リスク経営の先駆者……………………………………… 95
5　デリバティブ損失とバンカーズ・トラスト銀行……… 96
6　レピュテーショナルリスク……………………………… 100
7　米国カリフォルニア州オレンジ郡……………………… 100
8　金融リスク管理への影響──販売適合性とレピュテーショナルリスク…………………………………………… 102
　●目撃者のコラム…………………………………………… 105
　●参考資料…………………………………………………… 107

第 6 章　ベアリングズ銀行と不正トレーダー【1995年】

1　1995年2月最後の日曜日 ………………………… 110
2　シンガポール子会社の「裁定取引」 ……………… 111
3　事件の発覚と「女王陛下の投資銀行」の破綻 ……… 113
4　事件の影響とイングランド銀行 ………………… 115
5　民間金融機関の対応とさらなる不正トレーダー …… 117
6　「不正トレーダー」が金融リスク管理に与えた影響 … 120
7　その後の「不正トレーダー」たち ………………… 123
　●目撃者のコラム ……………………………… 126
　●参考資料 …………………………………… 127

第 7 章　ヘッジファンドLTCM破綻【1998年】

1　1998年9月23日、ニューヨーク連銀 ……………… 130
2　ロケット・ヘッジファンド ………………………… 132
3　アジア通貨危機とファンドの転落 ………………… 134
4　LTCMのデリバティブ・ポジション ……………… 138
5　「デリバティブの中央銀行」と市場流動性 ………… 142
6　LTCM後の金融市場とポジション処理 …………… 143
7　官民の対応 ………………………………… 147
8　LTCM破綻が金融リスク管理に与えた影響 ……… 149
　●目撃者のコラム ……………………………… 155
　●参考資料 …………………………………… 157

第8章　バーゼルⅡとオペレーショナルリスク【2001〜2007年】

1　バーゼルⅡへの道のり ………………………………… 160
2　バーゼルⅡの枠組み …………………………………… 162
　(1)　3つの柱 …………………………………………… 162
　(2)　オペレーショナルリスク ………………………… 163
　(3)　メニュー方式の全面採用 ………………………… 163
3　バーゼルⅡの内容――第一の柱 ……………………… 165
　(1)　内部格付手法 ……………………………………… 165
　(2)　資産区分の詳細化 ………………………………… 167
4　バーゼルⅡの内容――第二の柱 ……………………… 169
5　バーゼルⅡの内容――第三の柱 ……………………… 171
6　オペレーショナルリスク ……………………………… 172
7　金融リスク管理への影響 ……………………………… 174
　●目撃者のコラム ………………………………………… 176
　●参考資料 ………………………………………………… 178

第9章　ニューヨーク同時多発テロとBCP【2001年】

1　9月11日午前8時46分 ………………………………… 180
2　ライフラインへの影響 ………………………………… 181
3　金融市場への影響 ……………………………………… 181
4　金融機関の対応 ………………………………………… 183

5 金融リスク管理への影響——業務継続と災害復旧 ……… 185
6 BCPの策定 ……………………………………………… 187
  (1) 重要業務の選定 …………………………………… 187
  (2) 復旧目標時間の設定 ……………………………… 187
  (3) BCPの策定と定期的見直し ……………………… 188
  (4) 経営資源の確保と連絡体制の整備 ……………… 188
  (5) 訓練の実施 ………………………………………… 189
  (6) 計画の定期的見直し ……………………………… 190
7 その後の危機事象とBCP ……………………………… 190
  ●目撃者のコラム ……………………………………… 192
  ●参考資料 ……………………………………………… 193

第10章 サブプライムローン問題と証券化商品【2007年】

1 パリバ・ショック ……………………………………… 196
2 米国サブプライムローン ……………………………… 197
3 サブプライムローンと証券化商品 …………………… 200
4 CDOからSIVへ——証券化仕組商品 ………………… 203
5 「オリジネート・トゥ・ディストリビュート」ビジネスモデル ……………………………………………… 207
6 市場の反転と証券化仕組商品の崩落 ………………… 208
7 資金調達市場への影響と金融危機への懸念 ………… 210
8 ノーザンロック銀行——140年ぶりの「取付け騒ぎ」 …… 212
9 金融当局の対応 ………………………………………… 214

10　金融機関の損失とソブリン・ウェルス・ファンド
　　（SWF）………………………………………………………… 215
11　サブプライムローン問題──金融リスク管理への影響 … 217
　⑴　金融安定化フォーラムの中間報告 …………………………… 218
　⑵　金融安定化フォーラムの最終報告 …………………………… 220
　⑶　シニア・スーパーバイザーズ・グループ報告書 …… 221
　⑷　UBS銀行の「株主報告」……………………………………… 222
　●目撃者のコラム ………………………………………………… 226
　●参考資料………………………………………………………… 227

第11章　リーマンショックとグローバル金融危機の勃発【2008年〜】

1　金融機関の流動性危機とベア・スターンズ証券 ……… 230
2　2008年秋の陣⑴──米GSE問題 ……………………… 232
3　2008年秋の陣⑵──リーマン・ブラザーズ証券破綻 …… 235
4　2008年秋の陣⑶──AIG破綻とCDS取引 ……………… 239
5　事態の収拾と公的資金注入 ……………………………… 244
6　金融危機と実体経済への影響 …………………………… 251
7　金融リスク管理への影響 ………………………………… 252
　●目撃者のコラム ………………………………………………… 253
　●参考資料………………………………………………………… 256

第12章 バーゼルⅢと金融規制強化の潮流【2008年〜】

1 国際政治での金融規制の潮流 ………………………… 260
2 バーゼル2.5とバーゼルⅢ ………………………………… 263
 (1) 自己資本比率規制の強化——自己資本の量と質 …… 264
 (2) 自己資本比率規制の強化——リスク捕捉の強化 …… 268
 (3) レバレッジ比率 ……………………………………… 268
 (4) 流動性規制の導入 …………………………………… 269
3 総損失吸収力、あるいは「TLAC」……………………… 271
4 リスクデータ集計・報告原則 …………………………… 273
5 リスクアセット＝分母の見直し——バーゼルⅣ？ …… 276
6 トレーディング勘定の抜本的見直しとVaRの終焉 …… 278
7 各国規制と「逆グローバル化」………………………… 280
 (1) 米　国 ………………………………………………… 281
 (2) 英　国 ………………………………………………… 282
 (3) 欧　州 ………………………………………………… 284
8 金融リスク管理への影響 ………………………………… 285
 ●目撃者のコラム ………………………………………… 287
 ●参考資料 ………………………………………………… 290

第13章 アルゴリズム取引・HFT取引と「フラッシュ・クラッシュ」【2010年】

1 「フラッシュ・クラッシュ」…………………………… 294

2　アルゴリズム取引 …………………………………………… 296
3　2010年5月6日 ……………………………………………… 299
4　スタブ・クオート …………………………………………… 304
5　市場の対応 …………………………………………………… 306
6　フラッシュ・クラッシュが金融リスク管理に与える
　　影響 …………………………………………………………… 310
　　●目撃者のコラム …………………………………………… 312
　　●参考資料 …………………………………………………… 316

第14章　LIBOR不正とコンダクトリスク【2012年〜】

1　英バークレーズ銀行LIBOR不正申告事件 ………………… 318
2　LIBOR不正の広がりと多額の罰金 ………………………… 324
3　外為取引レート報告不正 …………………………………… 326
4　住宅ローン証券不適切販売 ………………………………… 328
5　脱税ほう助と制裁国向け取引 ……………………………… 328
6　「内部管理不備」に対する罰金処罰 ………………………… 331
7　コンダクトリスクと金融リスク管理への影響 …………… 333
　　●目撃者のコラム …………………………………………… 336
　　●参考資料 …………………………………………………… 338

目撃者のコラム──おわりに ……………………………………… 340
事項索引 ……………………………………………………………… 342

序章

「10大事件 + x」と本書の構成

金融機関のリスク管理が重視されている。いまや「リスク管理委員会」をもたない金融機関はありえない。委員会では、バリュー・アット・リスク（VaR）の動きが述べられ、ストレステストの結果が報告される。取締役会によるリスク管理への関与が求められ、各金融機関では、リスク管理の基本方針を制定している。大手金融機関では、自身の総体的なリスクをモニタリングする、総合リスク管理部署を有している。

　しかしながら、金融機関のリスク管理がこのようなかたちに落ち着いたのは、そう古い話ではない。「現代」金融リスク管理の歴史は、1990年代に入って始まったといっても、あながち間違いではない。そして、その発展においては、いくつかの「事件」が大きな役割を演じてきたのである。

1　伝統的な金融リスク管理

　金融業、特に銀行における伝統的なリスク管理は、信用リスク管理と流動性管理を中心に構築されてきた。これは銀行業の伝統的なビジネスモデルが、預金者から預金を集めて貸出を行う、という間接金融機能を中心として展開されており、調達金利としての預金金利と貸出金利の差としての利鞘を収益の柱としていたことによっていた。

　貸出資産が不良債権化して焦げ付くと、受け取るべき金利が入らなくなるだけではなく、元本の償却も発生してしまう。さらに不良債権の回収コストも損害になるため、金融機関は貸出判断を行う際の与信審査と、期中管理である与信管理を重視し

た。信用リスク管理は、審査部を中心に整備された。

これに対して、預金を集めて貸出を行うということは、調達側と運用側の金利や満期構成にミスマッチが生じることを意味する。特に高度経済成長期にオーバーローンの時期が続いた本邦においては、伸びが続く運用に対して十分な資金調達を確保することが重視された。そのため、調達の流動性管理と、総合的な資産負債管理、いわゆるALM[1]が伝統的に重視された。

こうして、伝統的な金融機関のリスク管理は、審査委員会（あるいは与信委員会）とALM委員会の2つを中心に運営されてきた。

2 金融自由化と「現代」金融リスク管理

1970年代後半以降、こうした状況が変化した。きっかけは、金融の国際化と自由化であった。

1971年のブレトンウッズ体制の崩壊に伴って外国為替相場が固定相場制から変動相場制へ移行したことや、1973年の第一次オイルショック後のユーロダラー市場の勃興等から、資金や資本の国際的な移動が進展、金融の国際化が進んだ。

資本や資金のグローバル化の動きは、各国における金融の自由化と相まったものであった。米国をはじめ、各国では、貸出や預金等の金利水準は規制によって制限されていた。外国為替規制が存在し、国際的な資本移動も厳しく規制されていた。ま

---

1 Asset Liability Management.

た、銀行業務と証券業務が分離[2]されるなど、金融業のなかにおける業務規制も厳しかった。こうした規制が、1980年代から緩和され、金融の自由化が進展したのである。

金融の国際化と自由化が進むことにより、金融資本はより有利な運用や調達を求めて自由に動くこととなった。株式・金利・為替等の市場が活発化して価格が動くことにより、主要各国の株式や債券市場が拡大した。ロンドンのシティを中心としたユーロ市場では、国際的で自由な為替市場や資本市場が急速に拡大、かつ浸透していった。1980年代には、日本の公的機関や事業法人が、世界の資本が集まるユーロ資本市場で有利な資金調達を行うことも日常化した。そして、こうした動きは、資金や資本の仲介を生業とする金融機関にとって、大きなビジネスチャンスが広がることを意味した。

金融機関はさまざまな分野に展開を始めた。金利為替やデリバティブ取引等の市場トレーディング業務、有価証券引受けや証券化等の資本市場業務、クレジットカード等の小口信用業務、M&Aアレンジ等の手数料業務、等である。

金融の業務が多様化する、ということは、金融機関が新たなリスクにさらされる、ということを意味した。市場トレーディング業務の拡大からは市場リスク、デリバティブ取引拡大からはカウンターパーティ・リスク、M&A等の手数料業務からはオペレーショナルリスク、それらを総体とした全体のリスクか

---

2 米国におけるグラス・スティーガル法が典型例であった。

ら資本を守る総合リスク、等である。こうした新たなリスクを適切に管理することが課題とされ、金融リスク管理の実務が発展することとなった。

3 10大事件の発生と金融リスク管理──本書の構成

しかしながら金融業の急速な拡大は、ビジネスの発展と、それを支えるべき金融リスク管理、さらには、会計制度や税制も含めた法規制との間にひずみを引き起こし、いくつかの「事件」を発生させることになる。1971年のニクソンショックの結果として始まった外国為替の変動相場制の犠牲として、1974年に発生した西ドイツの中堅商業銀行の破綻が意外な問題を明らかにしたヘルシュタット・リスク(第1章)は、国際金融の新たな課題を投げかけることになり、国際決済銀行(BIS[3])にバーゼル銀行監督委員会が設置されるきっかけとなった。1987年に発生した、ニューヨーク株式市場の大暴落、ブラックマンデー(第2章)は、その後の金融緩和によって何とか持ち直し、金融市場はさらなる拡大を続けた。その過程では、国際金融監督の不備につけこんで1991年に発生したBCCI事件(第3章)のような不正金融事件も発生した。

こうした金融市場において、特に目覚ましい拡大を示したのは、スワップ取引やオプション取引等のデリバティブであった。デリバティブ市場は急速に拡大した。

---

[3] Bank for International Settlements.

民間金融機関の実務家を中心としたシンクタンクである、グループ・オブ・サーティ（G30[4]）は1993年に、「G30レポート（第4章）」を公表し、拡大するデリバティブ取引のリスク管理に関する実務指針を示した。しかしながら、こうした提言も実らず、翌1994年の金利上昇をきっかけとして、広範囲の機関投資家でデリバティブ損失（第5章）が発生した。1995年には1トレーダーによる不正トレーディング取引によって、英国の老舗投資銀行ベアリングズ銀行（第6章）が破綻に追い込まれるという事件が発生した。

　こうした事象に対して、金融規制の側も手をこまねいていたわけではなかった。バーゼル銀行監督委員会は、1988年に国際的な活動を行う銀行が従うべき自己資本比率規制、いわゆるBIS規制を合意していたが、1994年に、「デリバティブ取引に関するリスク管理ガイドライン」を公表した。さらに、1996年にBIS規制に市場リスク規制を追加することで、トレーディング業務から生じる市場リスクを自己資本比率規制の対象とした。

　1990年代後半には、国際政治経済が動揺した。1997年には、アジア諸国で通貨危機が発生、翌年にはロシア危機が発生した。先進ヘッジファンドLTCM（第7章）は、ロシア危機で大きく損失が発生、破綻に追い込まれたが、その保有する巨大なデリバティブ・ポジションが、金融システム全体を揺るがすシ

---

[4] Group of Thirty.

ステミック・リスクの可能性が高まり、金融機関団による LTCMへの出資と処理が行われた。

 BIS規制は、2000年代に入って見直された。貸出資産のリスク区分を見直すとともに、事務やシステム等のリスクに対する、いわゆるオペレーショナルリスクも自己資本比率規制の規制対象とする新規制、バーゼルⅡ（第8章）は、2007年から適用された。

 2001年9月11日、米国はニューヨーク同時多発テロ（第9章）に見舞われた。テロ行為自体は政治的な問題だが、金融市場や金融機関業務は、その破壊活動の被害を受けることとなった。発生した日付から名付けられた「セプテンバー・イレブン」以降、金融機関は、業務継続計画（BCP[5]）を見直したうえで、定期的に実施訓練を行うことで、不測の事態においても最低限の業務を継続する備えを強化することとなった。

 バーゼルⅡにおける議論においても相当の時間が費やされたのが、証券化商品についての取扱いであった。2000年代に入ってからの米国住宅市況の活況から、サブプライムローン（第10章）は、証券化市場を通じて急拡大した。このサブプライムローンを原資産とした証券化商品は、金融機関の「オリジネート・トゥ・ディストリビュート」と呼ばれるビジネスモデルのもとで活況を呈したが、2007年に米国住宅市況が下落に転じたことをきっかけに、市場が崩壊した。証券化商品の価格下落

---

[5] Business Continuity Plan.

は、金融機関に大きな損失をもたらし、翌年のリーマンショックからグローバルな金融危機（第11章）が発生した。規制当局は、金融機関のリスク管理の抜本的見直しを求めるとともに、規制強化の必要性を唱え、バーゼルⅢ（第12章）を合意した。

　2010年には、新たなリスクが顕在化した。HFT取引と呼ばれる株式の高速取引下でのプログラム売買である、アルゴリズム取引が暴走することによる、市場の急激な乱高下である。フラッシュ・クラッシュ（第13章）と呼ばれた一瞬の市場クラッシュは、人間の感覚によるリスク管理を超えた、新しい次元での金融リスク管理の必要性を感じさせた。さらに2012年以降は、銀行間取引金利を定めるLIBOR取引や外為取引で不正取引が発覚し、多くの銀行が巨額の罰金を科せられた。コンダクトリスク（第14章）が一躍注目を浴びることとなった。

　本書における各章の構成は以下のとおりである。まず、「10大事件＋ｘ」としては、ブラックマンデーやニューヨーク同時多発テロといったまさに事件性があるものだけではなく、G30レポートやバーゼルⅡのように、金融リスク管理に対して大きな影響を与えた事象も選び、それぞれの「事件」に1章を充てた。また各章では、事件の経緯を追ったうえで、事件が金融リスク管理に与えた影響を考察した。

　各章は一定の流れをもってつながっているが、章ごとに完結しており、全章を通しで読まずに、興味のある「事件」の章だけを読むことも可能である。各章末では、各事件を経験した時点や関連する事項についての著者の記憶を、「目撃者のコラム」

として加え、各事件が発生した時点の雰囲気を伝えるとともに、金融リスク管理上の留意点を示すことを試みているので、最初にこの「コラム」を読んで、おもしろそうな「事件」から読むことも考えられる。

　なお、外貨建ての金額については、その事象が発生した月の外国為替終値をもって円換算額を記載している。

第 1 章

外国為替取引と
ヘルシュタット・リスク
【1974年】

●本章のポイント

　1974年6月26日、西ドイツ金融当局は、外国為替投機に失敗し、経営危機に陥っていたヘルシュタット銀行に対して、営業停止を命じた。西ドイツ時間に行われたこの措置に伴い、同行から銀行間取引で米ドルを買った取引銀行は、5時間後に始まる米国時間で受け取るべき米ドルを受け取ることができなくなった。以後、「ヘルシュタット・リスク」として広く知られることとなった、外国為替決済リスクの発生である。

1　ブレトンウッズ体制とニクソンショック

　出勤前の朝のテレビニュース番組では、昨日の外国為替相場が報じられている。「昨日のニューヨーク市場は米国経済指標が弱含んだことから、円高が進行、前日比75銭円高の1ドル108円で取引を終えました」。各国経済の動向の強弱を示す指標や各国通貨に対する需給に応じて外国為替相場が刻々と変動し、日々の円高・円安への動き、日々の外国為替相場の変動が当たり前のこととして報じられている。しかしながら、長い経済の歴史を振り返ると、こうした外国為替の「変動相場制」は決して所与のものではなかったことがわかる。

　1944年7月、第二次世界大戦の終結が迫っていることを見越した連合国44カ国は、米国ニューハンプシャー州のブレトンウッズにあるマウントワシントンホテルに集まり、戦後の国際

通貨体制についての協議を行った。そこでは国際的協力によって通貨価値を安定させ、自由貿易や発展途上国の経済開発を促進するための取決めがなされた。国際通貨については国際通貨基金（IMF）協定が結ばれたが、金のみを国際通貨とする戦前の金本位制から脱却し、国際社会のなかで強大な力を得つつあった米ドルを基軸通貨とする制度が合意された。金1オンス（＝約31.10グラム[1]）を35米ドルとして米ドルと金の交換を保証（「兌換」と呼ばれる）したうえで、その米ドルと各国通貨の交換比率を定める、金・ドル本位制、あるいはドル本位制と呼ばれる国際通貨制度が成立したのである。たとえば日本円については、1米ドル＝360円とされ（「平価」とよばれる）、各国は為替相場の変動を中央銀行の為替介入等によって、平価の上下1％以内に収めることが求められた。すなわちブレトンウッズ体制は、米ドルを基準とした「固定相場制」だったわけである。

ブレトンウッズ体制は、その後1971年まで続いたが、1971年8月15日、米国のニクソン大統領はブレトンウッズ体制で定められた米ドルと金との兌換停止を発表した。このいわゆる「ニクソンショック」は、1960年代のベトナム戦争介入を契機とした大幅な財政赤字の拡大によって、米国が米ドルと金との兌換を維持できなくなったことが直接的なきっかけであった。各国は崩壊したブレトンウッズ体制にかわる為替相場の水準を模索し、同年12月に米ワシントンのスミソニアン博物館での合意に

---

[1] 金などの貴金属取引は「トロイオンス」という重量単位に基づいて行われる。1トロイオンスは約31.1035グラム。

基づくスミソニアン協定が結ばれた[2]。しかしながら急ごしらえの土のうで、堤防をも決壊させた濁流を抑え込むことはできなかった。乱高下する為替相場のもとで、1973年の春にはスミソニアン協定に基づく為替水準維持は困難になり、国際通貨市場は、為替相場の動きを自由に委ねる「変動相場制」に移行した。すなわち外国為替相場が日々変動するようになったのは、1973年の変動相場制への移行以来のことなのである。

　国際通貨市場の変動相場制への移行は、銀行にとって新たなビジネスや収益の場を提供した。銀行は取引先との間で広く外国為替取引を行っている。取引先の貿易取引や資本取引から発生する外貨受取りや支払を自国通貨等に交換する業務である。ブレトンウッズ体制の固定相場制のもとではこうして発生する外国為替は、定められた為替レート[3]でしか交換ができなかった。ところが、変動相場制のもとでは為替レートは日々のニュースや各通貨の需給に応じて、あたかもコモディティ価格や金の値段が変動するのと同じように上下するのである。銀行は取引先の外国為替持込みを通じて、通貨の需給がみえる立場にある。変動相場制のもとで、外国為替相場の上がり下がりから利益を得ようとする銀行が現れても不思議ではなかった。

2　スミソニアン協定のもとで、円ドルレートはブレトンウッズ体制の1米ドル＝360円から1米ドル＝308円に改定された。

3　先の円ドル為替の例であれば、1米ドル＝360円。

2　外国為替取引と通貨決済のユニークさ

　外国為替（外為）取引は、通貨と通貨の交換である。たとえば、円を米ドルに交換する外国為替取引は、相手先に円を渡して、相手から米ドルを受け取ることになる。通常の商品取引では、商品と、その対価としてのお金の交換がなされるが、外為取引においては売買の対象として、やりとりされる商品そのものが「お金＝通貨」であることから、通常の商品のやりとりと異なる外為取引特有の取引決済が発生することになる。

　通常の商品の取引では、商品とお金がやりとりされる。取引相手は、商品やお金が持ち逃げされる、あるいは商品を渡したのにその対価である代金を受け取る前に相手先が倒産して代金をとりもれる、といったことで取引相手に対する信用リスクを

図表1-1　通常の商品取引決済の仕組み

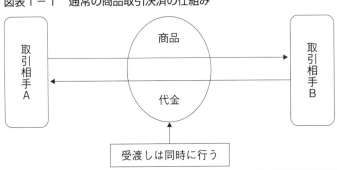

通常の商品取引では、取引相手に対する信用リスクを避けるため、商品と代金の受渡しは極力同時に行う

第1章　外国為替取引とヘルシュタット・リスク【1974年】　15

とらないように、商品とお金の受渡しは極力同時に行おうと考えるだろう[4]。

　これに対して、銀行間の外為取引は何が特殊なのだろうか。たとえば海外旅行や海外出張の前に米ドル1,000ドルの外貨を両替しておこうと考えたとしよう。円／米ドルの為替レートが1米ドル110円だった場合、町中の銀行や空港の両替所の窓口で11万円の現金（＝通貨）を渡すかわりに、1,000米ドルの現金（＝通貨）を同時に受け取ることになる。これは上記の商品取引の場合となんら変わるところはない。しかしながら、外国為替を本業とする銀行同士の外国為替のやりとりとなるとそうはいかない。全世界で1日にやりとりされる外為取引は、2013年の時点で1日当り約5兆3,000億米ドルにものぼる。個々の銀行の間の受渡しにおいても、日々数億米ドル（数百億円相当）や時には数十億米ドル（数千億円相当）といった金額にのぼることがあるのである。

　A銀行がB銀行に1億米ドルを円／米ドル為替110円で売るという外為取引を行ったとしよう。A銀行はB銀行に1億米ドルを渡し、B銀行からは対価として110億円（1億米ドル×110円／米ドル）を受け取ることになる。本来であれば物品の受渡しと同様に、この1億米ドルと110億円のやりとりは同じ場所・同じ時間で行われることが望ましい。そうすることで1億

4　受渡しを信用力のある企業や、銀行等の金融機関、あるいは政府が保証することで商品の受渡しを安心して行うことができる、というスキームも考えられる。「信用状」や「為替手形」がこれらに当たる。

図表 1 - 2　外為取引における決済の仕組み

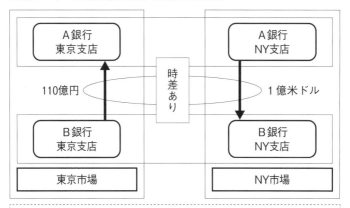

銀行間の外為取引では、受け渡される各々の通貨はそれぞれの通貨の本国市場で行われるため、外為取引の受渡しが完了するには、市場間の時差が発生する

米ドルを渡したが、110億円を受け取れない、というリスクを避けることができるからである。しかしながら外為取引の場合、受け渡されるものがそれぞれに通貨であることから特有の事情が発生する。日々やりとりされる外為市場のやりとり（＝決済金額）は巨額にのぼり、かつそれぞれの通貨がやりとりされる中心となるのは、その通貨の本国市場[5]になるということである。日々やりとりされる数億米ドルや数十億米ドル、あるいはユーロや英ポンドといった多数の通貨の外為取引決済に対して、世界のなかの特定の場所でこれら巨額の通貨の現金を

5　「マザー・マーケット（＝Mother Market）」と呼ばれる。

日々持ち寄って実際にやりとりすることは現実には不可能であり、多額の通貨を日々受け渡すことができるのは、その通貨が通常に取引されている本国市場になる。米ドルであればその受渡しは主にニューヨーク、英ポンドであればロンドン、日本円であれば東京ということになるわけである。こうした主要通貨の本国市場の間には、「時差」があり、これは物理的に避けられない。東京とニューヨークの間には14時間の時差がある。先のＡ銀行とＢ銀行の１億ドルの取引の場合、地球の自転に沿い、まず東京時間に東京においてＢ銀行の円口座からＡ銀行の円口座に110億円が支払われ、そこから14時間後にニューヨーク市場が開いた時点で、Ａ銀行の米ドル口座からＢ銀行の米ドル口座に１億ドルが渡される。それぞれの市場においては朝一番に受け渡されるとしても、受渡しには14時間の時間差が発生することになる。この時間差に、銀行が破綻すると何が起こるか。想像したくもない事態が発生したのが、1974年のヘルシュタット銀行だったのである。

3 ヘルシュタット銀行の経営危機と「ヘルシュタット・リスク」の発生

ヘルシュタット銀行は西ドイツ（当時）のケルン市に本拠を置いた中堅地方銀行であった。積極的な経営方針で知られたヘルシュタット銀行は、外国為替取引等の市場取引にも力を入れ、活発に取引を行っていた。しかしながら、1970年代の半ばにその積極方針が裏目に出た。1973年の第四次中東戦争の勃発

をきっかけとして発生した第一次石油ショックから世界経済は混乱、ヘルシュタット銀行の外為取引も大きな痛手を受けた。

1974年6月26日水曜日、西ドイツの金融当局であったブンデスバンクは、西ドイツ時間の午後3時半、国内のインターバンク市場決済システムが終了した後に、経営危機に陥っていたヘルシュタット銀行に業務停止命令を発令し、銀行免許を取り消した。国内の金融市場に影響を与えないために、国内銀行間市場が終了するのを待って、業務停止命令を発令したわけである。しかしながら第2項で示した国際的な通貨決済に特有のメカニズムから、全世界の金融機関は、ヘルシュタット銀行に対して、思いもしなかった信用リスクを抱え込むことになったのである。

ブンデスバンクのこの措置は、当日ヘルシュタット銀行との間で、外国為替取引を行い、通貨のやりとりを行っていた取引銀行があることを無視した措置であった。たとえば、ヘルシュタット銀行に対してドイツマルクの売り、米ドルの買いという外国為替取引を行っていた銀行は、6月26日のドイツ市場で、ヘルシュタット銀行にドイツマルクを引き渡し、欧州大陸と米国東海岸の6時間の時差を経てニューヨーク市場が開いた時点で対価としての米ドルを受け取る予定であった。ブンデスバンクによる業務停止命令が発令されたドイツ時間午後3時半は、ニューヨーク時間では午前9時半になる。ヘルシュタット銀行に対する業務停止命令を確認した在米の銀行は、破綻したヘルシュタット銀行に対する信用リスクの発生を避けるため、相次

図表１－３　ヘルシュタット銀行破綻に伴う「ヘルシュタット・リスク」の発生

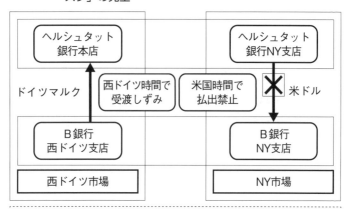

ヘルシュタット銀行の破綻に伴い、ヘルシュタット銀行とのドイツマルク／米ドル外為取引決済で、西ドイツ時間にヘルシュタット銀行にドイツマルクを受け渡していた銀行は、ヘルシュタット銀行からの米ドル代金を受け取ることができず、ヘルシュタット銀行に対する信用リスクを抱えることとなった

いで即座にヘルシュタット銀行が自行にもっていたヘルシュタット銀行の口座からの米ドルの払出しを停止した。また米国金融当局も、ヘルシュタット銀行ニューヨーク支店の資金の受払いを停止させた。このあおりを受けたのは、先の外国為替取引により、当日ヘルシュタット銀行からの米ドルの受取りを予定していた銀行である。同じ日の西ドイツ時間ですでにドイツマルクは引き渡していたこれらの銀行は、ヘルシュタット銀行の米ドル口座払出停止措置により、対価として受け取るべき米ドルを受け取ることができなくなり、これら米ドル全額が数時

間前に業務停止となったヘルシュタット銀行に対する不良債権となったのである。日々銀行間で行われる外国為替取引は巨額である。そのうちたまたまヘルシュタット銀行に対して米ドルを受け取る側にあった取引を行っていた銀行はすべて、突然予想だにしなかった、破綻銀行に対する債権を抱え込むことになってしまったのである。

4 国際的な金融監督への影響とその後の「ヘルシュタット・リスク」

ヘルシュタット銀行の経営危機と業務停止命令に伴う、外国為替取引の決済に係る信用リスクの発生は、金融監督者に対して大きな課題を突きつけた[6]。国際金融が拡大するなか、一国の金融機関の破綻処理にあたっても、もはや国内の金融市場への影響を考慮するだけでなく、国外の金融市場に対する影響にも配慮しなければならない、というまったく新しいグローバルな金融監督の必要性を認識せざるをえなくなったのである。

各国金融当局は、ヘルシュタット事件でみられるような国際金融取引に特有なリスクや、国際業務を展開する銀行に対する

---

6 本件のように、取引の決済が行われない場合に発生する信用リスクを決済リスクと呼び、なんらかの理由で決済が行われなかった取引は、「フェイル取引（＝failed trade）」と呼ぶ。決済リスクは、外為取引に限定して発生するものではなく、たとえば債券取引の受渡しにおいても発生する。決済リスクは、取引が通常どおりに決済される場合には発生しないが、取引実施時から実際の決済が行われる以前に取引相手先が倒産して決済ができなくなった場合に、突然の信用リスクの発生として顕在化する。

第1章 外国為替取引とヘルシュタット・リスク【1974年】 21

金融監督のもれを防ぐため、1975年に国際機関である国際決済銀行[7]にバーゼル銀行監督委員会を設置した。バーゼル銀行監督委員会を通じて、金融監督上で国際協調が求められる問題に対する対応を検討することとしたのである。

　ヘルシュタット・リスクに対する、金融当局側の1つの有効な対処法は、経営不振に陥った銀行の破綻処理を週末に行うことだった。ヘルシュタット銀行の事件が混乱をきたした1つの要因は、ブンデスバンクによる業務停止命令が平日に行われたことだった。そのため、その日の東京市場や欧州市場ですでに支払われてしまっていた通貨に対して、時差の関係で欧州市場後に始まった市場[8]における対価の支払が止められてしまったのである。これが週末である金曜日のすべての資金決済が行われた後の土日に発動されれば、月曜にはすべての市場において支払が停止され、当日中にどこかの市場で片側の支払が行われてしまう、という事態が避けられるわけである。

　しかしながら、第2項で説明した外国為替市場の特殊性と、変動相場制のもとで、次なるヘルシュタット・リスク事件を防ぐことはできなかった。

　1991年7月5日金曜日に、英国に拠点を置くバンク・オブ・クレジット・アンド・コマース・インターナショナル（＝Bank of Credit and Commerce International, BCCI）が当局の協調介入によって閉鎖された[9]。この日、一部の邦銀はBCCIと円／米ド

7　Bank for International Settlements (BIS).
8　ヘルシュタット事件の場合は、米国市場になる。

ルの為替取引を行っており、東京時間で円資金をBCCIの口座に支払ずみであった。これらの銀行は、反対サイドの米ドルを受け取ることができず、BCCIに対する債権を抱え込むこととなった。また、1995年2月26日の日曜日に英国のベアリングズ銀行が破綻[10]した際、前週の金曜日にベアリングズ銀行とのECU[11]建ての為替取引を行っていたある銀行は、月曜日に予定されていたベアリングズ銀行との取引をキャンセルしようとしたが、ECUの決済はすでにキャンセル不能であり、これら銀行はベアリングズ銀行に対する債権が発生するのを、手をこまねいてみているしかなかった。

一方で、成功例もなくはなかった。1990年2月に米国の大手投資銀行であるドレクセル・バーナム・ランベール証券(以下「ドレクセル」)が資金調達に窮して破綻したケースでは、ドレクセルの英国現法の資金調達に関し、中央銀行であるイングランド銀行がドレクセルと他金融機関との取引の間に入って、互いの資金のやりとりを確認したうえで資金をリリースする、というかたちで取引の仲介を行った。これにより市場参加者は安心してドレクセルとの取引を行えることとなり、破綻の直前まで円滑な資金取引が可能となった。

---

9 BCCIについては、第3章「BCCIとマネーローンダリング」参照。
10 ベアリングズ銀行の破綻については、第6章「ベアリングズ銀行と不正トレーダー」参照。
11 ECU＝European Currency Unit／欧州通貨単位。ユーロ誕生以前にEUにおける共通通貨として各国間決済等に使われていた混合通貨。

5　「外為取引の決済リスク」報告

　ヘルシュタット・リスクに対して、民間金融機関の側から抜本的解決を図ろうとする動きは遅々として進まなかった。バーゼル銀行監督委員会は1996年3月に、「外為取引の決済リスク」という報告書を公表、そのなかでニューヨーク外為委員会による民間銀行業界のベストプラクティスとして16件の提言を示した。またそこでは、個々の銀行による外為決済リスク管理についてのアクションを求めたのに加えて、銀行業界全体に対しても多通貨決済取引に関するリスクを削減する取組みを早急に行うことを求めた。

6　金融リスク管理への影響

　ヘルシュタット・リスクが金融リスク管理に与えた影響は大きかった。外為取引市場が拡大を続けて日々数千億円単位の取引が行われるためには、そうした取引が円滑に決済されることが前提条件であり、ヘルシュタット・リスクのかたちで突然信用リスクを抱えることは、外為取引市場の発展を阻害する可能性のある、大きな脅威としてとらえられたのである。「外為取引の決済リスク」報告書による、監督当局からの要請もあり、民間金融機関もさまざまな取組みを検討した。

　まず検討されたのは、外為取引の相手先を分散し、また取引相手の信用力に応じて取引金額を絞るなどにより、仮に決済リスクが発生して信用リスクを抱えることになったとしても信用

図表1－4　バーゼル銀行監督委員会による16の提言

提言1：経営陣はすべての意思決定において決済プロセスを理解することを促進すべきである

提言2：審査担当者とリスクマネジャーは決済プロセスのインパクトを理解し、その正確な定量化手法を開発すべきである

提言3：銀行はコルレス契約を検証し、決済口座に対するコントロールを強化すべきである

提言4：決済口座の突合は日中から日締めプロセスにおいて極力早く行うべきである

提言5：受取りの遅延に対して明確なフォローアップのプロセスを確立すべきである

提言6：決済リスク軽減のためにネッティングを活用すべきである

提言7：ネッティング支払に係る手続を確立すべきである

提言8：トレーディング・フロアにおける信用リスクマネジャーは外為決済リスクについて一義的な責任を負うべきである

提言9：信用リスク管理部門はすべての取引相手に対する決済関連エクスポージャーのリミットを設定すべきである

提言10：異なる時差での運営を行っている場合、取引相手に対するエクスポージャーはグローバルにかつリアルタイムで把握されるべきである

提言11：トレーダーが取引前に、取引相手に対するエクスポージャーが把握できる環境を提供すべきである

提言12：取引相手からの損失に対する責任の所在を明確にすべきである

提言13：危機に対する手だてを行うべきである

提言14：コルレス銀行のサービス内容を危機発生以前に検証すべきである

提言15：危機発生時には経営陣が直接関与すべきである

提言16：危機状況に対処するため、業界レベルの委員会を設置すべきである

1990年代半ば、監督当局は外為決済リスク軽減に向けた業界の努力を求めた

力に応じて金額影響を限定する試みである。こうしたアプローチは信用リスク管理における標準的な考え方だが、IT技術の進展やインフラ強化によって、取引相手先との未決済取引のリスクをリアルタイムで把握したり、日中の未決済取引のリスクをコントロールするなど、その管理手法は急速に進展している。

　これに対して外為決済リスクそのものに対する対応策も考案された。第2項で示したとおり、外為決済の場合、売買の対象である通貨のやりとりが、時差のあるそれぞれの本国市場で行われることがヘルシュタット・リスクの大きな要因である。この点を軽減するためには、たとえ通貨であっても同一の場所、あるいは時間で決済を行えばいい、という取組みがなされても不思議ではない。

　こうした取組みとして考案された例が、CLS[12]、あるいは多通貨同時決済と呼ばれる試みである。CLSでは、専門特化したCLS銀行が、外国為替取引を行う銀行の間を仲介し、両銀行からの入金を継続的に確認したうえで、両銀行に送金を行う。こうすることで、取引の双方の銀行は安心して取引を行うことができるわけである。2002年の開業時に、米ドル、ユーロ、円など7種類の通貨で取扱いを開始したCLS銀行の多通貨同時決済業務は、現在、世界17の通貨の決済を行うまでに至っている。

　また、CLS銀行を通さない相対の外為決済取引においても、

12　Continuous Linked Settlement.

決済方法の改善策が検討された。決済指示を行って自分の資金送金を実施してから、実際の決済が完了するまで、決済が完了したか、あるいは行われなかったか、についての確認ができるまでに時間がかかる、という欠点を補うために、仲介業者が入って、互いの資金手当が行われていることを確認してはじめて取引決済を完了させる、という、PVP（＝Payment versus Payment：支払対支払）と呼ばれる取引スキームが検討された。PVP取引を通じて決済リスクの回避を図る、という取組みも着実に進展している。

バーゼル銀行監督委員会の提言に基づいた業界側の努力により、外為決済リスクは、相応の軽減効果をもたらしている。しかしながら、1日5兆米ドルを超える世界の外為取引の決済リスクが消滅したわけではなく、リスク管理への取組みはいまも続いている。

目撃者のコラム

ヘルシュタット・リスクが発生した時点は、自身はまだ高校生であり、厳密な意味での「目撃者」には当たらない。しかしながら、その後にリスクマネジャーとしてのキャリアを積むにつれ、外為取引の決済リスク、あるいはより広い範囲の決済リスクは、いまなお対応がきわめて悩ましいリスクとして君臨し続けているといわざるをえない。ヘルシュタット・リスクはリスクマネジャーにとり、いまなお「トラウマ」として存在し続けているのである。

仮に決済リスクが発生した場合、決済リスクは取引相手に

対する突然、かつ多くの場合想定外の債権、すなわち信用リスクとして顕在化する。一方で、決済リスクを一件一件の取引について心配していては、日々の取引は実行不可能である。日々の取引を実行しながらも、取引先の信用状態や資金繰り状況に留意し、万が一信用力の悪化や資金繰りの悪化の兆候がみえた場合には、決済リスクをとらないようにコントロールする必要がある。そのためには、取引先に対するリスク・エクスポージャーの計測の頻度を高め、時には日中エクスポージャーも把握し、またその取引先に対するエクスポージャー限度額の空き枠を管理するインフラを整えることで、万が一ヘルシュタット・リスクが顕在化した場合でも、不測のエクスポージャーが発生しないような取組みがなされている。

　本文でも紹介した、1996年3月のバーゼル銀行監督委員会の「外為取引の決済リスク」報告書公表の後で、英国のイングランド銀行は、英国国内の銀行の担当者向けに本報告書の説明会を開催した。明るい朱色の表紙の報告書を配布資料として、ロンドンのイーストエンド（東側）地区、一般に下町とされる地区の公民館ホールのステージに並んだイングランド銀行の担当官3名が、説明会に出席した銀行担当者たちの質問に答えていた。今後1年半以内に、業界として外為決済リスクの削減を実現する手だてを講じるべき、としたイングランド銀行の担当官に対して、参加者からは、「外為決済リスクは昔から存在する問題。本当にそんなこと（1年半以内のリスク削減）ができると思っていらっしゃるのですか」、という、多少皮肉も込めた質問がなされた。これに対する、担当官の静かな回答に会場は息を飲んだ。「この市場（外為市場）をつくったのはあなたたちだ。そこから発生した問題を解決するのが、あなたたち自身の責任なのは明白なことだ」。その瞬間、会場は沈黙が支配し、空気は凍ったように感じられた。

> 英国人の英語にまだまだ慣れていない身にも、「これはただ事
> ではない」と背筋を寒くさせるに十分であった。
> 　その後、本章でも紹介したCLS銀行等、業界による取組み
> は行われているが、外為決済リスクの問題は解決したとは言
> いがたい。それだけ取扱いがむずかしいリスクということな
> のだ。しかしながら、本章で示した、信用リスク管理からの
> アプローチや、CLSやPVPといった取組みなど、外為決済リ
> スクに対する取組みは着実に進展しているといえるだろう。
> 1996年の説明会での凍った空気が業界の努力を加速させたの
> かもしれない。

〈参考資料〉

「いわゆるヘルシュタット・リスクの概念とその規模の測定について」、鎌田沢一郎、日本銀行金融研究所「金融研究」、1990年7月

「外為円決済を巡る最近の動向」、小林亜紀子、濱泰穂、今久保圭、日銀レビュー、2007年6月

"Supervisory guidance for managing risks associated with the settlement of foreign exchange transactions", Basel Committee on Banking Supervision, Bank for International Settlements, February 2013

"Reducing Foreign Exchange Settlement Risk", The New York Foreign Exchange Committee, October 1994

"Settlement Risk in Foreign Exchange Transactions", Committee on Payment and Settlement Systems of the central banks of the Group of Ten countries, March 1996

"Triennial Central Bank Survey: Foreign exchange turnover in April 2013: preliminary global results", Bank for International Settlements, September 2013

第 2 章

ブラックマンデー
【1987年】

●本章のポイント

　1987年10月19日、ニューヨーク株式市場は、前日比20％を超える大暴落となった。後に「ブラックマンデー」「暗黒の月曜日」と呼ばれる市場クラッシュであった。果敢な金融緩和で恐慌の危機をかわした後、市場では、暴落の再発を防ぐための制度が導入された。かたや、金融機関を中心とした市場参加者は、市場リスク管理体制の整備を急いだ。

1　「ウォール街の10月の大虐殺[1]」

　手がかりがなかったわけではなかった。前年の1986年頃から、巨額の借入れを元手とした企業買収、いわゆるLBO[2]がブームとなり、企業の負債は拡大傾向にあった。景気は過熱気味で、市場はソフトランディングを模索し始めていた。米国証券取引委員会（SEC[3]）は、企業買収の急拡大に対してインサイダー取引の調査を開始していた。米国連邦準備制度理事会（FRB[4]）は景気過熱懸念から短期金利を高め誘導し、金融引締めに転じていた。株価もその年の8月をピークに下値を探り始めていた。

1　1987年10月のタイム誌の見出し。
2　レバレッジド・バイアウト（Leveraged Buyout）。
3　Securities and Exchange Commission.
4　Federal Reserve Board.

10月に入ってから、株価は下げ足を速め、すでに第1週に6％、第2週には12％下落していた。また、前週末に欧州を襲った大嵐[5]に際して、ロンドンのトレーダーが、週末に向けてポジションを手じまいする売りオーダーを置いたことが引き金となった、という説もある。

　しかしながら、どのような理由をもってしても、週明けの1987年10月19日月曜日のニューヨーク株式市場の暴落は説明しきれなかった。この日1日で、ニューヨーク株式市場は、ダウ・ジョーンズ株価指数で、前日の2,246.74ドルから508ポイント、比率にして実に22.6％下落し、時価総額にして1日で5,000億ドル（約71兆円）相当を失ったのである。後に「ブラックマンデー」「暗黒の月曜日」と呼ばれる株式市場暴落の発生である。

　ニューヨークのブラックマンデーは、数時間後に始まったアジア市場に、さらに欧州市場に瞬時に波及した。翌10月20日の東京市場では、日経平均株価が、3,836.48円安（▲14.90％）[6]、と過去最大の下落を示した[7]。

---

[5] 1987年の大嵐（Great Storm of 1987）と呼ばれ、英国で18人の死者と73億ポンド（約1兆7,000億円）の損害、フランスで4人の死者と230億フランスフラン（約5,500億円）の損害をもたらした。
[6] 終値は2万1,910.08円。
[7] 欧州市場では、前週末から20日の間に、英国FT株価指数が21.7％、ドイツのDAX株価指数が10.7％下落した。また、香港のハンセン指数は休場明けの26日に33.3％の下落を記録した。

図表2-1　1987年7月19日〜1988年1月19日のダウ・ジョーンズ株価指数の動き

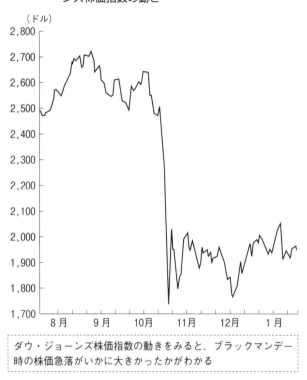

ダウ・ジョーンズ株価指数の動きをみると、ブラックマンデー時の株価急落がいかに大きかったかがわかる

2　事件の「犯人」——プログラム・トレーディングとポートフォリオ・インシュアランス

　ブラックマンデーの株価暴落の「主犯」とされたのが、「プログラム・トレーディング」と「ポートフォリオ・インシュアランス（ポートフォリオ保険）」であった。

プログラム・トレーディングは、株式現物と株価指数先物の間の裁定取引、いわゆる「インデックス・アービトラージ取引」をコンピュータ・プログラムによって自動的に発注・執行するものである。株価指数先物取引価格と、株価指数を構成する株式現物価格は通常連動して動くはずであるが、市場の動きによっては、たとえば、株価指数を構成する株式の株価合計が、取引手数料を考慮しても、株価指数先物よりも割安になるケースがある。そうした場合、株価指数を構成する株式バスケットを買い、株価指数先物を売り建てることで、両者が再び収れんした際に、無リスクの利益（裁定利益）を確定することができる[8]。プログラム・トレーディングは、このような裁定利益の機会を、両者の価格推移から自動的にとらえ、チャンスが生まれたときに自動発注を行うことで、裁定取引のポジションを作成、あるいは解消し、裁定利益を確定させる取引である[9]。

　これに対して、ポートフォリオ・インシュアランスは、機関投資家向けのリスクヘッジ商品として、開発・販売された取引スキームである。たとえば、株式のポートフォリオをもっている機関投資家が、市場の下落に直面した場合、そのロングポジションに対するヘッジ比率に基づいた株価指数先物のショート

---

[8] 逆に、株価指数先物が割安となった場合、株価指数先物の買い、現物株式バスケットの売りで裁定利益を確定させる取引もありうる。
[9] 第13章「アルゴリズム取引・HFT取引と「フラッシュ・クラッシュ」」参照。

ポジションを組めば、株式ポートフォリオの価値下落は、理論上、売り建てされた先物ポジションから生じる益で相殺されることになる。さらにそれを単純な先物ではなく、オプション取引を使うことで、先物取引に比べて少額のコストで同様の効果を得ようとする戦略も考えられる。市場が下落する兆候を示したときには、コンピュータ・プログラムがそれを感知して、「ダイナミック・ヘッジ」と呼ばれる手法で算出されたヘッジ比率に基づいた、株価指数先物の売り取引やオプション取引を自動的に行い、それによって、ポートフォリオの価値を維持する、すなわち「ポートフォリオの価値に保険をかける」というのが、ポートフォリオ・インシュアランスとして販売された投資戦略であった。

しかしながらこうした投資戦略が期待どおりの効果を発揮する前提は、個別の株価や株価指数が整然と価格変化し、その間に行われる取引発注が問題なく執行されるといった、市場が正常に機能することであった。10月19日にみられた異常な市場では、これらの投資戦略が、かえって市場の下落に拍車をかけることになってしまったのである。

3　10月19日——「暗黒の月曜日」

まず、朝から株価が急落したことで、ポートフォリオ・インシュアランスのヘッジプログラムが発動、機関投資家のポートフォリオを守るべく、各機関投資家のポートフォリオ・インシュアランスは、先物の売り注文を大量に行った。この大量の

売り注文によって先物価格は、現物に先んじて急落し、先物の価格下落に追いつかない株式現物価格が相対的に高くなってしまった。今度は、これをプログラム・トレーディングのコンピュータが感知する。現物株式が先物に比べて相対的に高くなったので、現物株式のバスケットを売れば、先物に対して相対的に高い価値を利益化することができるはずである。こうしたプログラム・トレーディングからの株式バスケットの売り注文が大量に行われることになる。

　正常な市場であれば、株式バスケットの売りと同時に行われる先物の買戻取引によって、先物価格の上昇がみられるはずである。しかしながら、急落を示した市場では、大量に発注された株式バスケットの売り注文に対して、個別株式の取引が成立せず、株式現物の気配価格を大きく下げることとなってしまった。気配を切り下げた株式現物価格は、ポートフォリオ・インシュアランスに、さらなる先物売りを指示することとなり、こうした投資戦略が、株価下落のスパイラル的な悪循環を演出することとなった[10]。

---

[10] ブラックマンデーの22.6％の株価下落のうち、ポートフォリオ・インシュアランスを原因とする下落分が12％に当たるとされている。また、ブラックマンデーの前週において、実需に基づく売り取引が40億ドルであったのに対して、プログラム・トレーディングとポートフォリオ・インシュアランスのダイナミック・ヘッジ戦略に基づく売り取引は120億ドルであったとされている。

4　事態の収拾──恐慌からの脱出

　ブラックマンデーの暴落を、恐慌に至る道から断ち切ったのは、米国連邦準備制度理事会（FRB）を中心とした金融当局の努力によるところが大きい。FRBは、事態に対して機敏に対応し、株価暴落に伴う信用不安で委縮する金融機関に対して流動性を潤沢に供給する姿勢を明確にした。FRBのFOMC[11]は、公開市場オペレーションを通じて米国国債の買いオペを行い、市場に資金供給を行うとともに、短期金利の低め誘導を実施した。ブラックマンデー前の金融引締政策を180度転換したことになる。

　いくつかの金融機関では資金繰り問題や資金決済問題も懸念されたが、FRBを中心とした資金供給と金融緩和によって何とか乗り切り、株価も徐々に落ち着きを取り戻していった[12]。

　翌1988年第1四半期に米国経済は前期比年率2％の成長を示し、第2四半期には、5％に成長幅を拡大した。ブラックマンデーが引き金となった株式市場に対する不安は、結果として、実態経済のパフォーマンスが払拭することとなった。

5　事件後の経緯

　ブラックマンデーは、市場関係者を震撼させた。特に、市場

11　連邦公開市場委員会（Federal Open Market Committee）。米国の金融政策に関する決定を行う。
12　FRBの危機管理本部は11月上旬に通常業務に戻ったとされる。

図表 2-2　1986年12月〜1988年12月のダウ・ジョーンズ株価指数の推移

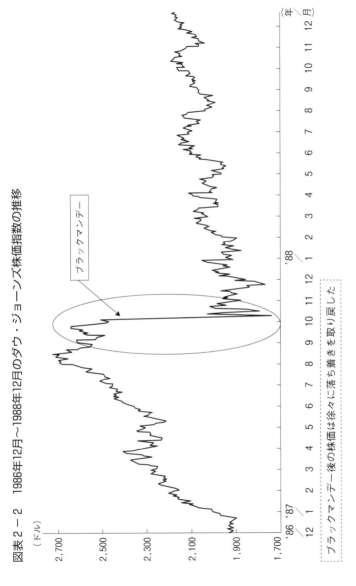

第 2 章　ブラックマンデー【1987年】　39

が急落した際に、先物主導の売りが、さらなる売りを呼ぶかたちで、雪崩現象を起こすリスクがクローズアップされた。これに対してニューヨーク証券取引所は、翌1988年に、サーキット・ブレーカー制度を導入した。サーキット・ブレーカー制度とは、先物価格が急激に動いた場合に、取引を一時停止するメカニズムを組み込むもので、これにより、先物主導の市場暴落に対する一定の歯止めが確保されたことになる[13]。

また、暴落の要因とされたポートフォリオ・インシュアランスは、市場が急速に動く局面では、その中心的な考え方であるダイナミック・ヘッジ戦略が、有効に働かないことが明らかになった。その結果、機関投資家向けの投資戦略としてのポートフォリオ・インシュアランスは商品性を失った。

ブラックマンデーにおいて幸運だったのは、それが、金融機関が自己トレーディング業務に本格的に取り組む前に、かつ株式市場で発生したことであった。金融機関は、1980年代からトレーディング業務に力を入れ始めてはいたものの、後にみられるような、主力業務としての位置づけではなく、ブラックマンデーによっても、金融機関、特に銀行の屋台骨を揺るがすようなトレーディング損失は発生しなかった。仮に、ブラックマンデーが15年、あるいは10年遅れて起きていたら、金融機関自身

---

13 この時点では、株価指数先物のような指数取引に対する措置が導入された一方、個別株式に対する措置は導入されなかった。この点は、後述のフラッシュ・クラッシュの際に問題となる。第13章「アルゴリズム取引・HFT取引と「フラッシュ・クラッシュ」」参照。

に大規模なトレーディング損失が発生し、いくつかの金融機関の経営そのものが懸念視されることがあったかもしれない。また、ブラックマンデーが、株式市場で起こったことも幸いした、といえなくもなかった[14]。銀行は、当時存在したグラス・スティーガル法のもとで、株式関連業務を厳しく制限されており、株式市場の下落が、銀行のポジションに直接影響を与えることは少なかったのである。

6 金融リスク管理への影響

　ブラックマンデーは、今日いわれるような金融リスク管理の実務が確立される以前の出来事であった。金融機関が、自己トレーディングで大きなポジションをとるようになったのも、ブラックマンデー以降のことであった[15]。しかしながら、ブラックマンデーが、市場リスク管理の重要性を痛感させ、特に、後にストレステストとして議論される、市場の大きな動きに対する市場リスク管理実務の先行事象となったことも事実である。金融機関は、市場リスク管理と、そこにおける金融技術とIT技術の重要性を認識し、それらを取り込む努力を始めることになる[16]。その意味でブラックマンデーは、金融機関に市場リスク管理体制整備の警鐘を鳴らした事件であった。

14　第5章「FRBショックとデリバティブ損失」参照。
15　第5章「FRBショックとデリバティブ損失」、第10章「サブプライムローン問題と証券化商品」参照。
16　第4章「G30レポートとVaR革命」参照。

目撃者のコラム

　ブラックマンデーが起こったのは、個人的に国際資本市場における商品開発実務に従事し始めた直後であった。東京市場では、ブラックマンデーの翌20日の火曜日に株価が急落した。株価指数や個別株価を示す目の前の情報端末が、色とりどりの点滅を重ねながらつるべ落としのように下がっていたのを、いまでも鮮明に思い出すことができる。株価は、企業業績や時価総額といった概念と無関係に、するすると下落していった。先輩の為替ディーラーはなすすべもなく、「どこまで落ちるんだろうね」と傍観者のような言葉を発した。金融危機を回避するために奔走していた方々からすると、不謹慎な発言だろうが、暴落する市場を目の当たりにした、多数の市場参加者の「感想」であったことも事実であろう。

　しかしながら冒頭に記載のとおり、ブラックマンデーにも手がかりはあった。市場リスクマネジャーとしては、上昇する市場においても、リスクシナリオを想定する想像力が必要となろう。特に、市場が極端な動きを示す、ストレス状況に対しては、感性を市場に集中してなんらかの手がかりをつかみ、「健全な懐疑心」に基づいてストレスシナリオを考えるべきである。また、プログラム・トレーディングのようなインフラ強化を伴う新たな市場取引慣行に対しては、それがどのような市場を前提としているのか、その前提が崩れた場合に何が起こるのか、どのように対処すべきなのかについての対応策を事前に検討しておく必要があろう。

〈参考資料〉

"Report of the Presidential Task Force on Market Mechanisms", Brady N, 1988

"Endogenous Risk, Modern Risk Management—A History", Danielsson J and Hyun S, 2003

『波乱の時代』、アラン・グリーンスパン、2007年（"The Age of Turbulence", Greenspan A, 2007）

第 3 章

BCCIと
マネーローンダリング
【1991年】

●本章のポイント

　1991年7月5日、それまで各国主要都市の目抜き通りに支店を連ねていた銀行が突然閉鎖された。その銀行はバンク・オブ・クレジット・アンド・コマース・インターナショナル（＝Bank of Credit and Commerce International, BCCI)[1]。1972年に設立され全世界73カ国で業務を展開していた多国籍銀行であった。BCCIの処理の過程で明らかになったのは、ずさんな内部管理に加えて、麻薬取引や密輸、武器の不正取引からテロリスト支援に至るまで、複雑な資本関係に隠された、さまざまな不正取引の数々であった。そこでは、BCCIを経由することで、不正取引で得た資金を正常な資金に偽装する、マネーローンダリング（資金洗浄）も広範に行われていた。各国当局はBCCIの銀行取引を閉鎖、全世界の預金者・債権者に被害が発生した。

1　多国籍銀行BCCI

　BCCIは、1972年にパキスタンの銀行家ハッサン・アベディがアブダビ首長のザーイド・ビン・スルタン・アール・ナヒヤーンの出資を得ることで設立された[2]。その設立の目的は、イスラム圏、ひいては広く発展途上国の金融活動に資する銀行

---

[1] 「国際商業信用銀行」と訳されることがある。
[2] アブダビ首長の出資については、裏で利回り保証および買戻し条件が付されており、純粋の投資ではなかった、とされている。

とすることである、とされていた。BCCIグループの中心は、ルクセンブルクに設立された持株会社のBCCIインターナショナル、ルクセンブルク設立の銀行として、ルクセンブルク、英国、ドイツ、日本、米国、オランダ、中東などに47の支店を有したBCCI、そしてパキスタン、フランス、モナコ公国、アフリカ、アジアなどに63支店を有したBCCIオーバーシーズ銀行、の3社であったが、それ以外にもBCCI香港、BCCIジブラルタル、BCCIスイス、BCCIスペインなど、多数の子会社を有していた。

また1982年以降BCCIインターナショナルは、ファースト・アメリカン銀行（First American Bank）を含む米国の地銀4行を買収し、米国にも営業拠点を築いた。持株会社であるBCCIインターナショナルはルクセンブルク法人であったが、本部機能は英国に置いており、実質的な運営指示はロンドンからなされていた。グループは、数多くの持株会社、子会社、関係会社、機関銀行、内部出資、信託契約などを通じてくもの巣のように複雑な相互出資関係を有しており、どの会社が親会社で、どれが子会社なのかもわからず、連結ベースの財務諸表も存在していなかった。また、その業務は複数の金融センターに分散されており、結果として多数にわたる監督当局の監督責任は分断されていた。そもそもBCCIは、規制の緩いオフショアセンターを活用していたため、その業務内容は監督当局からはみえにくく仕組まれていた。また当時は、持株会社は銀行監督規制の対象ではなく、BCCIグループを主に監督している金融当局

図表3-1　BCCIのグループ構成

も存在しない状況にあった。

2　BCCIをめぐる懸念と対応の遅れ

　BCCIの監査法人であるプライスウォーターハウスは、BCCIの設立後間もない1976年に、BCCIの決算勘定が突合していないと指摘した。またBCCIインターナショナルはロンドンに本部機能を有していたが、英国の監督当局であるイングランド銀行は1970年代終わりには、BCCIの経営状況に疑問を呈し、英国内における業務拡大に懸念を示したといわれている。

　1980年代後半には、BCCIの経営の不透明性は関係者の知る

ところとなった。1988年、米国フロリダ州は、BCCIが麻薬取引に関するマネーローンダリング（後述）に関わっている可能性があるとして、当局に調査を依頼した。1989年には、米国上院のケリー議員とブラウン議員がBCCIに関する疑惑を調査した[3]。1990年には、監査法人であるプライスウォーターハウスが、BCCIの米国法人であるファースト・アメリカン銀行とBCCIの間の不正取引を指摘、英国当局もBCCIの検査を開始した。またBCCIが雇った外部調査員もこの時点でBCCIの経営陣に対し、違法取引が行われていることを報告していた。ところが1990年４月、英国イングランド銀行は、それまで英国にあったBCCIの本部機能をアブダビに移すことで、業務の継続を認めることを合意した。その後アブダビ政府はBCCIの不正取引についての報告を受けたとされているが、外部監査人との連携は行われず、BCCIの不正追及の機会は、いったん失われた。

　1991年６月22日、プライスウォーターハウスは、イングランド銀行に対して、「サンドストーム（Sandstorm（＝「砂嵐」）報告[4]」と呼ばれる調査報告書を提出、BCCIが広範にわたる不正会計処理を行ってきたことを示した。これを受けたかたちで、イングランド銀行は、世界の７カ国の監督当局との協調のうえで、1991年７月５日にBCCIの銀行免許の取消しと業務停止を

3　調査報告書は、BCCIの銀行業務が停止された後の1992年に提出されている。ケリー議員はその後オバマ大統領のもとで国務長官に就任している。
4　「Sandstorm」は、プライスウォーターハウス内における本プロジェクトの暗号コード名。

敢行した。

その後のBCCIの処理は、決して平坦なものではなかった。その後の調査で、100億ドル（約1兆3,700億円）を超える使途不明金が明らかとなり、多くの国において預金者が損害を被った。日本においてもBCCIと取引のあった多くの企業や個人が損害を被った。

【BCCI閉鎖とヘルシュタット・リスク】

BCCIの業務閉鎖の過程でも、第1章で取り扱ったヘルシュタット・リスクが発生している。

7月5日以前に行われた為替取引におけるBCCIの取引相手は、7月5日にBCCI宛てに英ポンドの支払を実施していたが、7月5日のBCCIの業務停止の連絡を受けた後のニューヨーク市場における米ドルの受取りはなされず、BCCIに対する債権となった。また、BCCIと米ドル／円の為替取引を行っていた日本の銀行も、7月5日の東京時間に外為円決済制度を使って円の支払を行っていたのに対して、BCCIから受け取るべき米ドルは、米国時間で資産凍結措置がなされたことから受け取れないという事態となった。

---

3 BCCIと不正取引

BCCIの破綻処理の過程で明らかになったのは、BCCIが金融

不正取引の温床となっていた実態であった。コモディティを中心とした投機的トレーディングから損失が発生したことは、すでに多くの市場関係者の知るところであったが、それは氷山の一角にすぎなかった。貸出業務においては大口貸出限度枠もなく、野放図な貸出が行われていた。また、二重帳簿をもつことにより、顧客の預金は不正に着服されていた。すなわち1つの帳簿では正規の銀行業務を記帳している一方で、もう1つの帳簿では、預かった顧客預金を着服して、第三者の銀行に送金、そこからさらに名義貸しによって全額をBCCIに預金させ、新たな預金として扱ったうえで、二重に記帳された預金は不正取引の損失補てんなどに充当された。また、こうした資金は麻薬取引の原資やテロリスト支援の資金としても使われていた。

そもそもBCCIに対する出資は、多くの場合、BCCIからの貸付によって資金があてがわれており、各出資者はBCCIからの元本保証に加えて利回りさえ保証されたかたちで、表向きの出資者となっていたにすぎなかった。いわゆる「名義貸し」であった。

BCCIの使途不明金には、テロリスト資金とのつながりが指摘されている。いくつかのテロリストの口座がBCCIの英国内の口座として開設されていること、また米英の諜報機関がその事実を認識しているとする報道もなされた。BCCIは米国の情報機関であるCIAの作戦行動を支え、海外における反体制団体に対する資金支援を裏で支えていた、ともされた。1990年代に問題となった、イラン・コントラ事件との関係が取りざたされ

たほか、アフガニスタン紛争においては、後にアルカイダを率いてテロ活動を指揮することになるグループ[5]に対してもBCCIを通じた資金供給がなされていた、ともいわれている。こうした不正取引では、いわゆるマネーローンダリング[6]（資金洗浄）取引が広範に行われていたのである。

4　マネーローンダリング（資金洗浄）

　麻薬取引や詐欺、脱税などの犯罪や、広く不正取引から得られた収益は、その出所を突き止められることを嫌う「裏金」である。これに対して、こうした裏金を通常の取引で使っても問題ないような資金にみせかける行為を、裏金を通常の資金に洗い流して（＝出所を消す）きれいな資金にみせかける、という意味で、マネーローンダリング（資金洗浄）という[7]。一般的には、金融機関の架空口座を利用して転々と送金を繰り返したり、有価証券の現物を購入する[8]などの手法で資金の出所をわからなくする方法がとられる。

　マネーローンダリングに対しては、国際的に協調して対応す

5　アルカイダは、後にニューヨーク同時多発テロを引き起こすことになる。第9章「ニューヨーク同時多発テロとBCP」参照。
6　Money Laundering.
7　第9章で触れる2001年のニューヨーク同時多発テロでは、合法的な資金がテロ行為に使用されたことから、それ以降、合法的な資金が非合法な目的に使用されることも、「テロ資金供与」として、広義のマネーローンダリングに含まれる、とされるようになった。
8　有価証券以外に、匿名性や換金性の高い、金塊やダイヤモンド等も、マネーローンダリングに使用されることが多い。

図表3-2 マネーローンダリング（資金洗浄）のメカニズム

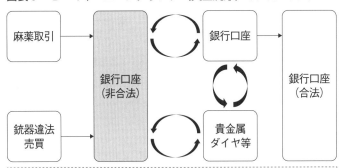

麻薬取引や銃器違法売買で得られた資金は多数の銀行口座を転々と移動させたり、貴金属やダイヤモンド等を購入する等して、出所を隠匿して「資金洗浄」され、最終的に合法的な取引として入金される

ることが必要であり、国連や主要国サミットでの議論や提言に基づいて、対応がとられた。

1988年12月、国連は、「麻薬及び向精神薬の不正取引の防止に関する国際連合条約（麻薬新条約）」を採択、不正取引に国際レベルで立ち向かうことを開始した。翌1989年には、アルシュ・サミットでの合意に基づき、マネーローンダリング対策における国際協調を進めるための「金融活動作業部会」、通称FATF[9]が設立された。

FATFは、薬物取引に基づくマネーローンダリング対策として、1990年4月に、主に次頁の①〜⑥からなる「40の勧告」を提言した。

---

9 Financial Action Task Force on Money Laundering.

図表3-3 マネーローンダリングに関する国際協調の動き

年月	内容
1988年12月	「麻薬及び向精神薬の不正取引の防止に関する国際連合条約」(ウィーン条約)(麻薬新条約)採択
1989年7月	フランスでアルシュ・サミット開催。金融活動作業部会(Financial Action Task Force on Money Laundering, FATF)設立
1990年4月	FATF、マネーローンダリング対策に関する「40の勧告」提言
1995年6月	カナダでハリファックス・サミット開催。薬物犯罪以外の重大犯罪に関するマネーローンダリング対策についても討議
1996年6月	FATF「40の勧告」改訂。マネーローンダリング対策を、薬物犯罪からそれ以外の重大犯罪にも拡大
1998年3月	英国でバーミンガム・サミット開催。先進国間で、マネーローンダリング情報分析機関(Financial Intelligence Unit, FIU)の設置義務づけ
2000年2月	金融監督庁(当時)に「特定金融情報室」を設置

マネーローンダリングを中心とした金融犯罪に対して、各国は国際協調により、対応を行った

① マネーローンダリングの対象となる犯罪の定義
② 洗浄された資金に対する暫定的な措置および没収
③ 顧客管理措置および記録の保存
④ 疑わしい取引の届出および遵守
⑤ FATFに非協力的な国などへの措置
⑥ テロ資金対策

特に銀行は、各国で資金決済における中核的な役割を担っていることから、FATFの40の勧告に基づき、不審な資金のやりとりがあった場合、当局に届出を行うことになっている。

　こうした動きを受けて、日本においても、1992年に施行されたいわゆる麻薬特例法[10]で金融機関等に薬物犯罪収益に関するマネーローンダリング情報の届出を義務づける「疑わしい取引の届出制度」を創設、さらに2000年に施行された「組織的犯罪処罰法」で同届出制度を拡充した。そこでは、薬物犯罪に加えて一定の重大犯罪に関する情報を届出対象とするとともに、マネーローンダリングに関する情報集約や、捜査機関に関連情報を提供する権限を金融監督庁（当時）の特定金融情報室に与えることとした。2003年には、本人確認法[11]が施行、金融機関の口座開設や、現金や無記名の有価証券、持参人払小切手などの取引に際して、本人確認を行うことが義務づけられた。こうした取組み[12]を通じて、マネーローンダリングに対する網の目は着実に狭められつつある。

5　BCCI対応の問題点

　BCCI事件が、英国やルクセンブルクといった金融先進国を

10　「国際的な協力の下に規制薬物に係る不正行為を助長する行為等の防止を図るための麻薬及び向精神薬取締法等の特例等に関する法律」
11　「金融機関等による顧客等の本人確認等に関する法律」。2008年に「犯罪による収益の移転防止に関する法律」が全面施行された際に廃止された。
12　こうした反マネーローンダリングの取組みは、略して「AML（= Anti-Money Laundering)」と呼ばれる。

舞台として発生し、広範なマネーローンダリング活動を許してしまった、という事実は、各国の金融当局にとって衝撃であった。特にバーゼル銀行監督委員会は、当局間の情報交換を旨として、1983年と1990年に、国際的な当局間の金融監督責任の分担を合意した「バーゼル協約」を改定した矢先のことであり、その衝撃は大きかった。BCCI対応からは金融監督上のいくつもの問題点が浮き彫りとなった。

　まず第一に問題だったのは、金融機関自身における内部統制体制の構築が不透明なまま放置されていたことである。BCCIでは、複雑なグループ出資関係を意図的に構築することで、だれがグループを所有しているのか、経営しているのかが不透明な状態をつくりあげていた。その結果、本来公共性に基づいてなされるべき金融機関経営の意思決定が正しく行われず、貸出等の信用創造機能が特定の利害のために使われてしまう、いわゆる「機関銀行化」のための素地が築かれていたといえる。またBCCIのケースでは、株主自身も「名義貸し」による、名目上の株主にすぎず、株主による経営の監視も存在していなかった。BCCIの意思決定にかかわったすべての関係者が不正の意図をもっていたとは限らないが、その複雑な構造や内部統制体制の不備から、当事者自身もBCCIの組織構造や誤った意思決定を正確に把握できていなかった可能性も否定できない。大規模な金融グループは、その構成を十分にわかりやすく透明にする必要があり、その経営者は公共性が高い金融機関を経営するに足る資質を有している必要があることが認識された。また、

当該金融機関に大株主が存在する場合、株主による経営陣の監視が十分に機能することを確保する必要性が認識された。これは、金融機関におけるコーポレート・ガバナンス体制構築の問題と言いかえることができる。

次に指摘すべきなのは、金融機関グループに対する連結ベースの金融監督の問題である。その複雑なグループ出資構成により、BCCIに対しては、どこの金融当局がどのような金融監督を担当していたかがあいまいになっており、結果としてBCCIを監督する当局が実質的に不在であった。この点についてもBCCI自身が、グループ構造を複雑につくりあげ、かつ本社の所在地と本部機能を分ける等して、そうした状況を意図的につくりあげていたことによる事情は否めないが、こうした事態を再発させず、多国籍銀行に対する監督を適切に行うためには、金融機関を連結ベースで監督する枠組みに加えて、金融当局間の協力や情報交換が不可欠であるという認識が共有された。

最後に、BCCI事件においてはその不自然な業務状況を早期にとらえる機会が何度か見逃されていた。その多くは、会計記帳の不透明性や不正会計に関する監査法人の指摘であった。金融機関と外部監査法人との間で発見された事象を、監督当局が活用することは、BCCI事件の大きな教訓として認識された。

6 金融機関監督体制への影響

BCCI事件の後、各国金融当局は、自国における金融制度改革や国際協調を通じて、金融機関の内部統制強化策を打ち出す

ことになる。特にBCCI事件の主な舞台が英国と欧州であったことから、欧州議会および欧州諸国の金融監督当局では早急な体制改善が求められた。

まず、金融機関のコーポレート・ガバナンス体制強化について、バーゼル銀行監督委員会は1998年9月に「内部管理体制の

図表3－4　銀行のためのコーポレート・ガバナンス諸原則

原則1	取締役会の最終責任
原則2	取締役会メンバーの適格要件と構成
原則3	取締役会自体の構成と実務
原則4	経営陣
原則5	グループ構成に対するガバナンス
原則6	リスク管理部門
原則7	リスクの認識、モニタリングとリスクコントロール
原則8	リスク・コミュニケーション
原則9	コンプライアンス
原則10	内部監査
原則11	報酬制度
原則12	ディスクロージャーと透明性
原則13	監督当局の役割

BCCI事件を受けて、バーゼル銀行監督委員会が公表した、コーポレート・ガバナンスを強化するための諸原則は、2015年7月に「銀行のためのコーポレート・ガバナンス諸原則」として改訂された

（出典）「銀行組織にとってのコーポレート・ガバナンスの強化」、バーゼル銀行監督委員会

評価のためのフレームワーク」を公表、銀行の内部統制に関する13の原則を示した。さらに、1999年9月に「銀行組織にとってのコーポレート・ガバナンスの強化[13]」、2010年10月には「コーポレート・ガバナンスを強化するための諸原則」を公表し、BCCI事件の教訓を国際的なベストプラクティス指針として示した[14]。また先進国の集まりである経済協力開発機構（OECD＝Organization for Economic Co-operation and Development）も1999年6月に「OECDコーポレート・ガバナンス原則」を公表、2015年9月にはこれを改訂して、新たに「G20／OECDコーポレート・ガバナンス・コード」として公表した[15]。

連結ベースでの金融監督については、欧州議会は1992〜1993年にかけて、金融機関を連結ベースで監督する方向性で銀行規制を改定することを合意した[16]。さらに1993年12月には、米国、スイス、日本、カナダといった、欧州外の第三者国の金融当局との間で協調行動ができるよう、交渉を行うことが認められた。1990年代後半からバーゼル銀行監督委員会が検討を開始した「バーゼルⅡ[17]」においては、銀行経営の健全性を確保

---

[13] 2006年2月に改訂。
[14] 同原則は、2015年7月に、「銀行のためのコーポレート・ガバナンス諸原則」として改訂された。
[15] 本邦では、2015年6月に東京証券取引所が「コーポレート・ガバナンス・コード」を公表、すべての上場会社に2名以上の独立した外部取締役設置を求めるなど、5つの基本原則に基づく対応を定めた。
[16] "Consolidated Supervision Directive (92/30/EEC)".
[17] バーゼルⅡについては、第8章「バーゼルⅡとオペレーショナルリスク」参照。

するための自己資本比率規制を、グループ会社を含む連結ベースで実施することを明記、連結ベースの自己資本比率規制は、国際的に活動を行うすべての銀行に対する共通の必要条件になった。

国際的な銀行における金融監督責任については、金融機関の本店や本部機能が存在する国と、当該金融機関が設立・登録された国が異なる場合に、責任のあいまいさが生まれる可能性が高い。こうした事態に対応すべく、金融機関の意思決定機関が仮にその国に存在しなくても直接議論を行えるように、金融当局間が協働する方向性が示された。また、金融機関の不正取引や不透明な運営を早期に発見して対処するために、金融当局間で相互に情報を交換することを可能とする枠組みを整備することとした。

最後に、会計記帳の不透明性や不正会計を早期に発見する目的で、金融当局と監査法人が直接会話をする実務も取り入れられた。BCCI事件に伴う欧州議会の対応として、監査法人が不正会計についての情報を得た際にはそれを金融当局に伝える義務を課する、との方向性が示された。こうした方向性を受けて、バーゼル銀行監督委員会は、2001年8月に「銀行の内部監査および監督当局と監査人との関係」を公表し、監督当局と内部監査、外部監査の関係についての20の原則を示した。

また英国では、銀行法39条（当時）に基づき、監督当局が特定のテーマについて、監査法人による金融機関監査を行わせ、その監査結果を直接当局に報告させる枠組みを開始した[18]。

7　金融リスク管理への影響

　こうした金融当局の動きに対して、民間側も対応を進めた。自らの企業構造を理解する（＝"know-your-structure"）、ないし、自らの企業組織を理解する（＝"know-your-organization"）という考え方は、企業経営として当たり前に思えるかもしれないが、金融機関経営が国際化とともに複雑化するなかで、深刻な課題として受け止められた。また、不正取引やマネーローンダリングへの無意識な関与を防ぐための対策や、特に新規口座を開く際の本人確認を含む、KYC（＝"know-your-client"）の必要性は急速に浸透した。

　BCCIのケースは、当初より組織ぐるみでの不正行為が行われていた、いわば確信犯であり、経営陣自身が不正取引の意図をもっていたことから、そこでは通常のコーポレート・ガバナンスはそもそも機能しがたかった。連結ベース監督の欠如や、金融当局間の協調が進んでいなかった時代背景からすると、BCCI事件は、金融業界のグローバル化のスピードと、金融監督の国際化のスピードの間にずれが生じたなかで付け入るスキを与えた、避けることのできなかった事例と考えることもできるかもしれない。その後のマネーローンダリングをめぐる取組

18　その根拠法である、銀行法39条（"Section 39 of the Banking Act, 1987"）にちなみ、同条に基づく監査報告は、俗に「セクション39レポート」と呼ばれた。その後、銀行法改正に伴い、現在では、銀行法166条に基づく、「専門家報告」（Skilled Person's Reports under Section 166 of the Banking Act）が行われている。

みや、コーポレート・ガバナンスの枠組み強化を通じて、組織ぐるみの不正に対する対策はより精緻なものになっているといえよう。

しかしながら、不正金融取引やマネーローンダリングは、不正を働く側も、さらなる仕組みの高度化を図っている。後述する2001年のニューヨーク同時多発テロの際に、合法的な資金がテロ行為に使用されていたことが明らかになったように、善意の寄付行為がマネーローンダリングやテロ資金供与などの非合法目的に使われてしまうことも発生している。新たなるBCCI事件を防ぐためには、株主や経営陣、金融当局や監査法人のみならず、従業員や取引先も含めた多数の眼によるチェックを可能とする体制づくりへの不断の努力が必要である。

目撃者のコラム

英国ロンドン市内でも多くの支店を展開していたBCCIが閉鎖された1991年は、当時勤務していた銀行で本店から英国証券現法への転勤が決まった時期であった。ロンドンの目抜き通りの中心であるオックスフォード・サーカスから歩いてすぐ、出張時に見慣れていた「BCCI」支店からは、「BCCI」のロゴの看板が取り外され、「テナント募集」の看板が立っていた。当時はBCCI事件の背景など知る由もなく、「さすがに生存競争の厳しい英国シティは、銀行支店の生き残りも大変なんだな」と、天真爛漫な疑問をもったことが思いだされる。

その後、現地法人でリスク管理を担当し、BCCI事件を起点とした内部統制体制強化の歴史を知るに際して、BCCI事件が

英国の金融監督行政に与えた影響の大きさとその爪跡をうかがい知ることができた。当時邦銀と米銀を担当していたイングランド銀行の銀行監督官は、事件当時にBCCIを担当していたために出世コースから外れたらしい、といった噂さえ聞こえてきた。

　その後も、金融機関のコーポレート・ガバナンスをめぐる問題の発生は数多い[19]。グローバルに複雑化する金融機関において、その経営は複雑になりすぎており、構造を単純にするために大銀行を解体すべきである、という政治的な議論も後を絶たない。たしかにグローバルな金融機関経営は複雑化の一途をたどっている。しかしながら、だから解体すれば問題が解決する、という議論ではないのではないか、とも思う。マネーローンダリングを中心として、コーポレート・ガバナンスの弱みに付けこんでくる金融不正取引は常に高度化している。脅威は必ずしも外部からとは限らず、社内から内部統制が崩されることもある。それは金融機関が単純であればそれにふさわしい不正取引で、また複雑な構造の金融機関に対しては、さらにそれにふさわしい手法で付けこんでこようとするものである。直面する課題に対しては、金融機関の大きさや形式を変えるといった、表面上の対応ではなく、問題の本質がどこにあって、それを解決ないし軽減する手法がどこにあるのかに集中して対策を講じるべきであろう。

〈参考資料〉

『検証 BIS規制と日本』、氷見野良三、金融財政事情研究会、2003年
『マネーロンダリング対策の実務』、有友圭一ほか、ファーストプレス、2007年

19　第14章「LIBOR不正とコンダクトリスク」参照。

"The BCCI Affair, A Report to the Committee on Foreign Relations", Senator John Kerry and Senator Hank Brown, 1992

"Internal Controls: The EC Response to BCCI" ("Internal Controls in Banking"), John Mogg, 1995

"Report on Sandstorm SA under Section 41 of the Banking Act 1987", Price Waterhouse, 1991

"G20/OECD Principles of Corporate Governance", OECD, 2015

「内部管理体制の評価のためのフレームワーク」、バーゼル銀行監督委員会、1998年9月

「銀行の内部監査および監督当局と監査人との関係」、バーゼル銀行監督委員会、2001年8月

「銀行組織にとってのコーポレート・ガバナンスの強化 ("Enhancing corporate governance for banking organizations")」、バーゼル銀行監督委員会、2006年2月

「コーポレート・ガバナンスを強化するための諸原則 ("Principles for enhancing corporate governance")」、バーゼル銀行監督委員会、2010年10月

「銀行のためのコーポレート・ガバナンス諸原則 ("Corporate governance principles for banks")」、バーゼル銀行監督委員会、2015年7月

『内部統制の統合的枠組み』、トレッドウェイ委員会組織委員会、白桃書房、1996年

「銀行の透明性向上について」、バーゼル銀行監督委員会、1998年9月

「有効な銀行監督のためのコア・プリンシプル」、バーゼル銀行監督委員会、2000年

「コーポレートガバナンス・コード」、東京証券取引所、2015年6月

第 4 章

G30レポートと
VaR革命
【1993年】

●本章のポイント

　1980年代後半以降のデリバティブ取引市場の拡大から、金融機関のリスク管理は複雑さを増した。デリバティブ取引を含むトレーディング活動から生じる新たなリスク管理の必要性に対し、「G30レポート」をきっかけとして、金融監督当局と金融業界は、市場リスク管理のベストプラクティスについての意見交換を行った。その結果、VaRを中心とした管理手法が業界標準となり、市場リスク管理のみならず、他のリスクに対してもVaRの考え方が浸透する道筋を示した。

1 ニューヨーク連銀総裁の警告

「あなた方銀行はオフバランスシート取引の状況について、もっともっと厳しく注意を払うべきである。オフバランスシート取引の急成長と複雑さ、そしてそこに含まれる信用リスク、価格リスク、決済リスクについて、真剣に懸念すべきである。……このスピーチが、警告のように聞こえるとしたら、それはまさに私の望むところである。オフバランスシート取引には、もちろん一定の役割がある。しかしながら、それらは注意深く運営され、かつ管理されなければならず、トレーダーやロケット・サイエンティスト[1]だけではなく、あなた方経営者の皆さん自身も、それをしっかりと理解しなければならないのである」

　ニューヨーク連銀総裁（当時）のジェラルド・コリガンは、

1993年1月のニューヨーク州銀行協会年次総会で、このように述べた。それは、幾何級数的に拡大を続けていたデリバティブ取引に対する、まさに警告であった。

2 デリバティブ取引市場の拡大

金融技術の発展を背景として、1980年代～1990年代にかけて、デリバティブ取引が大きく発展した。当初は実需に基づく債権債務の交換のかたちで行われたスワップ取引[2]や、取引所取引として始まったオプション取引[3]は、1980年代後半には、金融機関のトレーディング業務拡大の時流にのり、それら自体が取引対象となって、デリバティブ自身の市場を形成した。

これらデリバティブ取引の多くは、取引当事者の相対取引[4]であることから、当初は市場規模の拡大を正確に把握することさえもむずかしかった[5]。スワップやオプションといった取引

---

1 デリバティブの開発にあたって重要とされたオプション理論において、航空工学における経路推定技術が用いられたことから、デリバティブ開発に携わる金融工学担当者は、しばしば「ロケット・サイエンティスト」と呼ばれた。
2 最初のスワップ取引は、世界銀行とIBMとの間で、1981年に行われたクロスカレンシースワップであったとされる。
3 シカゴオプション取引所（CBOE）で個別株式に対する標準化された株式オプション取引は1973年に始まった。同じ年に、フィッシャー・ブラックとマイロン・ショールズによるオプション価格評価に関する論文、いわゆるブラック・ショールズ理論が発表されている。
4 店頭取引（Over-the-Counter取引、OTC取引）と呼ばれる。
5 国際決済銀行（BIS）が、BISユーロカレンシー・スタンディング委員会（当時、現グローバル金融システム委員会）の提言に基づいて、グローバルベースで店頭デリバティブの残高統計を開始したのは、1998年6月になってからである。

の価格は、高度な数学に基づくファイナンス理論から導かれることが多く、取引内容の理解自体も容易ではなかった。また、トレーダー同士が直接電話で取引を執行し、その後、互いのバックオフィスの間で、取引の事後に取引内容の詳細を確認する、という流れとなることから、事前の審査や契約手続を前提とした従来の銀行取引では経験したことのない管理が求められることとなった。個別の相対取引で取引内容を確定していくため、取り交わされる契約書が合意した取引内容を正確に反映しているかどうか、といった、法務上のリスクも存在した。さらにデリバティブ取引は、直接は財務諸表に記載されない、いわゆる「オフバランスシート取引」であったことから、財務諸表をみただけでは、そこにどのようなリスクが含まれているのかがわからなかった。その一方でデリバティブ取引は、バランスシートを使わずにオーダーメード型の取引をアレンジすることが可能であり、事業法人をはじめとするエンドユーザーのヘッジニーズも取り込むかたちで、急速に拡大した。

　金融監督当局は、こうしたデリバティブ取引の急拡大が金融システムに与える悪影響を懸念した。冒頭のコリガンによるスピーチは、民間金融機関が果たすべき、デリバティブのリスク管理に対する懸念として示されたものであった。

　監督当局の警告に対して、民間金融機関の側も迅速に対応した。そうしたなかで、その後の金融機関における市場リスク管理、あるいは金融リスク管理そのものの方向性を決定づけたのが、1993年に公表された調査レポート、「デリバティブ：その

実務と原則」、いわゆる「G30レポート」であった。

3　G30レポート

「G30」は、「グループ・オブ・サーティ」の略称であり、米国ワシントンに本拠を置き、各国中央銀行首脳や主要な民間金融機関の関係者からなるシンクタンクである。G30では、デリバティブ取引の急拡大と、金融監督当局の懸念に対応すべく、米国の大手金融機関JPモルガン（当時）の会長であった、故デニス・ウェザーストーン氏が指揮するかたちで、デリバティブ取引の管理に求められる実務指針を検討、その結果を「デリバティブ：その実務と原則」、俗にいう「G30レポート」として取りまとめた。G30レポートは、1993年7月に公表された。

G30レポートでは、デリバティブ取引に携わる市場参加者とエンドユーザーが従うべき20の原則と、監督当局が留意すべき4つの原則を提唱、デリバティブ取引に求められるリスク管理実務のベストプラクティスを示した。以下、G30レポートにおける主な提言内容をみてみたい。

① **デリバティブ取引に係るポリシー**

デリバティブ取引に係る管理方針は、デリバティブ管理ポリシーというかたちで、企業の最高意思決定機関である取締役会が承認すべきであり（提言①）、実際の取引を執行する権限は、取引を行う個々人に明確に与えられるべきであるとされた（提言⑱）。ここでは、リスク運営に関するガバナンス（「リスクガバナンス」）の考え方が明確に示されている。

② **デリバティブ取引の市場リスク管理実務**

次に、リスク管理上の目的から、デリバティブは、少なくとも1日1回値洗いし（提言②）、リスク内容を把握しなければならない。その際に、ポートフォリオのストレステストを定期的に実施すべきであり（提言⑥）、ポートフォリオから発生する資金調達の必要性についても定期的に評価すべきである（提言④⑦）。また、デリバティブの市場リスク管理は、フロント部門から独立したリスク管理部門を設置して管理にあたらせるべきである（提言⑧）。

③ **デリバティブ取引の信用リスク管理**

信用リスク管理についても、独立した部門によって管理されるべきであり（提言⑫）、カレントエクスポージャー（再構築コスト）とポテンシャル・フューチャー・エクスポージャー（将来の潜在的エクスポージャー）からなる信用リスク全体を管理すべきである（提言⑩⑪）。その際、標準的なマスター契約を利用することが望ましく、また締結された契約は法的に有効でなければならない（提言⑬⑭⑮）。

④ **デリバティブ取引の情報開示**

デリバティブ取引の目的や取引範囲、時価評価方法やリスク内容は、適切に開示すべきである（提言㉓）。

金融リスク管理の実務に携わった人間であれば、今日の市場リスク管理や信用リスク管理、あるいは広く金融リスク管理の実務に求められている実務のエッセンスが、G30レポートに含まれていることに驚かされるのではないか。まさにG30レポー

トは、その後の金融リスク管理実務の業界標準をかたちづくり、金融リスク管理態勢整備を目指した金融機関に明確な道しるべとなった、といえる。

なかでも注目されたのは、バリュー・アット・リスク（VaR）について触れた、提言⑤である。そこでは、デリバティブ業者は、一貫性のある評価方法に基づいて、デリバティブからなるポートフォリオの市場リスクを評価し、限度枠と対比するかたちで管理を行うべきであり、その際、VaRにみられるような統計的な手法を採用することが適当であるとされた。ここにおいて、VaRによる管理が明示的に提唱されたのである。

そもそもVaRとは何か。VaRは、現在保有しているデリバティブを含む資産負債のポートフォリオから、金利や為替、株式といった市場のパラメーターが変化することによって、どれだけの損失を被る可能性があるのかについて、一定の期間（保有期間）に、一定の確率（信頼水準）で被る最大損失額のかたちで表そうとする指標である[6]。たとえば、「信頼水準99％の確率で、保有期間10日間のVaR値は10億円である」というコメントは、現在のポートフォリオを10日間持ち続けた場合、100回に99回までは、損失が10億円以内に収まる、ということを示すことになる[7]。「信頼水準99％」や「保有期間10日間」といっ

---

6 VaRは、G30レポートの指揮者であるJPモルガンの故デニス・ウェザーストーン会長（当時）が、自行のポジションから、明日最悪いくらの損失が発生するかを夕方4時15分までに報告せよ、という指示を行ったことから生まれたとされる。

第4章　G30レポートとVaR革命【1993年】　71

図表 4 － 1　バリュー・アット・リスク（VaR）の概念

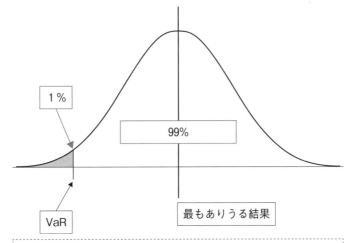

トレーディング勘定から発生する損失を商品の価格変動による損失分布とその頻度（確率）によって測ろうとするVaRの考え方は、急速に浸透した

た基準は、VaRを計測する金融機関が自らの業務特性等に照らして設定するものである。

　G30レポートが公表された1993年には、VaRはまだ一部の先進金融機関の実務にとどまっており、その計測手法も標準化されていなかった。そうしたなかで、デリバティブ取引を含む市場リスクを統計上の数値として表し、その値に限度を設定して

7　逆にいうと、100回に 1 回は、10億円を超える損失が発生する可能性がある、ということになる。図表 4 － 1 であれば、左端の灰色部分が全体の面積の 1 ％になる点がVaR値となる。これに対して灰色部分における期待値を「期待ショートフォール」と呼ぶ（第12章「バーゼルⅢと金融規制強化の潮流」参照）。

管理する、というVaRに基づくリスク管理を明示的に提唱したG30レポートは、その後の金融リスク管理の実務をけん引する役割を果たしたといえる。

4 バーゼル委員会のデリバティブ管理ガイドライン

G30レポートが示した実務提言に対して、今度は金融監督当局側が呼応する。国際決済銀行（BIS）のバーゼル銀行監督委員会は、翌1994年7月に、「デリバティブ取引に関するリスク管理ガイドライン」を公表した。そこでは、G30レポートが示した、独立したリスク管理部門の設置や値洗いの実施などが、監督当局による「実務ガイドライン」として示された。

このなかで、デリバティブ取引の市場リスク管理手法として、「市場参加者は、市場リスクをVaR手法で計測することがふえている。……金融機関は、VaR以外の手法を採用することも可能であるが、その場合でも計測手法は十分に正確、かつ頑強で、リスク管理プロセスに十分に統合されていることが必要である」としており、民間金融機関によるVaRへの取組みが触れられている。

5 JPモルガンの「リスクメトリクス®[8]」

デリバティブ取引のリスク管理をめぐる官民の「対話」は、さらに続く。G30レポート作成に貢献したJPモルガンは、1994

---

8 RiskMetrics®.

図表4－2　バーゼル銀行監督委員会「デリバティブ取引に関するリスク管理ガイドライン」概要

1．取締役会と経営陣による適切な監視
　a．取締役会の責任
　　・取締役会はデリバティブ取引のリスク管理に係る重要なポリシーを承認すべきであり、定期的に見直すべきである
　　・取締役会はリスクエクスポージャーにつき定期的に報告を受けるべきである
　b．経営陣の責任
　　・経営陣はデリバティブ業務遂行に必要となるポリシー・手続を確保する責任を負う
　　・上記責任は、①リスク管理責任の明文化、②リスク計測に必要なシステムの確保、③リスク限度枠の設定、④効果的な内部統制、⑤包括的なリスク報告、を含む
　　・経営陣はデリバティブ業務・リスク管理に十分な経営資源と要員の配置を確保する必要がある
　c．独立したリスク管理部門
　　・リスク管理は、デリバティブ業務部門から独立して運営されるべきである

2．適切なリスク管理プロセス
　a．リスク計測
　　・デリバティブ取引を活発に行う金融機関は、値洗いおよび各種リスクを日次でモニタリングしなければならない
　　・市場リスクに対しては、「最悪のシナリオ」の発生可能性についても考慮すべきである
　b．リスク限度額の設定
　　・リスク限度額とリスクテイクについてのガイドラインを適切に設定しなければならない
　　・リスク限度額を通じて、リスクに係る協議や取締役会が設定するリスク許容度に対するモニタリングが行われるべきである
　c．リスク報告
　　・損益とリスクエクスポージャー状況は少なくとも日次で報告されなければならない
　d．経営による評価と手続見直し
　　・経営陣はリスク管理手続・手法等を定期的に見直すことを確保すべきである

3．包括的な内部管理と監査手続

> ・内部監査部門は、リスク管理機能の独立性を含むリスク管理状況を定期的に監査しなければならない
>
> 4．リスクカテゴリーごとの健全なリスク管理実務
>   a．信用リスク（決済リスクを含む）
>   ・デリバティブ取引を活発に行う金融機関は、潜在的な信用リスクを分析する必要がある
>   ・信用リスク管理にネッティング契約を活用すべきである
>   b．市場リスク
>   ・すべてのトレーディング・ポートフォリオとエクスポージャーは少なくとも日次で値洗いされなければならない
>   ・市場リスクは、取締役会や経営陣に承認されたリスク限度額やロスリミット・ガイドライン等により管理すべきである
>   c．流動性リスク
>   ・流動性リスクはデリバティブ取引に固有なものではないため、より広い観点から流動性リスクを管理すべきである
>   d．オペレーショナルリスク
>   ・オペレーションやシステムはデリバティブ業務を適切にサポートできるものでなければならない
>   e．法務リスク
>   ・デリバティブ取引に係る担保契約やネッティング契約は法的に有効なものでなければならない

バーゼル銀行監督委員会の「デリバティブ取引に関するリスク管理ガイドライン」には、G30レポートで触れられた論点も数多く含まれていた

年に、自社が開発したVaR手法とデータセットからなる、「リスクメトリクス®」を公表した。「リスクメトリクス®」は、①ポートフォリオのVaRの計算手法を定義し、②VaRを計算するために必要となる、各リスクファクターのボラティリティとリスクファクター間の相関係数を定義したうえで、金利・為替・株式・コモディティといった市場リスクに係るデータセットを無償で公開するものである。これにより、VaRに関心があっても、自らその計算モデルを構築できなかった金融機関や事業法

人などが、一定の手法に基づくVaRを簡易に計算することが可能となった。後にJPモルガンのリスクメトリクス部門は金融システム会社として独立しており、リスクメトリクス®の公表に、商業的な意図がまったくなかったとは言い切れない面もあるが、JPモルガンによる取組みが、VaR手法の浸透に大きく貢献したことは間違いない。

6 BIS規制と市場リスク規制の導入

市場リスク管理に係るこうした官民の対話が結実したのが、バーゼル銀行監督委員会が1996年に導入した[9]市場リスク規制における、内部モデル方式の採用であった。

バーゼル銀行監督委員会は、1990年代に入り、国際的に活動する銀行に共通して適用される自己資本比率規制を導入した。いわゆる「BIS規制」である[10]。

BIS規制は、国際的な活動を行う銀行に対して、銀行が保有する貸出などの信用リスク資産を、「リスクアセット」として定義し、リスクアセット総額の8％に相当する自己資本額を、最低所要自己資本として常に保有することを義務づけるものである。

---

9 バーゼル銀行監督委員会は、1996年1月に市場リスク規制に合意した。適用開始は1997年末とされた（日本では1998年3月末から）。
10 BIS規制は、日本では1988年12月に当時の大蔵省通達による行政指導のかたちで、国内規制化した後、1992年6月に成立した金融制度改革法で、銀行法に自己資本比率規制に関する条文が加えられ、その後、1993年4月から施行された。

リスクアセットは、銀行が保有する個別の与信資産に対して、その信用力に基づく「リスクウェイト」を割り当てたうえで、その合計額として算出される。たとえば、自国の国債やOECD加盟国の国債のリスクウェイトは、デフォルトリスクが小さいとみなされることから０％とされる一方、OECDの金融機関向け与信は20%、一般事業法人向けの与信は100%、といった具合である。BIS規制は、こうして合計されるリスクアセット総額に対して、最低８％の自己資本を維持することを求めるものである。

　たとえば、自国国債を１兆円（リスクウェイト０％）、OECDの金融機関向けの与信を１兆円（リスクウェイト20%）、一般事業法人向け与信を１兆円（リスクウェイト100%）保有する銀行のリスクアセットは、１兆2,000億円[11]となり、この銀行が、国際的な活動を続けるためには、少なくとも960億円[12]の自己資本を維持することが求められることになる。

　リスクアセットを分母とした場合に、分子に当たる自己資本については、普通株式や利益剰余金、優先株といった本源的で質の高い資本を「ティア１資本[13]」としたうえで、これに劣後債などの質の劣る「ティア２資本」を加えたものをBIS規制上の資本と定義した。

11　１兆円×０％＋１兆円×20%＋１兆円×100% ＝１兆2,000億円。
12　１兆2,000億円×８％＝960億円。
13　ティア１資本のうち、普通株式や内部留保などの、さらに質の高い資本については、後に「普通株式等ティア１資本」と呼ばれることとなった。第12章「バーゼルⅢと金融規制強化の潮流」参照。

図表4-3　BIS規制におけるリスクウェイト

対象資産	リスクウェイト
現金、国債、地方債、OECD加盟国の国債、等	0%
政府関係機関債等	10%
OECD加盟国の金融機関向け債権	20%
抵当権付住宅ローン	50%
通常の貸出債権	100%

与信額面を中心とした従来の与信管理に対して取引先の属性によってリスクウェイトに差をつけるというBIS規制は、自己資本比率規制の考え方を一変させた

　しかしながら、BIS規制に基づく自己資本比率規制が始まった1990年代はじめには、すでに金融機関のトレーディング業務が拡大しつつあった。貸出資産を中心とした与信残高に基づいてリスクアセットを、ひいては、最低所要自己資本額を算出するBIS規制は、トレーディング業務から発生する市場リスク、特に、オフバランスシート取引であるデリバティブ取引から発生するリスクをとらえていない、という批判が、導入当初から巻き起こった。

　これに対してバーゼル銀行監督委員会は、新たにトレーディング勘定の市場リスクに対しても所要資本を求めることを決定、1993年4月に提案文書[14]を公表して、民間金融機関を含む市中からの意見を募ったうえで、最終的に1996年1月に、BIS

14　「市中協議文書」(Consultative Paper) と呼ばれる。

規制に市場リスク規制を追加することを合意した。すなわち、BIS規制における自己資本比率規制計算の分母に当たるリスクアセットに、新たに市場リスクアセットを追加する、というものである。

7 自己資本比率規制における「メニュー方式」

この市場リスク規制において注目されたのは、「メニュー方式」の導入である。すなわち、新たに導入される、市場リスクアセット計算においては、基本的な計算方式である「標準的方式」とVaR手法に基づく「内部モデル方式」の2つの手法が用意され[15]、市場リスクの割合が小さく、市場リスク管理手法が進んでいない金融機関は標準的方式を選択する一方で、当局が

図表4－4　BIS市場リスク規制における「メニュー方式」

算出手法	手法の概要
標準的方式	バーゼル委が定めた一定の算式に基づき、金利・為替・株式・コモディティごとに算出されたリスク相当額の合計額
内部モデル方式	算出基準日におけるVaRと算出基準日を含む直近60営業日のVaRの平均にVaRのバックテストの超過回数により3.0から4.0の間で決定される乗数を乗じた額のいずれか大きい額 内部モデル方式によるリスク相当額の算出には、監督当局の承認が必要

規制される側の金融機関が規制する手法を選べるという「メニュー方式」は画期的なものとして受け入れられた

設定する基準を満たす市場リスク管理態勢を有する金融機関は、内部モデル方式を選択することができるとしたのである。各金融機関は、自らの市場リスクの内容や管理態勢・管理手法の状況にかんがみ、これら２つの手法のうち、どちらを採用するかをあたかもレストランでメニューを選ぶように自ら選ぶことができるという意味で、「メニュー方式」とされた。

内部モデル方式を選択する金融機関は、当局に内部モデルの承認申請を行い、モデルの内容や管理態勢が、当局が定める定性的および定量的基準を満たすと認められた場合に、自行のVaRモデルに基づく計測結果を、BIS規制上の市場リスクアセット計算値として採用することができる、とされた。G30レポートで提唱され、「デリバティブ取引に関するリスク管理ガイドライン」で触れられたVaRが、国際的な自己資本比率規制計算において正式な手法として採用されたわけである。

内部モデル承認取得には、厳しい定性的および定量的基準を満たすことが求められるものの、規制を受ける側が、自らを規制する手法を選択し、かつその計測に自行のモデルからの計測結果を採用できるという考え方は画期的であった。内部モデル方式において、自行のVaRモデルによる計測結果を所要資本計算に採用できるとしたことで、民間金融機関の側では、内部モ

---

15 内部モデル方式は、1993年４月当初の市中協議文書の段階では提案されていない。まさに、G30レポートや、「デリバティブ取引に関するリスク管理ガイドライン」で行われた官民の対話から新たに織り込まれたものと考えられる。

デルの承認を取得し、VaRモデルをより高度化しようとするインセンティブが生まれることとなった。これにより、リスク管理手法の高度化にも資することとなったのである。

市場リスク規制における内部モデルの採用と、「メニュー方式」の採用は、画一的なリスクウェイトによって評判の悪かった信用リスクや、後に導入されるオペレーショナルリスクにも影響を与えた。後に行われBIS規制の全面改正に当たるバーゼルⅡにおいては[16]、市場リスクに加えて、信用リスクやオペレーショナルリスクに対しても「メニュー方式」が適用されることとなる。

8 「VaR革命」と金融リスク管理への影響

市場リスクにおけるVaR手法の発展と、BIS規制市場リスク規制における内部モデルの採用は、金融リスク管理において、「VaR革命」と呼んでもいいほどの影響を与えた。各金融機関は、VaR手法をはじめとするリスク管理手法の高度化に向けて切磋琢磨し、VaRを中心としたリスク管理理論についての議論が官民を問わず行われた。VaR計測の前提となる信頼水準について、99.9％や99.95％といったより精緻な計測を求める試みや、VaRの「外側」に位置する大規模損失の分布を追求しようとする立場、さらにはVaR計測の手法におけるシミュレーション手法、特にそこで必要とされる乱数の生成方法を検討する立

---

16 第8章「バーゼルⅡとオペレーショナルリスク」参照。

場など、VaRを中心としたリスク計測手法にファイナンス技術の粋がつぎこまれた。

また、VaRの考え方を、信用リスクやオペレーショナルリスクといった、市場リスク以外のリスクカテゴリーに応用しようとする動きもさかんになった。「信用VaR」や「オペレーショナルVaR」の検討は、後のバーゼルIIにおける議論に向けてさらに活発化することとなる。

こうした「VaR革命」の契機となったのが、G30レポートであったといえる。同時に、G30レポートは、デリバティブ取引に係るポリシーの策定や、フロント部門から独立したリスク管理部門によるリスク管理等の定性的な金融リスク管理についてのベストプラクティスについても明確な指針を与えている。G30レポートが与えた影響は大きく、金融リスク管理における1つの重要な節目となった。

目撃者のコラム

インターネットも発達していなかった1993年において、G30レポートに接することは容易ではなかった。「G30」という、監督当局や中央銀行関係者以外にとっては、ほとんど知られていなかった団体が公表した報告書が、これほどまでに影響力をもったとは、当時ですら予想の範囲を超えていた。

個人的に、G30レポートそのものに接したのは、翌1994年のバーゼル銀行監督委員会による「デリバティブ取引に関するリスク管理ガイドライン」が公表された後であったが、リスク管理の態勢整備に腐心していた身にとっては、まさに「目

からうろこが落ちる」気がした。G30レポートの隅から隅まで、むさぼるように読みふけったうえで、一つひとつの提言は、乾いた砂漠に水を落としたように吸い込まれていった。本稿をまとめるために、再度原典を見直してみても、その内容が現在の金融リスク管理の実務指針としての輝きを失っていないこと、またその一方で、そこでの指摘が公表から20年以上を経た現在の金融リスク管理においても重要な課題であることにも驚かされる。

　当局と民間金融業界の「対話」も新鮮であった。ファイナンス理論を駆使したデリバティブ取引や証券化業務など、金融機関の業務がグローバル化かつ複雑化するなか、金融機関のリスク管理や自己資本規制を画一化された手法[17]でとらえることはむずかしい、との認識が高まりつつあった。民間金融機関のリスクは、各金融機関ごとに異なる。個々の金融機関におけるリスク管理高度化も行われるなか、規制整備においても、画一的なルールではなく金融機関自身によるリスク管理高度化を促進させるような規制を整備すべきであるという考え方が芽生えていった[18]。金融リスク管理の実務が急速に市民権を得ていくのを感じた時期であった。

　その一方で、VaR自体は、金融機関の経営にとって理解しやすい、いわば経営をサポートするツールとして生まれたものであり、必ずしも理論的な解を求めたものではないという

17　「one size fits all（ワンサイズですべてにあわせる）」と称される。
18　アラン・グリーンスパン米国連邦準備制度理事会（FRB）議長（当時）は、1997年7月に行われた「銀行と競争に関する第33回コンファレンス」で、「たとえば、銀行における市場リスク、信用リスクおよびオペレーショナルリスクを評価・管理する内部システムが科学技術や金融技術の進歩と相まって発展するのに従い、監督政策もそうした銀行の固有のニーズや内部管理手続にあったものに変えていかなければならない」と述べている。

> こともを認識する必要がある[19]。VaRの値は、一定の前提や仮定のもとで算出されるものであり、そこにはおのずと限界がある。その限界や前提を理解したうえで、VaRのみに頼ることなく、ストレステストやシナリオ分析などといったその他の手法をあわせて使うべきである。このことは、1993年のG30レポートでもすでに触れられており、VaRの生い立ちを考えれば、いわれるまでもなく当然のことである。また、それら複数のツールのうち、どの結果を重視すべきかについても、局面に応じて判断し、使い分けていくべきであるということは、常に忘れるべきではない。その手腕にこそ、リスクマネジャーの真骨頂があるのである。

〈参考資料〉

「自己資本の測定と基準に関する国際的統一化」、バーゼル銀行監督委員会、1988年7月

「マーケットリスクを自己資本合意の対象に含めるための改定」、バーゼル銀行監督委員会、1996年1月

「マーケットリスクに対する所要自己資本額算出に用いる内部モデル・アプローチにおいてバックテスティングを利用するための監督上のフレームワーク」、バーゼル銀行監督委員会、1996年1月

「デリバティブ:その実務と原則("Derivatives: Practices and Principles", Group of 30)」、1993年

「自発的監督の枠組み("Framework of Voluntary Oversight", Derivatives Policy Group)」、1995年

「デリバティブ取引に関するリスク管理ガイドライン("Risk Management Guidelines for Derivatives")」、バーゼル銀行監督委員会、1994年

---

19 本章脚注6参照。

第 5 章

FRBショックと
デリバティブ損失
【1994年】

●本章のポイント

1994年2月に米FRBが行った金利引上げは、市場に衝撃を与え、多くの金融機関や機関投資家の債券ポートフォリオで損失が発生した。さらに、金利低下に期待したデリバティブ仕組商品で損失が発生、投資家からは、投資銀行が販売にあたって適切な説明を怠ったとして、多数の損害賠償訴訟が発生した。金融機関は、デリバティブ仕組商品等の複雑な金融商品を販売する際の説明責任について、根本から見直すことが必要となった。

1 「FRBショック」

1994年2月4日、米国連邦準備制度理事会（FRB）の連邦公開市場委員会（FOMC）は、フェデラル・ファンド金利誘導目標を0.25％引き上げて、3.25％とする決定を下した。FRBとしては、5年ぶりの金融引締めであった。ブラックマンデー以後継続していた、景気刺激型の金融政策を転換すべき時期に至ったという判断であった。

FRBのアラン・グリーンスパン議長（当時）は、利上げに先立つ1月の議会証言で、「短期金利は異例の低水準になっており、経済活動が予想外に低迷し、その時期が長引く事態にならない限り、どこかの時点で、短期金利を動かす必要が出てくる」と述べ、利上げについてのニュアンスを伝えていた。

しかしながら、金利の長期低下トレンドに慣れきった市場関

図表5－1　1991年1月～1995年1月の米国10年国債金利の推移

ブラックマンデー以降低下傾向にあった長期金利は、1994年2月にFRBが金融引締めに転じた「FRBショック」以降、上昇に転じた

係者は、FRB議長が市場に発したこのシグナルを見落した。市場は利上げをまったく織り込まず、2月4日の決定直後に発表されたFOMCの利上げの実施から、市場はパニックに陥った。俗に「FRBショック」と呼ばれる金利上昇は、こうして起こった。金利は反転上昇し、フェデラル・ファンド金利は、この年の終わりには、5.5％に上昇した。

2　金利上昇とデリバティブ損失

債券価格は、金利が低下すれば上昇し、金利が上昇すると下落する。長期にわたる金利低下トレンドを受けて、ポジションを拡大、かつ保有満期構造も長期化させていた多くの金融機関の債券ポートフォリオは、予想外の金利上昇に対して、大きな

損失を被った。

　FRBによる金利上昇は、さらに思わぬ事態を引き起こすこととなった。金利の長期低下を想定したデリバティブ取引からの損失発生である。5年にわたる金利下落から、機関投資家は、金利低下を期待したデリバティブのポジションを積み上げており、これらのポジションが、予想外の金利上昇により、大きな損失を被ることになったのである。損失は、金融機関自身の自己トレーディングだけでなく、広く機関投資家や事業法人にも拡大した。

　さらにその過程で明らかになったのは、金融機関による不適切なデリバティブ販売であった。機関投資家は、投資銀行を中心とした金融機関の勧誘に応じて、投資元本を大きく超えるデリバティブのポジションをとっており[1]、これらポジションから発生した損失は、金利上昇から発生する損失を倍加させたのである。機関投資家のなかには、発生した損失をみて、はじめて自らが行っていたデリバティブ取引に含まれていたリスクを知った者もいた[2]。金融機関の側にもそうしたリスクについての説明や金利上昇の過程で発生していた損失についての報告を怠って、さらなる販売を続けていたケースもあり、販売金融機関を相手どった多数の損害賠償訴訟が発生することとなった。

1　投資元本に対してより多くの想定元本のデリバティブ取引を組み込むことを「レバレッジをかける」と呼び、たとえば、投資元本10億円に対して、想定元本20億円のデリバティブを組み込むことを「レバレッジ2倍の取引」といった呼び方をする。
2　第4章第1項「ニューヨーク連銀総裁の警告」参照。

3 デリバティブ仕組取引

　前章でみたとおり、1980年代後半からデリバティブ市場は急成長していたが、その成長を支えた1つの大きな要因が、デリバティブを組み込んだ仕組取引の拡大であった。

　当初のデリバティブ取引は、たとえば事業法人の資金調達における固定金利払いを、金利スワップによって変動金利払いに変換する取引（図表5－2参照）や、機関投資家が資金運用のために保有する固定利付債のキャッシュフローを金利スワップによって変動利付債を保有するのと同じ経済効果を得るようにする、アセットスワップと呼ばれる取引（図表5－3参照）が中心であった。資金調達や資金運用等、いわば実需に基づいた取引であった。

　これに対してデリバティブの仕組取引とは、デリバティブを使って、個々の顧客の嗜好に応じた、オーダーメード型の取引

図表5－2　資金調達関連スワップ取引

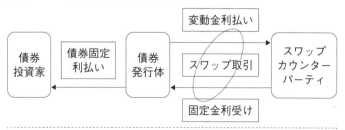

固定利払いを行う債券発行体は、金利スワップ取引を同時に行うことで、実質的に利払いを変動金利建てに変換することができる

図表5－3　アセットスワップ取引

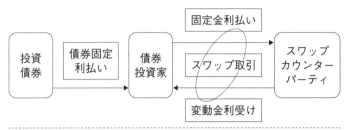

固定金利払いの債券を保有する債券投資家は、受取金利を「スワップ」することによって、実質的に変動利付債を保有するのと同じ経済効果を得ることができる

をアレンジするものである。当初は比較的単純な取引が行われたが、時がたつにつれて、より複雑な仕組取引が行われるようになった。

たとえば、「インバース・フローター取引」は、特定の固定金利からLIBOR（ライボー）金利[3]を差し引いた金利を受け取る取引である。この取引を取り組めば、短期金利が低下した際に、受け取る長期金利と差し引かれる変動金利の差は大きくなることから、より大きな金利収入が得られることになる。

あるいは、「スワップション取引」と呼ばれる、金利スワップを中途解約できるオプションを組み込んだ取引では、スワップが途中で終了してしまうリスクをとるかわりに、スワップが

---

[3] LIBOR（= London Interbank Offered Rate）ロンドン銀行間取引金利として定義される基準短期金利。第14章「LIBOR不正とコンダクトリスク」参照。

図表5-4 インバース・フローター債の仕組み

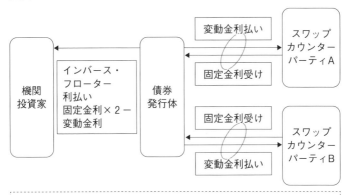

スワップ取引やオプション取引を組み合わせることにより、機関投資家や債券発行体は、自らの好みや市場予測に基づいた金利の受取りや資金調達が実現できることになった

続いている間は、高い固定金利収入を得ることができる、といった仕組みが組み込まれていた。

1990年代に入り、仕組取引はさらに複雑化した。受取金利が、日本国債利回りと米国国債利回りと豪州国債利回りを足したものから米国変動金利を引いたものになる仕組取引、30年米国国債の利回りと2年国債の利回りに1.5を掛けたものとの差を受け取る仕組取引、満期時の株価指数が取引取組時から0.8～1.3倍の間に収まっている間は高い金利が受け取れるがそのレンジを超えると受取金利がゼロになる仕組取引、などといったかたちで、金利や為替、エクイティやコモディティ等、市場取引の対象となるあらゆる指標を複雑に組み合わせた仕組取引が販売された。

仕組商品の形態も多様であった。相対のスワップ契約のなかに仕組取引の内容を織り込ませる例もあれば、仕組取引のキャッシュフローを元利払いに組み込ませてユーロ債や私募債のような債券のかたちをとった、「仕組債」と呼ばれる形態、同様のキャッシュフローを貸出や預金に組み込んだ「仕組みローン」や「仕組預金」といった取引など、さまざまな金融商品の形態が市場にあふれた。仕組取引市場は、まさに百花繚乱の様相を呈した。

　仕組取引は当初、機関投資家自身による、金利や株価指数、為替レート等に対する相場観を受けるかたちの、いわばオーダーメード型で組成された。金利が低下すると考えている投資家には、金利低下によってメリットがある一方、金利があがると損失を被る仕組取引を、株価があがると考える投資家には、株価が現行水準を上回ると高金利が得られるが、満期時に株価が当初水準を下回ると元本が毀損してしまう仕組取引を、といったかたちである。

　仕組取引が浸透すると、より多くの機関投資家に受け入れられる、「ヒット商品」とでも呼ぶべき商品も登場した。たとえば、日本の機関投資家向けには「株価リンク債」と呼ばれる仕組債が活況を呈した。債券のキャッシュフローに株価指数の売りオプションを組み込むことにより、期中のクーポンは、通常の債券よりも高いレベルで設定される一方で、満期時の株価指数が一定の金額を下回ると、償還元本が株価の下落幅に応じて減ってしまうといった商品である。

【株価リンク債の条件例】

債券発行体：AA格付の欧州銀行
金額：100億円
金利：9％（同時期の同満期国債金利6％）
元本償還：満期時の4日前の日経平均株価が、2万円を下回った場合、満期時の株価/20,000の割合で償還

　日本の保険会社は、もともと大量の株式を保有しており、株価リスクをとっている。一方で1990年代当時、株式保有から生じたキャピタルゲインは保険契約の配当に回せない、という事

図表5－5　株価リンク債の仕組み

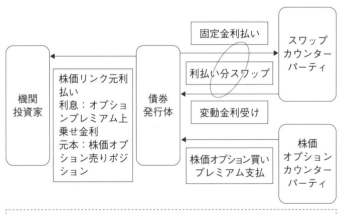

機関投資家は、株価リンク債を購入することで、株価のリスクをとる対価として高い金利収入を得ることになった。一方、株価リンク債の発行体は、背後にあるスワップ取引とオプション取引によって、自らは株価のリスクとは無関係に有利な条件での資金調達を行うことができた

情があった。保険契約者に対する配当利回り競争があるなかで、100億円額面の株価リンク債を購入すれば、100億円相当の追加的な株式リスクをとることにはなるものの、配当支払に回せる利子収入を上乗せすることができる、というメリットが享受できた。単純な利回りの上昇だけではなく、株式保有によるキャピタルゲインの可能性をあきらめるかわりに、配当支払に回せる利子収入に振り替える効果をもつ、というセールスポイントが、共通の悩みをもつ保険会社に広く受け入れられたわけである。

こうして株価リンク債は仕組債の「ヒット商品」として、大量に発行されたが、その後の株価下落により、償還が元本を下回り、あるいは、償還額がゼロになった株価リンク債も発生することとなった。

仕組取引は、それをアレンジする投資銀行などの金融機関にとって、収益性の高い業務だった。仕組取引に組み込まれたスワップやオプション等のデリバティブ取引は、相対取引であることから、そもそもその価格が外からはみえないのに加えて、複雑な仕組取引を組成するには、複数の複雑なデリバティブが組み込まれることになり、その原価ともいうべきストラクチャリングのコストは、機関投資家の側からは、よりいっそうわかりにくいものとなった[4]。一方アレンジャーである金融機関

---

[4] 大手機関投資家のなかには、投資銀行等から売り込まれる仕組商品を分解して、手数料がいくら織り込まれているかを分析する専門の担当者を置く例もみられた。

は、複雑で手がかかる仕組取引をアレンジすることで多額の手数料を享受することができたのである。

4 リスク経営の先駆者

　米国の大手銀行バンカーズ・トラスト銀行は、その革新的な経営スタイルとビジネスで定評があった。もともとは米国における総資産第8位の商業銀行であったが、投資銀行型のビジネスモデルを追求して、デリバティブを中心とした市場業務や資本市場業務を強化したのである。取引先に対して、デリバティブを駆使したリスクヘッジ商品や仕組取引を積極的に提案する[5]一方、自らにおいても、1990年代後半には、他行に先駆けてリスク調整後業績評価の枠組みを全社的に導入、RAROC（リスク調整後資本収益率[6]）に基づく業績評価の仕組みを徹底しており、リスク管理経営の先駆者として知られていた。

　そんなバンカーズ・トラスト銀行が、1994年前後に相次いで取引先から訴訟を受けることとなった。当初はちょっとしたつまずきと思われた事象だったが、結果として組織全体を揺るがすこととなった。その問題が顕在化する引き金を引いたのが、FRBショックによる金利シナリオの転換であったといってもいいすぎではない。

---

[5] 当時米銀は、グラス・スティーガル法のもとで証券業務を制限されていたが、バンカーズ・トラスト銀行は子会社のBTセキュリティーズ証券会社を通じて、証券業務を行っていた。
[6] Risk Adjusted Return on Capitalの略。

5 デリバティブ損失とバンカーズ・トラスト銀行

1994年のFRBショックとそれに続く金利上昇から、保有ポートフォリオが損失を被ることになったことは、バンカーズ・トラスト銀行の取引先も例外ではなかった。しかしながらバンカーズ・トラスト銀行の取引先は、同行が行ったセールス内容と、金利が上昇する過程で受けた説明に対して疑問を抱いた。彼らのいくつかは、バンカーズ・トラスト銀行が顧客に対して適切な説明を行わなかったことで損失が拡大したとして、バンカーズ・トラスト銀行を相手どって、損害賠償訴訟を起こした。なかでも注目されたのは、消費財メーカーであるプロクター＆ギャンブル社（以下「P&G社」）と、カード会社であるギブソン・グリーティング社（以下「ギブソン社」）との間の係争であった。

P&G社は、1993年後半〜1994年前半にかけて、バンカーズ・トラスト銀行から複雑な仕組取引の申出を受けた。米国国債の5年物と30年物の金利差（イールドスプレッドと呼ばれる）を変動ベースで支払う対価として固定金利を受け取る、という、利上げ方向に対してレバレッジ[7]がかかって損失が発生するタイプの仕組取引であった。1994年のFRBショックとその後の金利上昇は、この仕組取引を直撃、P&G社は、当該取引から2億ドル近い含み損失を被ることとなった。

---

7 「レバレッジ」については、脚注1参照。

ギブソン社のケースも同様であった。ギブソン社は、バンカーズ・トラスト銀行の提案に基づき、たとえば、以下のような複数の仕組みスワップを締結した。

① **取引1（1992年10月）**

　ギブソン社が、3,000万ドル相当の元本に対して、LIBOR金利の二乗を支払うのに対して、5.5％の固定金利を受け取る取引

② **取引2（1992年10月）**

　3,000万ドル相当の元本に対して、LIBOR金利が前回よりも0.15％以上下がらなければギブソン社は0.28％を受け取るという取引

③ **取引3（1993年2月）**

　ギブソン社は、8カ月後に、3,000万ドルを払うかわりに、3,060万ドルと、3,000万ドル×（1＋（米国30年債の価格－2年債の利回り×10.3）÷4.88）のいずれか小さいほうの金額を受け取る取引

　それぞれが複雑な取引であるが、特に取引3に至っては、この仕組商品を購入したギブソン社の財務担当者が、この数式が何を意味するのかを理解していたとは、およそ考えられない。また、取引3は、前2つの取引が含み損失を抱えた後の追加取引であり、生じた損失を取り返すために、いわば起死回生の一手として取り組まれた取引であった。

　これらの取引はおしなべて、金利が低下するとギブソン社の受取りがふえる取引となっており、その後の金利上昇で損失を

図表5－6　バンカーズ・トラスト銀行とギブソン・グリーティング社の取引経緯

時期	取引内容・経緯	損益状況（百万ドル）
1991/11/12	固定金利イールドカーブ・スワップ実行	
1992/7/7	利食い取引実行	0.30
1992/10/30	金利上昇 5年間のベーシス・スワップ取引実行 ライボー金利が前回を0.15％下回らなければ0.28％受取り	
1992/12/31	年末決算用報告 実際の含み損▲210万ドルに対して、顧客報告は▲100万ドル	▲2.1
1993年2月	金利低下から、含み損▲10万ドルに改善するも、顧客に知らせず	▲0.1
1993/2/19	取引期間を4年に短縮、含み損は、▲90万ドルから、▲210万ドルに拡大。一方BT社は、130万ドルの手数料を獲得	▲2.1
1993/4/21	金利低下から、損益改善。利食い取引実行	1.0
1993/8/4	ノックアウトレートに近づいたため条件変更実施	▲1.4
1993/8/26	条件変更実施	▲3.0
1993/12/31	年末決算用報告 実際の含み損▲750万ドルに対して、顧客報告は▲290万ドル	▲7.5
1994/2/23	FRBショックから含み損拡大 実際の含み損▲1,550万ドルに対して、顧客報告は▲810万ドル	▲15.5
1994/2/25	年末決算用報告 実際の含み損▲1,630万ドルに対して、顧客報告は▲1,380万ドル	▲16.3
1994/9/12	顧客よりBT社訴訟（5,000万ドルの損害賠償と2契約の無効請求）	—
1994年11月	BT社和解応諾	—
1994年12月	BT社、SECとCFTCに対し、1,000万ドルの罰金支払	—

> BT社は、顧客であるギブソン社に対してデリバティブ取引の含み損の実態を伝えず、含み損の発生に対して追加取引を勧めることで、さらなる手数料収入を得た

（注）　BT社は、BTセキュリティーズ証券（バンカーズ・トラスト銀行の証券子会社）。

計上した。また、上記の取引3に当たるような、損失を取り返すために行った取引は、総じて高いレバレッジがかかっており、金利上昇によって、かえって損失の傷を深めることになった。

バンカーズ・トラスト銀行が、適切な商品説明・顧客説明を怠ったとして、P&G社とギブソン社は1994年10月に同行を提訴した。同行に対する損害賠償訴訟は、ほかにも相次いでいた[8]。

米国の金融監督当局であるSECとCFTCは、デリバティブ取引をめぐるこうしたトラブルを重視し、1994年12月に、バンカーズ・トラスト銀行に対する調査を実施した。最終的にバンカーズ・トラスト銀行の販売行為は不適切であった、として、同行は、過去最大となる、1,000万ドル（約10億円）にのぼる罰金支払を命じられた。問題とされたのは、バンカーズ・トラスト銀行が、顧客のデリバティブ評価損につき、同社が社内で算定した額の半分しか顧客に伝えておらず、その結果、顧客がデリバティブ取引を続けてしまった可能性がある点であった。不適切な情報提供は、商品取引所法の詐欺防止条項に違反しているとされた。

---

8 Air Products社、Federal Paper Board社、Sandoz社などが、バンカーズ・トラスト銀行に対する損害賠償訴訟を行い、それぞれ和解している。

6 レピュテーショナルリスク

　バンカーズ・トラスト銀行に追い打ちをかけたのは、CFTCが調査の一部として公開した、セールス担当の電話の録音会話であった。それは、顧客を侮辱する会話で埋めつくされていたのである。P&G社との係争では、約18カ月間、5万件にのぼる電話会話記録が分析され、複数の顧客に対する不適切行為が行われた、と結論づけられた。取引先に対して高度なリスクヘッジ商品やリスクマネジメントサービスを提供する業界のイノベーターというイメージを売り物としていたバンカーズ・トラスト銀行の評判は、地に落ちた。バンカーズ・トラスト銀行は、1994年11月にギブソン社と、1996年5月にはP&G社とも和解に至ったが、それまでに有能かつ主だった従業員は同行を後にしていた。その後、バンカーズ・トラスト銀行は、評判を回復させることもかなわず、P&G社との和解からわずか2年後の1998年にドイツ銀行に買収された。

7 米国カリフォルニア州オレンジ郡

　FRBショックに続く金利上昇から損失を被ったのは、バンカーズ・トラスト銀行の取引先に限ったことではなかった。デリバティブを組み込んだ仕組取引は、機関投資家のみならず、事業法人や公共体にも広く販売されており、その損失は広い範囲で発生した。なかでも世の中を驚かせたのは、米国カリフォルニア州オレンジ郡が、デリバティブ取引から巨額の損失を被

り、財政破産を申請したという事件であった。

　もともとオレンジ郡は、国内においては最もよく管理された郡との評判を有していた。郡の出納役ロバート・シトロンは、郡財政における約75億ドル（約7,500億円）にのぼる資産運用[9]を担当、運用対象の多くは米国国債であった。しかしながらシトロンは、金利低下に期待した仕組取引を拡大、レポ取引を使って投資資金に2倍を超えるレバレッジをかけ、前述のインバース・フローター取引を中心とした金利低下期待のポジションをふくらませた。

　FRBショックに伴う金利上昇から、シトロンの仕組取引ポジションは多額の含み損を抱えた。これに対してシトロンは、権限違反となる、運用基金間の証券混合を行って損失を隠蔽するとともに、6億ドル（約600億円）の地方債を発行して、証拠金支払に充てた。1994年12月、取引業者であったクレディ・スイス銀行はオレンジ郡の財政がデリバティブ損失によって急速に悪化していることを察知して、オレンジ郡に対するレポ取引の折返しを拒否、結果的には、これがオレンジ郡の資金繰りにとどめを刺すことになった。同月16日、オレンジ郡は、16億9,000万ドル（約1,690億円）にのぼる損失を公表するとともに、米国連邦破産法9条に基づく破産申請を行った。公共体の破綻という異例な事態の結果、その後のオレンジ郡では、郡職員の人員削減や公共サービスのカットを余儀なくされることと

9　General Fund、Investment Pool、Commingled Poolを運用。

なる[10]。

　なお、オレンジ郡における損失においても、取引投資銀行の販売活動の適切性が問題視された。オレンジ郡は、10社以上の投資銀行を相手どって販売適合性について損害賠償請求訴訟を提起、最終的に6億ドル（約600億円）にのぼる和解金を得ている。

8 金融リスク管理への影響──販売適合性とレピュテーショナルリスク

　デリバティブ損失に伴って、取引先からの損害賠償訴訟が起こされた事例は、その後の金融リスク管理にも大きく影響を与えた。

　デリバティブの仕組取引が活況を呈するなか、仕組取引を取り組む取引先が、どこまでその内容、特にその取引のリスクに精通していなければならないのか、あるいは、仕組取引を売り込む金融機関側がリスクをどこまで細かく説明しなければならないのか、は重要かつ悩ましい問題となった。

　投資商品についていえば、投資運用に精通している機関投資家は、自らが投資する商品のリスクを理解する能力があると考えられる一方で、事業法人を中心とするそれ以外の一般投資家は、投資商品のリスクについて必ずしも精通していないと考えられ、そうした投資家に対しては、取引を取り組む前にリスク

10　シトロン自身は、権限違反につき訴追され、1,000時間の公共サービスへの無償奉仕が課された。

内容を詳細に開示・説明することが必要ということがコンセンサスとして形成された。また、こうした投資家に対しては、そもそもリスクのある商品を販売すること自体の妥当性を検討すべきである、という「販売適合性」の問題を事前に十分に検討することが求められることとなった。

販売適合性の問題は、取引先にサービスを提供する金融機関の側の「企業倫理」や「行動規範」に加えて、リスクテイクに対する企業文化としての、金融機関の「リスク文化」とも密接な関係がある。収益追求に偏った企業文化を有した金融機関では、顧客に不利益となる可能性がある取引をもいとわなくなり、その説明もおろそかになる可能性がある。一方、企業倫理が確立した金融機関においては、収益機会を見送っても、顧客のためになる取引を提案する行動に出ることになる。しかしながら、後者の金融機関は、他の金融機関に収益的に後れをとる可能性があり、経営陣は、そのことをもって株主や株式アナリストからのプレッシャーにさらされる可能性もあるのである。企業倫理は、一朝一夕にできあがるものではなく、その確立には長い時間が必要とされる。まさに、その金融機関にとっての「リスク文化」をつくりあげる不断の努力が求められる[11]。

また、バンカーズ・トラスト銀行の事例では、不適切な販売活動や企業不正等は、企業のイメージを著しく損ない、業績、さらに最悪の場合、企業の存続にも影響するという、いわゆる

---

11 第14章「LIBOR不正とコンダクトリスク」参照。

「レピュテーショナルリスク[12]」の重要性を再認識させた。バンカーズ・トラスト銀行でいえば、業界のイノベーターという企業イメージ、あるいは高度なリスクマネジメントサービスの提供者という評判が、取引先から不当な収益をむさぼる金融業者というイメージに一変、最終的には、買収によって企業消滅にまで至ってしまった。金融業において評判の悪化は、顧客の離反や有能な社員の外部流出、さらにはリテール預金の流出等、まさに企業の存続にかかわる問題に発展する可能性があるのである。バンカーズ・トラスト銀行事件の後、各金融機関はレピュテーショナルリスクの管理に細心の注意を払うようになる。

収益偏重主義のリスクに対して、罰金や賠償金、さらに買収という事例をもって警鐘を鳴らしたデリバティブ損失と、その引き金となったFRBショックは、デリバティブによるイノベーションに突き進んだ金融機関に冷水をあびせた、大きな「事件」であった。

---

12 「評判リスク」とも呼ばれる。

目撃者のコラム

　市場の転換点では、それまでうまくいっていたこと（ないし、うまくいっていたようにみえていたこと）から、さまざまな問題が噴出する。1994年２月のFRBショックはまさにその典型的な例であった。長期にわたる金利低下に慣れきった市場関係者は、FRBの利上げをまったく予想せず、市場はパニックに陥った。当時ロンドンで担当していた業務も少なからず痛手を被った。市場が暴れだした時のポジションの動きは抑えることができず、価格さえもみえないなかでは、市場に打って出る参加者もいなくなり、ヘッジやカバー取引さえも容易ではないものなのだということを心底痛感したのが、この時であった。

　第１章でも触れたとおり、市場のトレンドに参加者が疑問を抱かなくなればなるほど、市場が反転したときのショックは大きくなる。リスクマネジャーは、市場がトレンドを示している時こそ、ストレス状況に備えるべきなのである。その際、市場の動きがマヒして、市場流動性が消滅したり、市場の価格がみえなくなる可能性を常に念頭に置くべきであり、代替的なヘッジ手段があるのかどうかについても考えておくべきである。

　その後相次いで公表されたデリバティブ損失と、金融機関を相手どって行われた損害賠償訴訟の経緯も驚きであった。1980年代後半から、新商品のストラクチャリング業務を担当していた経験からすると、取引相手でもあったバンカーズ・トラスト銀行は、その金融技術やリスク管理技術において、「雲の上の存在」であった。そのバンカーズ・トラスト銀行が、レピュテーショナルリスクから弱体化するのを目撃したことで、後述するオペレーショナルリスクに対する問題意識が高まり、金融リスク管理はさまざまなリスクに目配りして

はじめて成立するものなのだ、ということが実感として感じられた。

デリバティブ販売でみられた販売適合性の問題は、その後、監督当局による法規制や自主規制団体による行動規範のなかで、詳細に検討が進み、実務に導入されていった。どのような対象（投資家等）にどこまでの説明がなされればいいのかについて、これさえやっていれば問題は起きないというような明快な答えがあるわけではなく、対応がむずかしい分野である。今日ではある程度の道筋はできてきたと考えられるが、金融機関として地道かつ不断に努力を続けなければならないテーマである。販売適合性の問題は、主にコンプライアンスの観点からチェックされることが多いが、オペレーショナルリスク管理の一部としての取組み、あるいは新たにコンダクトリスクという概念も示され、その重要性はさらに高まっているといえる[13]。

バンカーズ・トラスト銀行のケースには後日談がある。顧客との問題が発生した後、同行のデリバティブ業務を率いた精鋭チームは、スイスの大手銀行であるクレディ・スイス銀行に移籍して、そこでも目覚ましい実績を残した。チームのヘッドだったアラン・ウィートは、クレディ・スイス銀行のCEOにまでのぼり詰めた。さらにクレディ・スイス銀行は、クレディ・スイス・フィナンシャル・プロダクツ銀行という、デリバティブ業務を専門とする専業銀行まで設立、主要な金融センターでデリバティブ業務を拡大した。

バンカーズ・トラスト銀行で発生したような顧客とのトラブルは、クレディ・スイス銀行では発生していない。しかしながら、クレディ・スイス・フィナンシャル・プロダクツ銀行の東京支店は、1990年代後半に日本で発生した金融危機の

13　第14章「LIBOR不正とコンダクトリスク」参照。

> 際に、複数の金融機関に対してアレンジした仕組取引に関連して、金融監督庁（当時）の金融検査を受検した。検査結果では、業務運営が銀行法に抵触すると判断されたほか、検査の過程で検査を妨害する検査忌避行為があったとして、同行東京支店の業務一部停止などの処分が課されることとなった。自身もリスク管理態勢整備を模索するなか、その目の前で起こったリスク経営の興亡に目を見張ったのが、鮮明な記憶として浮かび上がる。

〈参考資料〉

『波乱の時代』、アラン・グリーンスパン、2007年（"The Age of Turbulence", Greenspan A, 2007）

"Scenes from a Tragedy—Bankers Trust and Proctor & Gamble, Modern Risk Management—A History", Falloon W and Irving R, 2004

"Analysis of the Orange County Disaster, Modern Risk Management—A History", Shapiro A, 2004

"Lessons from Orange County: The SEC's Requirements for Issues and Public Officials", Boltz G and Boydston M, SEC

第 6 章

ベアリングズ銀行と不正トレーダー
【1995年】

● 本章のポイント

　1995年2月、英国の老舗投資銀行ベアリングズ銀行は、シンガポールの先物子会社の1トレーダーが行った不正トレーディングから生じた巨額損失をきっかけとして経営破綻した。その後、他の金融機関においても、不正トレーディングから発生した巨額損失事件が次々と明るみに出た。トレーディング業務を拡大しつつあった金融機関において、独立したリスク管理部門により、後にオペレーショナルリスク管理と呼ばれる、新たなリスク管理の課題への取組みが急務となった。

1　1995年2月最後の日曜日

　1995年2月26日、日曜日。この週末の英国は、大手投資銀行であるベアリングズ銀行[1]の破綻のニュースで持切りとなった。ベアリングズ銀行は、1762年の設立以来、200年を超える歴史を誇る名門投資銀行であり、英国国王家とのつながりが深かったことから「女王陛下の投資銀行[2]」とも呼ばれていた。そのベアリングズ銀行が破綻する、というだけで十分すぎるニュースである。さらに世の中を驚かせたのは、その破綻の

---

[1] ベアリングズは、正式には「銀行」ではなく、また、正式名称は、「ベアリング社（Baring plc）」であるが、本書では、一般的に用いられる「ベアリングズ銀行」という呼称を採用する。
[2] "The Queen's Bank".

きっかけとなったのが、英国本社から遠く離れたシンガポール現法の1トレーダーが行った権限外の不正トレーディングが抱えた巨額損失であった、ということであった。

2 シンガポール子会社の「裁定取引」

1992年、ベアリングズ事件の「主人公」ニック・リーソンは、英国本社からシンガポールの先物子会社であるベアリング・フューチャーズ・シンガポール社[3]に配属になった。リーソンは着任早々、先物の日計り取引（オーバーナイトのポジションをとらない、日中に手じまう取引）を始めた。

その後の調査でリーソンの取引は利益を計上したことがなかった、と明らかになっているが、ほどなくしてリーソンは、自らが大阪証券取引所の日経225先物取引とシンガポール国際金融取引所（SIMEX）の日経225先物取引との間で裁定取引を実施し、無リスクの収益をあげている、と同子会社のスタッフに信じ込ませることに成功した。小規模なシンガポール現法のなかで、フロント部門としてのトレーダー権限と同時に、取引決済部門の権限も有していたリーソンは、実在しない架空口座「88888」を開設、発生した損失は同口座に隠し、架空の収益だけを会社勘定に計上した。ベアリングズ銀行は、1994年にグループ全体の収益5,300万ポンド（約81億円）のうち、リーソンが所属するストラクチャードプロダクツ・グループが約2,900

---

3 Baring Futures Singapore PTE Ltd.

万ポンド（約44億円）をあげ、収益に大きく貢献した、と公表していたが、そのほとんどがリーソンの架空収益に依存していたことになる。実際のところ、1994年末時点で架空口座「88888」に隠された損失は、2億ポンド（約304億円）にのぼっていた。

　リーソンも損失の拡大に手をこまねいていたわけではなかった。ふくれあがった損失を一気に挽回すべく、リーソンは、日経225オプションの売りポジションを急拡大した。オプションの売りポジションをとることによって、当初の手数料を受け取り、発生した損失に伴って支払が求められた追い証をまかなうと同時に、日経のボラティリティが一定範囲内に収まることを

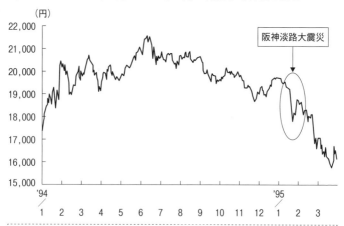

図表6－1　1994年1月〜1995年3月の日経平均株価の動き

SIMEXにおける不正取引で雪だるま的に損失を積み上げたニック・リーソンの最後の望みを打ち砕いたのは阪神淡路大震災だった

期待したポジションだった。

　こうしたリーソンの望みを打ち砕いたのは、1995年1月に関西地方を襲った阪神淡路大震災だった。震災勃発により、日経平均は急落、同時に市場のボラティリティは急上昇し、リーソンのオプション売りポジションは壊滅的な打撃を受けた。ここでリーソンは、日経平均先物をさらに1万1,000枚買い増して、マーケットを上昇操作しようとしたとされている。しかしながら、こうした試みは、終焉を迎えつつあった。

3 事件の発覚と「女王陛下の投資銀行」の破綻

　SIMEXは1995年1月11日、ベアリング・フューチャーズ・シンガポール社に対して、口座88888を通じた取引は市場のルール違反ではないかと問い合わせた。この照会は、リーソン自身が回答書を書くことでしのいだが、SIMEXはさらに1月27日、損失の結果としてふくれあがった証拠金の支払能力についての保証を求める書簡をシンガポールのベアリング・フューチャーズ・シンガポール社に加えて、ロンドンのベアリングズ銀行本社にも発信した。しかしながら、シンガポールのみならず、ロンドン本社もこのレターに対して何のアクションも起こさなかった。

　ロンドンのベアリングズ銀行本社が重い腰をあげたのは、1月末にバーゼルの国際決済銀行（BIS）がベアリング・フューチャーズ・シンガポール社の巨額ポジションを疑問視し、ベアリングズ銀行向けに照会文書を送付してからだった。2月中

旬、ベアリングズ銀行はロンドンの決済部門責任者を調査のためにシンガポールに派遣、ついにリーソンのポジションが白日のもとにさらされることとなった。

　ここからの展開は、往年の西部劇を思わせる[4]。不正取引の露見を覚悟したリーソンは、2月23日の木曜日に、すでに手配がおよんでいたシンガポール空港を避けて、マレーシア経由でヨーロッパに逃亡した。しかしながら、必死の逃避行も、故国にたどりつくことなく、最終的には、フランクフルト空港で身柄を拘束され、シンガポールに送還された。その間ベアリングズ銀行は損失の状況を精査、週明けの2月27日時点で、損失が8億2,700万ポンド（約1,260億円）にのぼっていたことを確認した。

　巨額損失の存在が明らかになるなか、市場全体への影響を懸念して、ベアリングズ銀行の破綻を回避しようとする救済策も模索された。2月25日〜26日の週末にかけて、イングランド銀行は、主要な金融機関を招集し、救済策について協議を重ねた。しかしながらリーソンがシンガポールで積み上げたデリバティブ取引の大半がその時点で未決済であり、その手じまい取引からどれだけの追加損失が発生するかも不明ななか、救済策に踏み切ることはできなかった。結局26日のロンドン時間午後10時にベアリングズ銀行は財産管理手続に入ることを発表した[5]。

　その後、ベアリングズ銀行の処理方針に注目が集まったが、

4　本事件は、実際に、「マネートレーダー　銀行崩壊」として、1999年に映画化されている。

3月5日に、オランダの総合金融グループである、ING銀行がわずか1ポンド（約150円）で、ベアリングズ銀行のすべての資産と負債を買収することを公表、ベアリングズ銀行は、INGベアリングズとして業務を開始した[6]。ベアリングズ銀行は200年を超える歴史を、1トレーダーの不正トレーディングで幕を閉じることになったのである。

4 事件の影響とイングランド銀行

1トレーダーの不正トレーディング取引による大手金融機関の破綻というニュースは、金融界に大きな衝撃を与えた。特に、ベアリングズ銀行の監督当局であったイングランド銀行は、監督不行き届きとの厳しい批判にさらされた。

イングランド銀行は、ベアリングズ事件調査を目的として、銀行監督委員会を招集、1995年7月に調査報告書「ベアリングズ破綻に係る諸状況についての銀行監督委員会報告書[7]」を公表した。そこでは、①連結ベースの金融監督を進めるべき、②銀行業以外の業務内容を含む銀行グループの経営やリスク、さらにその内部管理状況を把握すべき、③銀行グループから受けている報告の内容や範囲の精査、④金融機関の内部監査部門と

---

[5] 本邦では、翌月曜日の2月27日に、東京証券取引所と大阪証券取引所が、それぞれ日本におけるベアリング証券会社の東京支店と大阪支店の売買取引を停止している。

[6] 本邦においても、3月15日より、東証・大証の会員権が復活している。

[7] "Report of the Board of Banking Supervision Inquiry into the Circumstances of the Collapse of Barings", Board of Banking Supervision, HMSO, 1995.

の連携が必要、といった金融監督当局としての改善指摘が広範に示された。さらにイングランド銀行は、アーサー・アンダーセン（当時）のコンサルティングを受け、その提言を「金融監督の見直し[8]」として公表、金融機関のリスク評価方法の変更や自らの組織改編などに着手した。

しかしながら、同報告書では、イングランド銀行が金融監督を行う枠組み自体は維持することが妥当としており、こうした姿勢はさらなる批判にさらされた。1996年暮れには、英国財務省委員会報告書「ベアリングズ銀行と国際規制[9]」が公表されたが、そこでは、イングランド銀行の銀行に対する内部管理状況の評価やイングランド銀行内部の連携、あるいは既存のルールの適用状況等、イングランド銀行の金融監督体制が有効に機能していないとの主張がなされ、銀行監督機能をイングランド銀行から分離すべきであるという一歩踏み込んだ厳しい内容が示された。

翌1997年4月、英国では総選挙が行われ、トニー・ブレア党首が率いる労働党が勝利、新政権が誕生した。同年7月、新労働党政府は、新たに金融サービス庁[10]を設置し、銀行監督権限を中央銀行であるイングランド銀行から分離させることを発表

---

8 "Review of Supervision", Arthur Andersen, 1996.
9 "Barings Bank and International Regulation", Treasury Committee, 1996.
10 Financial Services Authority. 通常、「FSA」、あるいは「UKFSA」と呼ばれ、証券投資委員会（SIB, Securities and Investment Board）を10月に改組することで設立された。

した。ベアリングズ銀行事件は、その大きなきっかけとなったということができるであろう[11]。

5 民間金融機関の対応とさらなる不正トレーダー

イングランド銀行の銀行監督委員会の調査報告書では、金融機関に対しても改善すべき点が示された。すなわち、金融機関の経営陣は、①自らが経営する事業を完全に理解する義務がある、②経営管理の基盤として、明確な職責の分離[12]を確立すべきである、③独立したリスク管理部門の設置を含む適切な内部管理を確立しなければならない、④監督当局宛ての報告の正確性について責任をもち、年に一度は監督当局と協議しなければならないといった内容である。

ベアリングズ事件を目の当たりにした民間金融機関もそれぞれに内部管理体制の強化を急いだが、そうしたなか、さらなる不正トレーダーによる巨額損失事件が次々と明らかになった。

ベアリングズ事件と同年の1995年9月には、大和銀行（当時、現りそな銀行）ニューヨーク支店の現地行員井口俊英が、米国国債取引に係る不正トレーディングで約11億ドル（約1,100億円）にのぼる損失を被ったことが明らかになった。井口は、1982年から同支店で証券取引を始めていたが、1983年に発生し

---

11 UKFSAのその後については、第11章「リーマンショックとグローバル金融危機の勃発」参照。
12 取引執行を行うフロント部門と、取引決済を行うバック部門、さらには、取引を牽制するミドル部門の役割・担当を分離し、相互チェックを可能とすること。

た7万ドル（約700万円）の損失発生の報告を怠って以来、12年間の長期にわたって権限外のトレーディングを繰り返すとともに、発生した損失を隠蔽していた。ベアリングズ事件のニック・リーソンと同様、井口も、権限外の取引を行う一方、同支店内での証券カストディ係と事務管理担当を兼務していたことから、内部牽制が機能せず、不正取引をチェックすることさえままならなかった。さらに、事件の発覚も、大和銀行の内部調査によるものではなく、1995年7月に、井口自身が東京の経営陣に不正トレーディングと損失発生の告白状を送付して、はじめて明らかになったものであった。

大和銀行のケースは、対当局対応においても問題があった。7月に本人からの告白状を受け取った時点で、大和銀行は犯罪の疑いのある行為の存在を認識したと考えられるが、日米の金融当局に報告を行ったのは、それから1カ月以上後の9月18日であった[13]。米国当局は、これを、早急な通報を怠った法令違反であるとし、1995年11月2日に大和銀行に対して、90日以内に米国内の全銀行業務を停止することを求める処分を発表した。大和銀行は米国業務を住友銀行（当時、現三井住友銀行）に譲渡、米国業務からの撤退を余儀なくされた。

1996年には、住友商事非鉄金属部長の浜中泰男がロンドン金属取引所（LME）[14]における銅取引で権限外取引を行っていた

---

13 大和銀行は、当局への報告が遅れたのは「全容の解明に時間を要したため」であるとした。
14 London Metal Exchange.

ことが発覚した。1987年に前任者から取引を引き継いだ時点で、すでに5,000万ドル（約55億円）を超える含み損失を抱えていたとされるが、その後約10年間にわたって取引を継続し損失が拡大した。

その間、銅市場価格は、時に不自然な動きを示したため、1991年には、LMEと、その監督機関である英証券投資委員会（SIB）による調査が行われた。また1993年には、市場関係者から、相場操縦の疑いにつきLMEに対して告発もなされたが、摘発には至らなかった。1995年暮れには、銅地金の異常な値動きに関して、米商品先物取引委員会（CFTC）[15]とSIBから住友商事に対して調査依頼がなされた。住友商事は、翌1996年6月に、社内調査によって、多額の含み損を確認、6月13日に、銅取引で18億ドル（約1,960億円）の損失があったことを公表した。住友商事はその後、ポジションクローズ時のコストがふくらんだことから、損失が28億5,000万ドル（約3,180億円）に拡大したと公表している。その後のCFTCとの和解金や内部調査費、米国における賠償訴訟との和解金等を含めると、住友商事が被った最終費用は、3,820億円にのぼるとされる。

不正トレーディングによる巨額損失は、日系企業に限られたものではなかった。ベアリングズ事件の前年である1994年4月には、米国のキダー・ピーボディ証券が、同社の米国国債トレーダーであるジョセフ・ジェットの不正取引によって、3億

---

[15] Commodities Futures Trade Commission.

5,000万ドル（約360億円）の損失を被ったと公表した。ジェットは、社内の会計制度の不備につけこんで、多数の決済延期やキャンセル取引を含む米国国債の不正トレーディングを繰り返し、架空の利益計上を行った。外部との決済がまったく行われない取引総額は、1兆7,000億ドル（約175兆円）にのぼったとされている。米国証券取引委員会（SEC）は、本件は証券の現物売買決済が行われていないことから、「証券の不正取引」には該当しないとしたものの、不正スキームによる会計操作に該当するとして、取引所法の違反を適用した。

キダー・ピーボディ証券のケースは、社内の取引記帳方法の不備から発生した架空利益計上であり、対外的な損失が発生したわけではなかった。時間はかかったものの、社内ポジションは追加損失を発生させることなく処理されたとされている。しかしながら、内部管理上の欠陥は明らかであり、経営陣は広く更迭を余儀なくされた。キダー・ピーボディ証券は1994年当時、米ゼネラル・エレクトリック（GE）の子会社であった[16]が、本件後、米証券大手であるペイン・ウェバー社（当時）に売却された。

6 「不正トレーダー」が金融リスク管理に与えた影響

ベアリングズ事件が、金融リスク管理に与えた影響は、計り

---

16 GEは、1986年にキダー・ピーボディ社を買収していた。

知れない。いまでは常識となっている「独立したリスク管理部門」の設置とフロント部門とミドル・バック部門の「職責分離」は、ベアリングズ事件によって業界標準になったといっても過言ではない[17]。ベアリングズ事件以前には、要員の配置や市場業務知識をもったスタッフの不足といった事情から、フロント部門から独立したリスク管理部門を設置することをためらっていた多くの金融機関も、相次ぐ不正トレーディング事件を目の当たりにして、独立したリスク管理部門の設置を必要不可欠なものとして受け入れるようになった。

　こうした損失事象に共通するのは、損益パフォーマンスが直接、報酬や昇格、さらには雇用の継続や解雇に直結する市場業務やトレーディング業務では、発生した損失を隠したいというインセンティブが発生する可能性があるという事実である。そこでは、トレーダーが善人であるか、悪人であるか、という判断基準ではなく、だれでもこうしたことにとらわれる可能性があるという見方からのアプローチが必要とされる。また、一度損失を隠してしまうと、後でそれを自ら明らかにすることもできなくなり、損失が雪だるま的に拡大して、隠しきれなくなったときには、組織を揺るがすほどの巨額損失になっている可能性があるのである。こうしたことから、1980年代以降拡大を続けていた市場業務・トレーディング業務に対して、監視を強める姿勢が強化されたとしても、無理はない。トレーダーが、ブ

17　本章「目撃者のコラム」参照。

ローカーや取引相手と交わす電話の録音と定期的なサンプルチェック、こうしたチェックが行き届かない、自宅や社外からの取引の禁止や制限といったリスク管理実務が導入された。

　当初は、こうした管理実務が行き過ぎた側面もみられた。リスク管理部門は「警察官」であるべきであり、情実につながりかねないので、フロント部門とは、極力コミュニケーションは行うべきではないとか、フロント部門の人間は（システムやデータを改ざんする可能性があることから）リスク管理部門の執務室に入ってはならないといったような社内ルールは、本来リスク管理部門が養うべき、フロント業務や市場取引についての理解を損ない、フロント業務からかけ離れたルールを押しつけるといったような弊害も生んだ。またなかには、市場業務を行う人間は、何をやらかすかわからないといったような市場業務アレルギーを示す経営者まで生んだ例もあるようである。

　現在では、リスク管理部門は、フロント部門に対して適切な牽制機能を果たしつつも、同時にいわば「コンサルタント」として、フロント部門にリスク管理に関するノウハウを提供し、フロント部門の業務遂行にも貢献するといったアプローチが主流となっている。行き過ぎた「牽制機能」に対する修正がなされているといえる。

　また、こうしたリスク管理の実務は、当時は「市場リスク管理」であるととらえられたが、この点でも変化がある。ベアリングズ事件などによる損失が、「市場業務」や「トレーディング業務」から発生したことは事実であるが、これらは市場の動

きそのものから発生したものではなく、市場取引に関する内部管理体制の不備と、そうした環境のもとでの内部不正から生じた損失である。現在ではこのような損失はオペレーショナルリスク[18]管理の対象とされ、職責の分離を中心とする内部管理体制整備による対応がとられている。

7 その後の「不正トレーダー」たち

このように、ベアリングズ事件と不正トレーダー問題は、金融リスク管理の実務を大きく変えた。その結果として、「不正トレーダー」は姿を消したかと考えると、現実はそう簡単ではないことが示される。

2002年、アイルランドの大手銀行であるアライド・アイリッシュ銀行は、為替オプション関連の不正取引で、6億9,000万ドル（約910億円）にのぼる損失を計上したことを公表した。同行の米国子会社であるオールファースト・フィナンシャル社の為替トレーダーだったジョン・ラズニックは、1997年から架空の為替オプション取引による不正取引を始めた。ラズニックは、リスク管理部門がリミット管理に使用しているVaRの算出スプレッドシートに架空の夜間取引を「繰越し分」として不正計上させることでポジションを過小にみせかけ、さらに評価

---

18 オペレーショナルリスクは、「内部プロセス、人的要因、システムが不適切であること、もしくは機能しないこと、あるいは外生的事象から損失が生じるリスク」として定義される。後述第8章「バーゼルⅡとオペレーショナルリスク」参照。

図表6－2　不正トレーディングによる大規模損失事例

発覚時期	社名	所在国	損失金額 （円換算額）	対象商品
1994年	キダー・ピーボディ証券	米国	3億5,000万ドル （約360億円）	米国国債
1995年	ベアリングズ銀行	英国	8億2,700万ポンド （約1,260億円）	SIMEX日経平均先物
1995年	大和銀行ニューヨーク支店	日本	11億ドル （約1,100億円）	米国国債
1996年	住友商事	日本	28億5,200万ドル （3,180億円）	LME銅取引
1998年	UBS銀行	スイス	4億2,000万ドル （約530億円）	エクイティ・デリバティブ
2002年	アライド・アイリッシュ銀行	アイルランド	6億9,000万ドル （約910億円）	為替取引
2003年	ナショナル・オーストラリア銀行	豪州	2億6,800万ドル （約320億円）	為替取引
2008年	ソシエテ・ジェネラル銀行	フランス	50億ユーロ （約7,950億円）	株式先物取引
2011年	UBS銀行	スイス	23億ドル （約1,770億円）	株式取引

ニック・リーソンの後も不正トレーダー事件は後を絶たない。むしろその損失は巨大化の傾向すらみてとれる

レートをラズニックのコンピュータ経由でフィードさせる[19]こ

---

19 バック部門が直接評価レートを取り込むためには、年間1万ドルのコストが発生することから、「経費節減のため」ラズニックのコンピュータ経由で評価レートを取り込むことを認めさせたとされる。

とで、評価レートを改ざんすることにも成功した。ベアリングズ事件後に常識となった独立したリスク管理の体制をもかいくぐったことになる。しかしながら、ラズニックの不正取引と損失は、2002年1月の内部調査によって明らかになった。

　2008年1月、フランスのソシエテ・ジェネラル銀行は、株式先物の自己取引トレーダー、ジェローム・ケルビエールの不正取引により、50億ユーロ（約7,950億円）の損失を被ったと公表した。株式市場の上昇を期待して、自身の権限を大きく超える取引を行ったケルビエールは、その後の市場下落で大きく損失を計上、2年間にわたって、架空の反対取引やキャンセル取引を実際の取引に紛れ込ませることで、巨額のロングポジションを隠したとされる。社内の内部監査の入検時期を事前につかんで、その直前に一時的に架空取引を取り消し、直後に架空取引を復活させるといったような細かな作業も行ったとされている。ソシエテ・ジェネラル銀行は、架空取引の取引相手に対するカウンターパーティ・リスクが異常に積み上がっていることに気づいたことから、内部調査を実施、総額8兆円とされるポジション解消を完了したうえで、不正取引と損失計上の対外公表に踏み切った。

　2011年9月には、スイスの大手銀行UBS銀行が、エクイティ部門のトレーダー、クウェク・アドボリの不正取引により、約23億ドル（約1,770億円）の損失を被ったと公表した。アドボリは2008年以降、架空の不正株式先渡取引を繰り返すことにより、発生した損失を隠蔽したとされている。

最近の事例では、本人の告白や外部機関の指摘によることなく、内部監査等の内部調査を通じて不正取引が発覚するケースが大半を占めており、その点では、内部管理の網の目は詰まってきているとも考えられる。しかしながら、不正取引が損失を隠したいという人間の心理や弱さから生じていることからすると、リスク管理の枠組みをいかに強化しても、また、いずれ発覚することが明らかであっても、不正トレーダー事件は、今後も発生し続けるのではないかと思われる。

目撃者のコラム

　ベアリングズ事件当時、在英の邦銀証券現地法人で、フロント部門のポジション管理をしながら、企画業務をしていた著者にとり、ベアリングズ事件の衝撃は大きかった。2月26、27日の週末の新聞に躍った「ベアリングズ銀行破綻！」の見出しは、明らかに何かの終わりを感じさせた。

　その後、各金融機関におけるリスク管理体制強化のどたばたもさることながら、監督当局であったイングランド銀行からの通達や情報要請の動きも激しく、当局の戸惑いも明らかであった。

　結果として、イングランド銀行は、この年1995年半ばまでに、英国のシティでトレーディング業務を行っていた金融機関に対し、「独立したリスク管理部門」の設置を半ば義務づける指導を行った。著者自身がリスクマネジャーとしてのキャリアを歩み始めたのは、その指示に基づき、現地法人内のリスク管理部門を一から立ち上げたことがきっかけとなっている。まさに人々の人生を変える事件であった。

> 　不正トレーディングに対するリスク管理については、当初は、トレーダーの電話チェックや長期休暇の取得を義務づけることで不正取引がないかどうかを調査するなどといった手法が有効であるとされた。もちろん、こうした手法に効果がないわけではないが、その後も不正トレーダー事例が絶えないことを考えれば、そうした手法が完全でないことは明らかである。不正トレーダー問題に対する解決策として、問題を未然に防ぐ近道となるのは、むしろ、パフォーマンスベースの報酬方針の見直しや損失が発生することを「悪」と思わせず、与えられた枠組みのなかでのありうる結果として、正確な報告を促すことをより是とする「リスク文化」の醸成なのではないだろうか。

〈参考資料〉

"Report of the Board of Banking Supervision Inquiry into the Circumstances of the Collapse of Barings", Board of Banking Supervision, HMSO, 1995

"Barings Bank and International Regulation", Treasury Committee, 1996

"Treasury Committee Report: Barings Bank and International Regulation", British Bankers' Association, 1996

"Review of Supervision", Arthur Andersen, 1996

"Singapore Sting, Modern Risk Management—A History", Nicholls M, 2004

『告白』、井口俊英、1997年

"UBS trading losses in London: FINMA finds major control failures", FINMA, 2012

第 7 章

ヘッジファンド
LTCM破綻
【1998年】

●本章のポイント

　1994年に活動を開始したヘッジファンドLTCMは、発足直後から目覚ましい運用成績をあげたが、1997年のアジア通貨危機から1998年のロシア危機にかけての金融市場混乱に巻き込まれ、1998年に破綻した。その巨大なデリバティブ・ポジション処理が金融システミック・リスクを引き起こす可能性が懸念され、金融機関団による出資とポジション処理が行われた。その過程では、市場流動性リスク、カウンターパーティ・リスク管理、ヘッジファンド等のレバレッジの高い機関の管理、システミック・リスク、ストレステストといったリスク管理上の課題が浮き彫りとなった。

1　1998年9月23日、ニューヨーク連銀

　1998年9月23日の水曜日、ニューヨーク連銀と米国連邦準備制度理事会（FRB）は、米銀・米投資銀行を中心とした主要金融機関の経営トップに、緊急招集をかけた。ウォール街に近い、リバティ・ストリートにあるFRBのオフィスに次々と集まった金融界の重鎮にとって、当日議論されるであろうテーマはわかっていた。それが気乗りのしない話題であることも。

　議論のテーマは、苦境に陥っていた巨大ヘッジファンド、ロングターム・キャピタル・マネジメント（LTCM[1]）の処理についてであった。席上、ニューヨーク連銀総裁のビル・マクド

ノー(当時)は、LTCMの破綻が金融システムにもたらす可能性のある悪影響、いわゆる「システミック・リスク」を回避するために、米国で活動する主要な金融機関に対して、LTCMに対する協調シンジケートを組成すること、そのシンジケート団が合計36億ドル(約4,200億円)を共同出資してLTCMを買収[2]すること、そのうえで、マネージ不能に陥りつつあった巨大なデリバティブ・ポジション解消にあたることを要請した。

そもそもヘッジファンドとは、絶対的な投資収益を求めることを唯一の目的として、それぞれが異なる運用戦略に基づいて、グローバルな規模で投資活動を行う投資ファンドの総称であると考えることができる。ヘッジファンドの運用主体は、各国の運用業者規制に従う資産運用業者と位置づけられるが、ファンドそのものは、私募形式により、限られた数の機関投資家や富裕層等から少数大口の資金を集めるものであった。そのため、公募によって広く一般投資家から小口の資金を集める通常の投資信託とは異なり、ファンド自体は直接規制の対象とはなっていなかった。仮にヘッジファンドが破綻したとしても、痛手を被るのは本来出資を行った限られた投資家だけであり、一般の投資家には無関係のはずだったのである。

そうした1ヘッジファンドにすぎないLTCMを救済するために、民間金融機関が巨額の出資を行うことについては相当の

1　Long-Term Capital Management.
2　この出資により、金融機関団は、LTCMの株式の90％を支配することとなった。

議論があったが、週末にかけて最終的に15の金融機関[3]が出資に応諾、これにより、LTCMの協調管理と解体に向けた動きが始まることとなった。

2 ロケット・ヘッジファンド

LTCMの生い立ちは、1991年にさかのぼる。当時債券トレーディングで隆盛を極めた、米投資銀行ソロモン・ブラザーズ証券（以下「ソロモン社」）で、1991年に米国債入札における不正行為が発覚した。その後、ソロモン社は行政処分を受けるとともに、同社の債券トレーディングを支えた幹部社員がソロモン社を離れることとなった。なかでも債券トレーディング部門の中心とされた、ジョン・メリウェザーの動向に注目が集まった。メリウェザーは1994年にソロモン社を退社、ソロモン社で国債のアービトラージ取引チーム[4]を支えたラリー・ヒリブラント、エリック・ローゼンフェルドらと、ヘッジファンドLTCMを立ち上げた。LTCMには、ノーベル賞経済学者であるロバート・マートンとマイロン・ショールズがパートナーと

---

3 最終的には、ゴールドマン・サックス、メリルリンチ、モルガン・スタンレー、トラベラーズ、UBS銀行、クレディ・スイス銀行、バークレーズ銀行、ドイツ銀行、チェース銀行、JPモルガン銀行、BTアレックス（以上は3億ドル（約400億円）出資）、リーマン・ブラザーズ、ソシエテ・ジェネラル銀行（以上は1億2,500万ドル（約170億円）出資）、クレディ・アグリコール銀行、パリバ銀行（以上は1億ドル（約130億円）出資）（名称は当時）の15金融機関となった。なお、当初出資依頼を受けたベア・スターンズ証券は出資を断った。

4 市場間の動きのあやをとらえ、市場間の裁定取引を執行する自己トレーディング部門のこと。

して参加し、そうした意味でも注目されることとなった。

　LTCMの投資手法は、各国国債と、スワップや先物などのデリバティブの間の利回りや、価格変化の動きであるボラティリティの関係に着目して、市場のあやから生じる裁定機会を追い求める、いわゆるアービトラージ取引を中心としたものであった。

　たとえば、国債は、民間金融機関よりも信用力が高いとみなされることから、通常、民間金融機関の間で行われるスワップ金利よりも低い金利でやりとりされる。しかしながら、市場の需給関係から、時折金利が逆転し、スワップ金利のほうが、より信用力の高い国債金利よりも低い金利で取引されることがある。市場でこうしたことが発生した場合、アービトラージャーは、国債のロングポジションとスワップ金利のショートポジションを組み合わせて同時に実施することで、将来国債金利が再びスワップ金利を下回った際に利益が発生するポジションをとることになる。アービトラージャーの思惑どおりに金利水準が修正されて、再び国債金利がスワップ金利を下回る水準まで下がった場合に、当該ポジションからは利益が発生する。こうした取引が、アービトラージ取引とされるのである。

　LTCMは、1994年2月に、当初出資者の資金10億ドル（約1,040億円）をもって、ヘッジファンドとしての活動を開始した。その投資リターンは目覚ましかった。1994年に約20％の運用収益をあげた後、続く1995年と1996年には約40％の高いリターンをあげた。この3年間における株価指数の上昇率が年平

均24％弱であったことを考えると、LTCMのリターンは驚異的であった。しかも、金融界の伝説にもなっていたソロモン社における債券アービトラージチームとノーベル賞学者により、リスクも厳格にコントロールされた（とされた）ヘッジファンドとしてのリターンである。ファンドは、パートナーシップ形式であり、一般投資家には公開されなかったため、LTCMへの投資を行うこと自体が、特権として扱われさえした。当初10億ドルでスタートした投資資本は、追加出資により、1994年末には20億ドル（約2,000億円）、1995年末には約35億ドル（約3,600億円）、1996年末には約50億ドル（約5,800億円）、1997年には約70億ドル（約9,100億円）に拡大した。LTCMは、畏敬の念をもって「ロケット・ヘッジファンド[5]」と呼ばれた。

3 アジア通貨危機とファンドの転落

順風満帆だったLTCMのパフォーマンスに、一転暗雲がたれこめ、さらに嵐にさらされる転機となったのは、1997年だった。この年発生したアジア通貨危機は、タイやマレーシア、韓国を巻き込んだ。外国為替市場は混乱し、金利や株価等が大きく乱高下して、金融市場のボラティリティが急速に高まるとともに、市場の流動性が下落した。

LTCMのパフォーマンスも、この混乱の影響を受け、同年の

---

5 ロケット・サイエンティストによって運用が行われるヘッジファンドの意味。ロケット・サイエンティストについては、第4章「G30レポートとVaR革命」脚注1参照。

LTCMの運用リターンは、17%に下落した。プラスのリターンは確保したものの、その年の米国株式のリターンが33%であったことからすると、市場がLTCMに期待する目覚ましいリターンとはいえなかった。

運用リターンを高めるために、LTCMは運用規模は変えずに、レバレッジ[6]を高める選択に出た。投資家から受け入れた投資資本を一部返却し、資本の割合を減らしてレバレッジを高めることで、大規模な運用資産からのリターンを小さくなった投資資本に還元し、利回りを高めようというのである。LTCMは、受け入れた投資資本70億ドルのうち27億ドル（約3,500億円）を1997年末に返還、この時点でのレバレッジを28倍に高めた。しかしながら、高いレバレッジにはリスクが伴う。仮に多額の運用資産から損失が発生した場合、損失を吸収すべき投資資本が薄くなっていることから、破綻のリスクが高まるのである。

陰りをみせたLTCMのパフォーマンスに追い打ちをかけるように、翌1998年には、ロシア危機が発生した。経済混乱に見舞われたロシアは、8月にモラトリアム（支払猶予）を宣言し、ルーブルを切り下げるとともに国債の利払いを停止した。信用リスク市場、ソブリン市場を中心に金融市場は大混乱に陥った。

市場の動きのあやをとるヘッジファンドも、この市場の混乱

---

[6] 「レバレッジ」については、第5章「FRBショックとデリバティブ損失」脚注1を参照。

図表7-1　1997〜1998年の米国10年金利の推移

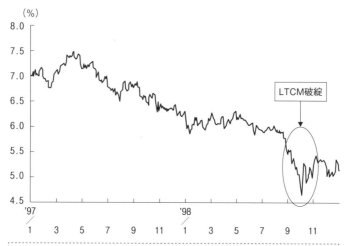

米国の長期金利は、1997年のアジア通貨危機後、低下基調にあったが、1998年9月のLTCM破綻後の金融緩和を経て下げ足を早めた

に屈服した。同年5月〜6月にかけてLTCMは、モーゲージ債券市場で7億ドル（約970億円）の損失を計上した。さらにロシア危機が勃発した8月には、月間損失が17億ドル（約2,370億円）にのぼった。LTCMにとって、前年末に一部資本を投資家に返還したことが、ここで裏目に出た。損失は減少した投資資本を直撃、投資資本は40億ドル（約5,580億円）から23億ドル（約3,210億円）に大きく減少することとなった。続く9月には、さらなる追加損失19億ドル（約2,590億円）が発生した。損失計上による投資資本の縮小から、この時点では、レバレッジも50倍を超えた。

図表7-2　ヘッジファンドLTCMの興亡

時　　期	事　　象
1994年2月	LTCMトレーディング開始。当初の投資資本は10億ドル
1994～1996年	94年約20％、95年、96年約40％のリターンを実現 投資資本（エクイティ）は、94/12末約20億ドル、95/12末約35億ドル、96/12末約50億ドル
1997年	年間リターンが17％に低下。この年株式指数は年間33％上昇となり、初めて株式指数に劣後
1997年12月	投資資本70億ドルのうち、27億ドルを償還し、レバレッジを高める
1998年5～6月	米国モーゲージ債券市場の低迷から7億ドルの損失計上。ポジションを一部カット
1998年8月	ロシア危機。金融市場混乱へ 同月、LTCMは17億ドル損失計上
1998年9月	19億ドル損失計上。資本毀損からレバレッジは50倍以上に 債権者、追加証拠金の取りもれ、デフォルトを懸念
1998年9月23日	ニューヨーク連銀、主要金融機関団を召集、LTCMの解体と、36億ドルの出資を要請
1998年9月28日	金融機関団出資完了。LTCMの管理は第三者グループに委任。この時点でLTCMの資本は4億ドルにまで縮小
1998年9月29日	FRB、緊急利下げ決定
1998年10月15日	FRB、追加利下げ決定
1998年11月15日	FRB、第三次利下げ実施

| 1999年12月 | LTCMポジション、ほぼ解消（残存スワップポジション50件） |

運用当初、目覚ましい成績を残したLTCMは、1997年のアジア通貨危機、1998年のロシア危機がもたらした市場の混乱に屈した

　LTCMの債権者も動き始めた。LTCMとの取引は、保有する国債などの有価証券を担保として行われていたが、市場の混乱からこれら担保資産の価格は乱高下しており、債権者たちは、LTCMが破綻することで、追加証拠金の取りもれが生じ、LTCMに対する債権が焦げ付くことを懸念した。債権確保のため、担保として預かった有価証券を確保して処分してしまうことも考えられたが、これら債券を一斉に売却した場合、そのポジションの大きさから、金融市場が一気に崩壊する危険性、いわゆるシステミック・リスクが高まっていた。こうして、9月23日、ニューヨーク連銀による金融機関招集が行われた。

　金融機関団による36億ドルの出資が決まった週明けの9月28日には、LTCMの残余ファンドは4億ドル（約550億円）だった。後述のとおり、1兆ドルを超えるポジションを抱えたファンドからすると、4億ドルの投資資本は、まさに「風前の灯火」であり、1994年から栄華を極めたヘッジファンドはすでに破綻の際にあった。

4　LTCMのデリバティブ・ポジション

　先に記載のとおり、LTCMの投資手法は、各国国債と、ス

図表7-3　1998年時点のLTCMの主要トレーディング戦略

	取引内容	トレーディング戦略	実際の結果
①	スペイン、イタリア等欧州国債の買い	欧州通貨統合に向けて、クレジットスプレッドが縮小して収益計上	スペイン、イタリア国債はドイツ国債に対してスプレッドが約20ベーシスポイント拡大し、損失計上
②	ロシア国債ロング、日本国債ショート	ロシア金利低下、日本金利上昇を期待	ロシア国債はデフォルト、日本は金利低下により損失計上
③	ドイツ・スワップスプレッドロング、英国スワップスプレッドショート	英国のスワップスプレッドは広がりすぎと判断し、ドイツ対比縮小することを期待	英国のスワップスプレッドはさらに拡大
④	長期のスワップションストラドルロング、短期のスワップションストラドルショート	インプライドボラティリティとヒストリカルボラティリティの差が縮小することを期待	差は拡大したため損失計上
⑤	ドイツ10年債ショート、30年債ロング	イールドカーブのフラット化を期待	10年債の利回りが急低下したため損失計上
⑥	米国とデンマークのモーゲージ担保証券ロング、国債ショート	両者のスプレッド縮小を期待	国債利回り低下からモーゲージの期限前返済が急増し、スプレッドは拡大して損失

⑦	米国国債の中心銘柄ショート、周辺銘柄ロング	周辺銘柄のスプレッド縮小を期待	「質への逃避」から流動性の高い中心銘柄の利回りが低下し、スプレッドは拡大して損失
⑧	ブラジル、アルゼンチン国債ロング、米国国債ショート	新興国国債のスプレッド縮小に期待	ソブリン危機から、スプレッドは2,000ベーシスポイント程度まで急拡大して損失

LTCMが破綻した1998年時点のポジションは、信用スプレッド縮小に期待したポジションがほとんどだった

ワップや先物などのデリバティブの利回りや価格変化の動きに着目した、いわゆるアービトラージ取引を中心としていた。

　後に明らかになった、1998年時点のLTCMの主要なトレーディング戦略は、図表7-3のようにまとめられるが、たとえば、ブラジル、アルゼンチン国債のロングポジションと米国国債のショートポジションを組み合わせたポジション（図表7-3⑧）では、新興国国債と米国国債の間の信用スプレッドが縮小することを期待したポジションになっている。

　これらのトレーディング戦略を詳しくみていくと、そのほとんどが、信用スプレッドの縮小か、イールドカーブのフラット化[7]に期待したポジションになっていることがわかる。すなわ

7　長期金利と短期金利の差が縮小し、イールドカーブが平ら（＝フラット）になることを指す。

図表7-4　1997～1998年における独30年債と10年債の利回り差推移

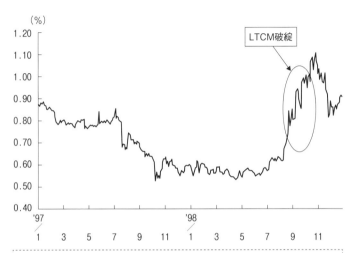

ドイツの30年国債と10年国債の利回り差をみると、ロシア危機後の「質への逃避」により、中心銘柄である10年債が買われて金利が急低下し、30年債の利回りとの差が急拡大しているのがわかる

ち、LTCMは、アジア通貨危機でみられた市場の混乱は徐々に収束し、信用スプレッドは縮小へ、イールドカーブはフラット化に向かうと予想していたと考えることができる。

しかしながら、1998年の市場は、LTCMの期待した方向には動かなかった。前年のアジア通貨危機で経験した市場の乱高下はロシアに波及し、LTCMの思惑とは反対、すなわち信用スプレッドはさらに拡大する方向に、債券市場は、相対的に流動性が高いいわゆる中心銘柄に取引が集中するかたちに動いたので

ある。

5 「デリバティブの中央銀行」と市場流動性

　前項でみたLTCMのトレーディング戦略は、決して奇をてらったポジションではない。その意味でLTCMのポジション戦略は、一定の相場観に基づき、アービトラージ取引から期待される低い利鞘に対して、レバレッジを高めた大きなデリバティブ・ポジションをとることで、高い収益率を実現しようとしたと考えることができる。しかしながら、このポジションの大きさが、LTCMの首を絞めることとなった。

　すなわちLTCMの問題は、市場の流動性にあった。1998年時点のLTCMのデリバティブ・ポジションは、想定額面で合計1兆2,500億ドル（約170兆円）という巨額にのぼっていた。内訳としては、スワップが6,970億ドル（約95兆1,100億円）、先物が4,710億ドル（約64兆2,700億円）、残りがオプションとその他のデリバティブであり、これらデリバティブ取引は合計で6万件にのぼっていた。これを市場全体の規模に照らしてみると、スワップ取引が市場全体の約2.4％のシェア、先物取引が約6％のシェアを占めていたとされている。投資資本に対するレバレッジという観点でみると、1997年末時点の投資資本43億ドル（約5,600億円）は、バランスシート上の総資産である、1,250億ドル（約17兆600億円）と比較して29倍のレバレッジ、あるいはデリバティブの想定額面と比較すると、何と290倍のレバレッジになっていたのである。

この時点で、LTCMは「デリバティブの中央銀行」と呼ばれていた。あらゆるデリバティブ取引に対して、それが割安であると思えば、どんな取引に対してもビッド価格を提示する、あたかも中央銀行が流動性を供給するような役割を演じていたというのである。

　しかし結果的には、このことがLTCMにとって、自らの首を絞めることになる。LTCM自身がデリバティブ市場に市場流動性を供給していたことから、一度LTCMがその巨大なデリバティブ・ポジションを閉じよう[8]としても、LTCMの巨額のポジションの取引相手になれる金融機関は存在しなかったのである。LTCMのポジションは、そのアンワインドを受け入れるだけの流動性、いわゆる市場流動性を大きく超えたものになっていたことになる。

6　LTCM後の金融市場とポジション処理

　金融機関団による出資によって、システミック・リスクをぎりぎりで回避した市場であったが、この時点では、まだきわめて危険な状況にあった。米国連邦準備制度理事会（FRB）は、9月29日に緊急のFOMC会議を開催、緊急利下げを実施することを決めた。翌月10月15日には、FOMCの電話会議を開催して追加利下げを実施、さらに11月にも第三次利下げが行われた。積極的な金融緩和を行うことで、縮み上がった金融市場を

---

[8]　ポジションを「アンワインドする（unwind）」と呼ばれる。

図表7-5　1997〜1999年における米ドル3カ月LIBOR金利の推移

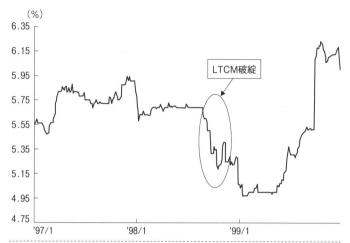

銀行間短期金利である3カ月物LIBOR金利の推移。1998年のLTCM破綻後の金融緩和を受けて一時的に急低下している

活性化することを図ったのである。

　民間金融機関による協調出資団が経営権を握ったLTCMのポジション処理も進められた。協調出資団から派遣された「LTCM監視委員会[9]」と名づけられたチームが、市場への影響を考慮しながら売却やポジション移管等によって、LTCMの巨額のポジションの処分を丹念に進めた。

　数あるポジションのなかでも特に問題になったのは、英ポン

9　ゴールドマン・サックス、メリルリンチ、モルガン・スタンレー、ソロモン・スミス・バーニー、UBS銀行、JPモルガン銀行の担当者から構成された。委員会は、約1年をかけてポジションを解消した。

ドにおけるスワップ・スプレッドのポジションであった。巨額にのぼったポジションは市場での円滑な処理の範囲を超えており、LTCM監視委員会は、毎週木曜日に1回につき5億ポンド（約1,100億円）相当のスワップポジションを、オークション形式で他の金融機関に入札させることでポジション処分を進めた。

この過程で、LTCMが採用したリスクモデルの特徴も明らか

図表7-6　1998～1999年における英ポンド10年スワップ金利と10年国債の利回り差推移

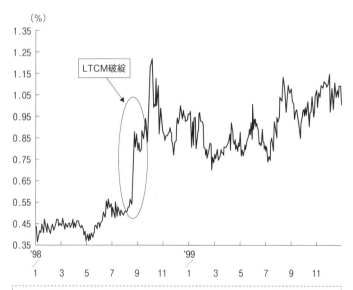

米国の10年スワップ金利と10年国債の利回り差。LTCMの思惑と反対に1998年の夏以降急拡大し、その後LTCMのポジション・クローズに時間を要したことから、高止まりしていることがわかる

になっていった。「リスク・アグリゲーター」と名づけられたLTCMのリスクモデルは、通常の金融機関のモデルに比べて、直近のデータや相関係数により高いウェイトをかけていることがわかった。これにより、市場が従来と異なる動き、それも大きな動きを示した場合にはLTCMのモデルは大きく動くこととなっていた。

また前項で示したとおり、LTCMのトレーディング戦略は、そのほとんどが各国における信用スプレッドの縮小かイールドカーブのフラット化に偏っており、世界的な信用懸念や市場混乱が発生した場合に対する備えがなされていなかった。

最後に、リスクモデルには、自らのポジション処分が市場の価格に与える影響、いわゆる市場インパクト[10]についての考慮がなされていなかった。

このように、最強のヘッジファンドといわれたLTCMのリスクモデルも完全ではなかった。モデルは、市場が正常に機能する前提のうえに成り立っており、アジア通貨危機やロシア危機にみられたような、特殊な市場の動きや巨額のポジションを処分する際の影響は織り込まれていなかったのである。その意味では、雪だるま的に拡大するLTCMのデリバティブ・ポジションは、どこかのタイミングで制御不能となる宿命にあったと考えることもできよう。

---

10 市場インパクトについては、第13章「アルゴリズム取引・HFT取引と「フラッシュ・クラッシュ」」参照。

7 官民の対応

1ヘッジファンドの破綻が、民間金融機関による協調出資や当局による緊急利下げをもたらしたという事態に対して、関係者は市場改善に向けた対応を迫られることとなった。出資を行った民間金融機関のなかには、LTCMに投資していた銀行もあり、株主からは「投資家としての銀行」に対して、批判が高まっていた[11]。また、公的資金注入には至らなかったものの、ニューヨーク連銀も民間金融機関の経営判断に介入したとの批判にさらされていた。

バーゼル銀行監督委員会は、LTCM破綻の翌1999年1月に「銀行と、レバレッジの高い業務を行う機関（HLI[12]）との取引」「銀行と、レバレッジの高い業務を行う機関との取引に関する実務のあり方」という2つの実務指針文書を公表した。LTCMの破綻からわずか4カ月で取りまとめられたものであった。

同文書では、LTCMなどのヘッジファンドに代表されるHLIに対する銀行のリスク管理実務に問題があったとし、①HLIとの取引に係る明確な方針と手順を定めること、②HLIに係る健全な情報収集、デュー・ディリジェンスおよび信用審査の実務

---

[11] スイスのUBS銀行は1998年9月24日に、LTCM関連の投資を中心に約10億スイスフラン（約980億円）の損失を被る可能性があることを公表した。UBS銀行の株価は、その後の1週間で3割下落した。さらに、LTCMに対する貸出実行、およびその管理に問題があるとされたことから、同行のカビアラベッタ会長は辞任に追い込まれた。

[12] Highly Leveraged Institution.

を適用すること、③トレーディングおよびデリバティブ取引から生じるエクスポージャーをより正確に計測する手法を開発すること、④HLIに対する総与信限度を設定すること、⑤HLIの特性に対応した担保や早期解約条項等の信用補完手段を開発すること、⑥HLIに対する信用エクスポージャーを緊密にモニターすること、といった実務上の指針を示した。本来であれば、ヘッジファンドのようなHLI自身を直接規制するということも考えられたが、各国において、HLIが必ずしも金融監督当局の監視下にないことから、HLIの取引相手である金融機関側の実務を規制、監督するという、いわば間接的な監督手法を採用したことになる。

民間金融機関の側も対応した。元ニューヨーク連銀総裁で、ゴールドマン・サックスの会長に転じていたジェラルド・コリガン[13]は、「カウンターパーティ・リスク・マネジメント・ポリシー・グループ（CRMPG）[14]」を指揮、1999年6月に、報告書「カウンターパーティ・リスク管理の改善に向けて」を公表した。報告書では、カウンターパーティ・リスク管理高度化は大きく、①取引相手同士の情報共有、②レバレッジを評価する分析フレームワーク、③信用リスク評価手法の高度化、④リミットや担保管理等の信用リスク管理実務の高度化、⑤社内における業務の透明性の確保、⑥ネッティング実務の浸透、の6

---

13 第4章「G30レポートとVaR革命」参照。
14 Counterparty Risk Management Policy Group. 欧米の12金融機関の実務家が取りまとめた。

つの要素に分類できるとした。そのうえで、①相手先との間でのレバレッジや市場リスク・流動性の状況などについての情報開示とカウンターパーティ・リスク評価、②ストレステストやポテンシャル・フューチャー・エクスポージャー計測（後述）、信用審査やエクスポージャー計測、経営宛報告等からなる社内におけるリスク管理と報告の高度化、③ドキュメンテーションの手続やネッティングの実施等、取引実務における市場慣行の改善、④定性報告も含むカウンターパーティに対するエクスポージャーについての当局報告の改善、の４つの分野について、20の提言を行った。

　CRMPGの報告書は、バーゼル銀行監督委員会が示した、HLIに対するカウンターパーティ・リスク管理の要請に対して、民間側の対応を具体的に示したものと考えることができる[15]。

8　LTCM破綻が金融リスク管理に与えた影響

　LTCM事件が金融リスク管理に与えた影響は大きかった。BISのグローバル金融システム委員会は、1999年10月にLTCM問題に端を発した1998年秋の金融市場について分析した報告書「1998年秋の国際金融危機[16]」を公表したが、そこでは、金融

---

[15] 第４章「G30レポートとVaR革命」参照。
[16] "A Review of Financial Market Events in Autumn of 1998", Committee on the Global Financial System, Bank for International Settlements, 1999.

リスク管理上の問題点として以下の点があげられている。

① 金融機関による、カウンターパーティに対する信用力審査が適切さを欠いていたこと
② リスク管理における市場流動性の重要性が過小評価されていたこと
③ レバレッジの大きさに関するマクロ的なエクスポージャーに関する情報不足
④ 計量モデルに対する過度の依存
⑤ 国際金融市場における少数の巨大なグローバル金融機関の影響力の上昇
⑥ 多くの投資家が、時価評価される担保付ポジションに依存していたこと
⑦ 特定の投資戦略やリスク管理手法の模倣が広範囲にわたってなされていたこと
⑧ 多くの金融機関内の意思決定がより高い地位でなされるようになったことから、市場間の伝播のスピードが高まり、価格変動の連関性が高まったこと
⑨ 報酬体系や会計慣行がショックへの反応を過敏にさせるとともに、資本力のある市場参加者が資金調達力の低下したアービトラージャーにとってかわることを遅らせた可能性

以下ではこれらのうち、市場流動性リスク管理、カウンターパーティ・リスク管理、レバレッジ、システミック・リスク、HLI等のシャドウ・バンキング問題といった論点について考えてみることとしたい。

LTCMのケースは、トレーディング商品における市場流動性リスク管理の重要性とそのむずかしさを痛感させた。市場のあやをとる裁定機会はいつでも存在するわけではないことから、トレーダー側には、アービトラージのチャンスが生じたときに利益が見込めるポジションを大きく積み上げるインセンティブが発生する。しかしながら、ポジションが市場の規模に比して大きく積み上がった場合には、ポジションをアンワインドするのにコストが生じる。市場の通常の規模を超えた取引が行われる場合には、その取引自体が市場のビッドやオファーの価格を動かしてしまうためである[17]。さらに、LTCMのケースのように、ポジションが巨額にのぼった場合にはポジションのアンワインド自体が困難になる可能性もある。市場の参加者は、市場における流動性も考慮に入れたトレーディングを行う必要があるのである。

　次にLTCMは、デリバティブのカウンターパーティ・リスク管理の改善の必要性を広く示した。デリバティブ取引の場合、確定した資金を貸し出す貸出資産のケースと違って、カウンターパーティに対するエクスポージャー自体が、金利や市場のボラティリティといった市場のパラメーターの動きによって変化するという特徴がある。したがって、デリバティブから生じるカウンターパーティ・リスク管理では、現時点の市場パラメーターによって発生しているエクスポージャーだけでなく、

17　第13章「アルゴリズム取引・HFT取引と「フラッシュ・クラッシュ」」参照。

将来の金利や為替の変化からエクスポージャーが増減する可能性があることを考慮に入れたうえで管理する必要がある。こうした、いまは発生していないが、将来発生する可能性があるエクスポージャーは「ポテンシャル・フューチャー・エクスポージャー（PFE[18]）」と呼ばれるが、LTCMのケースは、その計測手法の改善も含めて金融機関に課題を突きつけたのであった。各金融機関は、それぞれにPFEを計測する手法を開発し、各カウンターパーティに対して将来どれだけのエクスポージャーが発生しうるかを管理することとなった。

こうしたことからデリバティブ取引においては、市場の変動によってカウンターパーティに対するエクスポージャーが増加した際に、現金や国債などの有価証券を担保としてやりとりすることで、発生したエクスポージャーに対する信用補完を行うことがより一般的となった。デリバティブ取引開始にあたって、市場参加者は、デリバティブの業界団体であるISDA[19]が公表した契約雛型であるISDAマスター契約[20]を締結することが一般的だが、ISDAは、マスター契約に付随する信用補完契約[21]を公表し、デリバティブ取引に伴う担保のやりとりにおける基本的な条件を標準化することに貢献した。

LTCMのケースは、金融取引におけるレバレッジのこわさも

---

18 Potential Future Exposure.
19 International Swaps and Derivatives Association.
20 ISDA Master Agreement.
21 Credit Support Annexと呼ばれる。

痛感させた。スワップやオプションなどのデリバティブ取引をトレーディングに組み込むことで、デリバティブ取引の想定元本は容易に積み上げることができる。レバレッジを高めて想定元本を積み上げれば、大きな想定元本からあがった収益は相対的に小さな資本に集中的に還元することができ、資本に対するリターンは高まることになる。したがって出資資本に対する高い絶対リターンを目指すヘッジファンドには、元来レバレッジを高める動機が存在すると考えることができる。しかしながら、高レバレッジは、損失が発生した際にはその損失を薄い資本で吸収しなければならず、破綻のリスクが高まるという裏表の関係がある。破綻のリスクが、資本を拠出した投資家とリスクを認識したうえで与信を行った債権者だけにとどまるのであれば、仮にファンドが破綻しても、納得ずくでリスクをとった株主や債権者に損失が限定され、問題は生じないはずである。しかしながらLTCMのケースは、高レバレッジでのトレーディング活動が、株主責任や債権者への損失を超えて、金融システム全体に及ぶ可能性が示されたのであり、バーゼル銀行監督委員会の実務指針文書やCRMPGの報告書によって、高レバレッジでの金融取引を行う活動自体を抑えることが提唱されたのである。

　LTCMの破綻劇は、システミック・リスクについての議論も引き起こした。1兆ドルを超えるデリバティブ・ポジションを有するLTCMが破綻した場合、巨大なデリバティブ・ポジションは行方を失い、金融システム全体がリスクに直面する可能性

があった。リスクを察知したニューヨーク連銀が、民間金融機関によるLTCMへの協調出資とポートフォリオの協働処理を働きかけることで、LTCMを引き金としたシステミック・リスクの発生を防ぐことができたが、事態はきわめて危険な状況にあったといわざるをえない。

前述のBISグローバル金融システム委員会報告書では、市場がシステミック・リスクを回避し、通常の市場に回帰することを可能とした要因として、①FRBによる迅速な利下げの決定とそれに伴う金融緩和、②資本を再注入されたLTCMによる取引解消が円滑に行われたこと、③ほかに大手金融機関の経営破綻が発生しなかったこと、④多くの市場においてスプレッドが拡大したことでこれを好機ととらえた長期的な投資スタンスをもつ投資家が市場に回帰したこと、の4点をあげている。金融当局による迅速かつ適切な対応が、市場参加者に冷静な判断を取り戻す余裕を与えたさまがうかがえる。さらに報告書では、将来への課題として、金融市場の透明性向上と金融市場についてのより深い分析を推し進める必要性、さらにそのための金融当局と市場参加者の継続的なコンタクトの必要性を主張している。

最後に、LTCMのケースは、ヘッジファンドなどのHLIが、金融システムに与える影響が無視しえないほどに拡大していることを認識させた。銀行等の金融機関と違って、こうした機関は、金融監督当局の監督を受けるものではなく、直接金融規制に服するものではなかった[22]。その一方で、介入がなければ、

LTCMの破綻がシステミック・リスクをもたらしていた可能性も高かった。HLIや、あるいは広く金融監督の外にあって、金融仲介機能を担う機関、いわゆる「シャドウ・バンキング」をどのように管理するかは、その後の金融規制において、重要な課題として認識されることとなったのである[23]。

目撃者のコラム

長年にわたってリスクマネジャーをしていると、市場の動きが不気味に思われることが何度かある。LTCMの破綻前後がまさにこれに当たっていた。ロシア危機後の混乱が続くなか、欧米を中心とした金融市場において、各種商品のボラティリティがはね上がり、市場が「壊れていく」ような、何とも気持ちの悪い日々が続いた。胃液があがってくるような相場といったら感じが伝わるだろうか。そうしたなかで、ニューヨーク連銀によるLTCM出資のための会合が行われ、金融機関団の出資が行われると聞いて、救われたような気持ちになった記憶がある。

LTCMのポジション処分が始まってみると、そこで明らかになったLTCMのポジションの巨大さは、想像をはるかに超えていた。英ポンドのスワップポジションの処分だけで、週次のオークションを繰り返すという状況は、円滑な市場に慣れた身からすると、現実離れした世界に思えた。

---

22 前述の報告書において、バーゼル銀行監督委員会が、HLIそのものではなく、HLIと取引を行う金融機関に対する実務指針を示したのは、こうした背景がある。
23 シャドウ・バンキングに対する規制対応については、その後も議論が重ねられている。

また、週次で確定したポジションが市場に出てくるという状況が市場関係者に共有されているということは、それに対抗したポジションを組むことで利益を得られる可能性が高まるということを意味する。欧米の金融機関は、LTCMのポジション処分に対する反対ポジションを積み上げることで、LTCMのポジション処理を確実な収益機会に結びつけていった。欧米金融機関の収益に対するどん欲さに目を見張るとともに、市場の混乱を引き起こしながらも、それを自らの収益で取り返そうとする姿勢に対する多少の反発、さらにそうした感情をも通り越して、懲りない人たちだなぁという感想めいた感情が相まって事態をみていたことが思い出される。

　LTCM以後の金融リスク管理、特にデリバティブ取引におけるカウンターパーティ・リスク管理では世界が一変した。取引自体が銀行間金利で締結されるなかで、エクスポージャーを管理するために担保契約を締結して、担保となる現金や国債をやりとりすることが一般化し、さらにPFEの計測方法高度化への取組みも進んだ。一方で、エクスポージャー管理に対して、頻繁な担保のやりとりで対応することは、信用リスクを軽減するためには効果的である一方、頻繁な担保のやりとりに伴う事務ミスのリスク、すなわち次章で触れるオペレーショナルリスク管理に振り替えているとも考えられ、両者のリンケージを強めることとなった。

　LTCMのケースは、また、ストレステストの重要性、特に市場流動性リスクや、カウンターパーティについての信用リスク等の複合的なリスク要因を考慮したストレステストの必要性を再認識させた。リスクマネジャーの描くべきストレスシナリオは、市場リスクや信用リスク等、単独のリスク要因に基づくシナリオだけでなく、それらが密接に関連した複合的、統合的なストレスシナリオであるべきという考え方は、

> LTCM問題を契機として浸透していったのではないか。個人的にもその必要性を痛感し、柔軟に統合的なシナリオをつくることにこだわるようになったのは、LTCM後の市場に垂れ込めた重く暗い雲のような雰囲気を経験したことがきっかけだったのではないかと思っている。
>
> 　金融システムまでも巻き添えにしかかったLTCMと、それを寸前で回避した関係者の努力、その後の金融リスク管理実務への影響。それほどに、LTCMの破綻劇は、金融リスク管理における「一大事件」であった。

〈参考資料〉

"The President's Working Group on Financial Markets", 1999

"Improving Counterparty Risk Management Practices", The Counterparty Risk Management Policy Group, 1999

「1998年秋の国際金融危機」、BISグローバル金融システム委員会、1999年("A Review of Financial Market Events in Autumn of 1998", Committee on the Global Financial System, Bank for International Settlements, 1999)

"Boom in sterling bond issues as LTCM sells", Financial Times, Oct. 22, 1998

"Domestic demand underpins sterling surge", International Finance Review, Oct. 24, 1998

"Long-Term Capital sells equity volatility", International Finance Review, Oct. 31, 1998

『天才たちの誤算【ドキュメント】LTCM破綻』(『最強ヘッジファンドLTCMの興亡』(日経ビジネス文庫版))、ロジャー・ローウェンスタイン、日本経済新聞社、1999年

『LTCM伝説─怪物ヘッジファンドの栄光と挫折』、ニコラス・ダン

バー、東洋経済新報社、1999年
『波乱の時代』、アラン・グリーンスパン、2007年（"The Age of Turbulence", Greenspan A, 2007）

第 8 章

バーゼルⅡと
オペレーショナルリスク
【2001〜2007年】

●本章のポイント

BIS規制の全面改訂であるバーゼルⅡでは、3つの柱、信用リスクにおける内部格付手法、オペレーショナルリスクに対する自己資本賦課、メニュー方式の全面導入等、新たな考え方が導入された。その根底には、自己資本比率規制をリスクベースでとらえようとする姿勢と民間金融機関自身のリスク管理実務を重視することで、複雑化する金融業のリスク管理に対応しようとする考え方があった。

1 バーゼルⅡへの道のり

第4章でみたように、国際的に活動する銀行は、グローバルな自己資本比率規制として、1988年に国際合意がなされたBIS規制に従っていた。信用リスク資産に対して、リスクウェイトに基づく最低所要自己資本を課するその枠組みには、1997年末からトレーディング勘定の市場リスクに対しても最低所要自己資本を課す規制が加わっていた。

しかしながら、BIS規制の信用リスクアセット計算手法に対しては、そのリスクウェイト分類が取引先の属性のみに基づいており、取引先個別の信用力を反映していないことについての批判が根強かった。たとえば、一般事業法人与信に対するリスクウェイトは相手がトリプルAの優良会社であっても、財務体質の弱い中小企業であっても、一律100％であった。リスクアセットの観点だけからすれば、利鞘がとれるがリスクの大きい

企業に融資が集中することが懸念された。

また、リスクウェイトは債務者の属性に基づく分類になっていたことから、プロジェクト・ファイナンスや証券化商品等、債務者の属性とは切り離されたエクスポージャーに対する扱いが定められていなかった。

さらに、不正トレーディングや事務事故・システム障害等のような新しいタイプのリスクに対しても、対応できていなかった。グローバルな銀行業務が複雑性を増すなか、国際的に活動する銀行の健全性を確保するための自己資本比率規制の大幅な

図表8−1 BIS規制からバーゼルⅡへの道のり

時　　期	内　　容
1988年7月	バーゼル自己資本比率規制（BIS規制）公表
1988年12月	大蔵省通達により、BIS規制国内行政指導開始
1993年4月	銀行法改正によるBIS自己資本比率規制国内開始
1996年1月	BIS市場リスク規制合意
1997年12月	BIS市場リスク規制実施（日本では1998年3月末）
1999年6月	BIS「新たな自己資本充実度の枠組み」（第一次市中協議文書）公表
2001年1月	バーゼルⅡ第二次市中協議文書公表
2003年4月	バーゼルⅡ第三次市中協議文書公表
2004年7月	バーゼルⅡ最終案公表

BIS規制およびBIS市場リスク規制の開始後、3回の市中協議を経てバーゼルⅡ規制が確定した

改訂が急務となった。

バーゼル銀行監督委員会は、1999年6月に「新たな自己資本充実度の枠組み」を公表した。本文書は、BIS規制の全面改正である「バーゼルⅡ」の第一次市中協議文書となった。バーゼルⅡは、その後官民の協議を経たうえで、2004年7月に最終文書が確定した[1]。

2　バーゼルⅡの枠組み

バーゼルⅡでは、リスクアセットに対する最低所要自己資本を求める、というBIS規制の考え方を維持しながら、いくつかの新たな枠組みが織り込まれた。

(1) 3つの柱

まず、「3つの柱」という考え方が導入された。銀行の保有するリスクアセットに対して最低所要自己資本を求める従来の枠組みは、「第一の柱」とした。これに対して、規制上の最低所要自己資本の維持だけでなく、銀行自身が自らのリスクプロファイルを評価し、それに対する自己資本の十分性や充実度を確認するプロセスをもち、その評価に基づいて資本戦略を策定するという枠組みを運営することを求めた。監督当局は、こうした銀行の枠組みが十分機能しているかを確認、検証することとし、こうした一連のプロセスを「第二の柱」として位置づけた。さらに、「第三の柱」では、銀行のもつリスクプロファイ

---

[1] その間、2001年1月に第二次市中協議文書、2003年4月に第三次市中協議文書が公表されている。

ルをさまざまな切り口で開示させ、市場関係者の目にさらすことで、市場関係者からの監視機能を高め、自己資本比率規制を補完させることを目指した。

最低所要自己資本に基づく自己資本比率規制、銀行自身による自己資本管理の枠組みと監督当局による検証、さらに、開示を通じた市場関係者からの監視からなる「3つの柱」は、互いに補完し合うことによって、金融システムの健全性を強固なものにすることが期待された。

(2) オペレーショナルリスク

バーゼルIIでは、新たにオペレーショナルリスクに対して自己資本の保有を求めた。

銀行の業務が多様化する過程で、市場業務に関連した内部管理上の問題から生じる損失事象が発生した[2]。また、M&Aの仲介手数料等、銀行が手数料収入への依存を高めるにつれて、法的リスクやシステムリスク等からの損失の可能性が高まった。こうしたオペレーショナルリスクから発生する損失に対しても、最低所要自己資本を課すことで、銀行の健全性を確保しようとしたのである。

(3) メニュー方式の全面採用

オペレーショナルリスクに対する所要資本の賦課により、「第一の柱」は信用リスク、市場リスク、オペレーショナルリスクの3つのリスクカテゴリーから構成されることになった

---

2 第6章「ベアリングズ銀行と不正トレーダー」参照。

図表8-2 バーゼルⅡ第一の柱の構成

リスクカテゴリー	手　法	対象区分
信用リスク	標準的方式	
	内部格付手法 ・基礎的内部格付手法 ・先進的内部格付手法	事業法人向け債権 ソブリン向け債権 銀行向け債権 リテール向け債権 特定貸付債権 株式等
	証券化	
市場リスク	標準的方式	
	内部モデル方式	
オペレーショナル リスク	基礎的手法	
	粗利益配分手法	
	先進的計測手法	

> バーゼルⅡでは、すべてのリスクカテゴリーにおいて「メニュー方式」が採用されたほか、信用リスクアセットについては対象区分が細分化された

が、バーゼルⅡでは、これらそれぞれのリスクアセットを算出する際に、いわゆる「メニュー方式」を採用した[3]。これにより、各々の銀行は、自らのリスクプロファイルとリスク管理体制に応じて、単純な手法からよりリスク感応度の高い複雑な手法まで、複数の手法のなかから金融機関自らが適用する手法を

3　第4章「G30レポートとVaR革命」参照。

選択できることとなった。

3 バーゼルⅡの内容──第一の柱

最低所要自己資本を規定する第一の柱は、分子となる自己資本と、分母となるリスクアセットが対象となるが、自己資本についての定義は、従来のBIS規制と大きく変わらず、自己資本比率規制として最低8％を求める点にも変更はなかった。また、1997年末から始まった市場リスク規制についても変更はなかった。大きく変化したのは、信用リスクであった[4]。

信用リスクの取扱いの変更は、大きく、①内部格付手法の導入と②資産区分の詳細化に分けられる。

(1) 内部格付手法

バーゼルⅡ信用リスクアセット計算では、標準的方式と内部

図表8-3 バーゼルⅡ第一の柱の算式

・標準的方式におけるバーゼルⅡ第一の柱
$$\frac{ティア１資本＋ティア２資本}{（信用リスク相当額＋市場リスク相当額＋オペレーショナルリスク相当額）} \geq 8\%$$

・内部格付手法によるバーゼルⅡ第一の柱
$$\frac{ティア１資本＋ティア２資本（除一般貸引）－（期待損失－貸倒引当）}{（信用リスク相当額 \times SC(注)＋市場リスク相当額＋オペレーショナルリスク相当額）} \geq 8\%$$

バーゼルⅡにおける自己資本比率規制は標準的方式・内部格付手法によって異なる算式に従ったが、最低水準はともに8％とされた

（注） SCは、定期的に見直されるスケーリングファクター。

---

4 オペレーショナルリスクについては後述。

図表8-4 標準的方式における格付ごとのリスクウェイト例（事業法人向け（1年以上））

格付	リスクウェイト
AAA〜AA-	20%
A+〜A-	50%
BBB+〜BB-	100%
BB-未満	150%
無格付	150%

バーゼルⅡ信用リスクの標準的方式では外部格付機関の格付に基づいてリスクウェイトが決定された

格付手法の「メニュー」が用意された。さらに内部格付手法は、基礎的内部格付手法と先進的内部格付手法に分けられるため、合計3つの「メニュー」が用意されたことになる。標準的方式では、外部格付機関による格付に基づいたリスクウェイトを採用することで債務者の信用力の違いを反映することとした。

これに対して内部格付手法では、信用リスクエクスポージャー計測における主要なパラメーターである、企業の倒産確率（PD[5]）、デフォルト時損失率（LGD[6]）、デフォルト時エクスポージャー（EAD[7]）の3つについて、各銀行の内部格付制

---

5 Probability of Defaultの略。
6 Loss Given Defaultの略。
7 Exposure at Defaultの略。

度における過去データに基づく推計値を使うことが認められた。内部格付手法のうち基礎的内部格付手法では、PDについて自行の推計値を使用することが認められる一方、LGDとEADについては当局が指定する数値を採用することが求められた。一方、先進的内部格付手法では、3つの指標すべてにおいて自行の内部格付制度における計測値を使うことができるとした[8]。

(2) 資産区分の詳細化

またバーゼルⅡでは、貸出債権の性格によって、リスクアセットの計算方法を細かく規定することとした。具体的には、事業法人向け債権、ソブリン向け債権、銀行向け債権、リテール向け債権、特定貸付債権、株式等、証券化商品である[9]。このうち、特定貸付債権には、プロジェクト・ファイナンス、オブジェクト・ファイナンス、コモディティ・ファイナンス、事業用不動産向け貸付[10]が含まれるほか、株式等にはファンド商品等が含まれる。

たとえば、リテール向けエクスポージャー[11]で標準的方式を採用する場合、リスクウェイトは75%となる。さらに、抵当権付住宅ローンのリスクウェイトは35%とされる。これに対し

---

[8] 内部格付手法を使用するには、当局の審査に基づく承認が必要となる。
[9] 図表8-2参照。
[10] 事業用不動産向け債権のなかでもボラティリティの高い案件については、さらに細分化された手法が提供された。
[11] リテール向けエクスポージャーとは、与信額1億円以下かつ1債務者に対する与信が当該エクスポージャー全体の0.2%以下であることが条件となっている。

て、内部格付手法を採用する場合、居住用不動産向けエクスポージャー、適格リボルビング型リテール向けエクスポージャー、その他リテール向けエクスポージャーの3種類に分けたうえで、それぞれのなかの均質な貸出ポートフォリオごとに、PD、LGD、EADを推計してリスクアセットを計算することになる。

証券化商品について標準的方式を採用した場合には、格付機関が付与する外部格付に基づくリスクウェイトが付される。一方、内部格付手法を選択した場合には、外部格付が付されている商品については外部格付準拠方式、それ以外については、指定関数方式または内部評価方式[12]によって信用リスクアセットを計算することとされた。さらに、これらの手法が適用できない商品については、自己資本から控除する扱いとした[13]。

また、株式等エクスポージャーについて、標準的方式を採用する場合には、リスクウェイトは一律100%とされた。一方、内部格付手法を採用する場合、事業法人向けエクスポージャーと同様の方法でリスクウェイトを計算するPD/LGD方式と、株価変動リスクの計測に基づく市場ベース方式のいずれかを選択することとされた。

内部格付手法ではこうして計算したエクスポージャーに対し

---

12 内部評価方式は、資産担保CP（ABCP）プログラムに対する流動性補完等のケースに限って適用される。

13 証券化商品は、バーゼルIIの議論において、多くの時間が費やされた部分であった。

図表 8 − 5　バーゼルⅡ内部格付手法における信用リスク所要自己資本額の計算

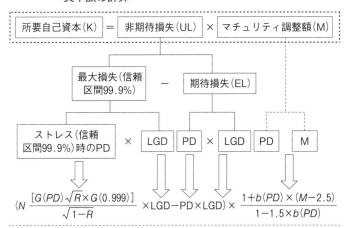

(注)　R ＝資産相関関数、$N(\cdot)$ ＝標準正規分布の累積分布関数、$G(\cdot)$ ＝$N(\cdot)$ の逆関数、$b(PD)$ はマチュリティ調整関数 $[b(PD) = (0.11852 - 0.05478 \times \log(PD))^2]$。Kは、エクスポージャー１単位当りの所要自己資本。これにEADを乗じた額が当該資産に係る所要自己資本額。
(出典)　『詳解バーゼルⅢによる新国際金融規制』

て、保有期間１年、信頼区間99.9％のVaRの考え方に基づいてリスクアセットが計算され、これに与信の満期の違いによる調整、経済状況との相関を表す資産相関係数が加味されて、信用リスクに関する所要自己資本が計算されることとなった。

4　バーゼルⅡの内容——第二の柱

第二の柱では、銀行自身が自らの経営の健全性を維持する過

程で、適切な自己資本管理を行うことが期待されている。その中心となるのは、自行に特有なリスクプロファイルに見合った自己資本の充実度を内部的に評価するプロセスと、自己資本水準維持のための資本戦略の策定である。

監督当局は、こうした銀行側の自己資本管理プロセスと自己

図表8−6　バーゼルⅡ第二の柱における4つの原則

原則1	銀行は、自行のリスクプロファイルに照らした全体的な自己資本充実度を評価するプロセスと自己資本水準の維持のための戦略を有するべきである
原則2	監督当局は、銀行が規制上の自己資本比率を満たしているかどうかを自らモニター・検証する能力があるかどうかを検証し評価することに加え、銀行の自己資本充実度についての内部的な評価や戦略を検証し評価すべきである。監督当局はこのプロセスの結果に満足できない場合、適切な監督上の措置を講ずるべきである
原則3	監督当局は、銀行が最低自己資本比率以上の水準で活動することを期待すべきであり、最低水準を超える自己資本を保有することを要求する能力を有しているべきである
原則4	監督当局は、銀行の自己資本がそのリスクプロファイルに見合って必要とされる最低水準以下に低下することを防止するために早期に介入することを目指すべきであり、自己資本が維持されないあるいは回復されない場合には早急な改善措置を求めるべきである

バーゼルⅡの第二の柱では、銀行自身による自己資本水準維持の戦略を監督当局が検証するとして銀行の自発的な自己資本管理を重視する考え方を打ち出した

資本戦略を検証し、その結果、銀行による自己資本管理状況に問題があると認めた場合には、当該銀行に対するモニタリング強化や内部管理プロセス・自己資本水準の改善の要求といった監督上の手段を実施することになる[14]。第二の柱では、その際に従うべき4つの原則を示している。

また、監督当局は第二の柱において、銀行が、①第一の柱で考慮されるものの第一の柱では十分にとらえられないリスク（たとえば信用集中リスク）、②第一の柱では考慮されないリスク（たとえば銀行勘定の金利リスク）、③銀行にとっての外的な要因（たとえば景気循環の影響）等も含めて、リスクの総体を適切に把握・管理しているかどうかを検証することとしている。このうち、銀行勘定における金利リスクについては、標準化された金利ショックに伴って、総資本（ティア1資本とティア2資本の合計）の20％を超える経済価値の低下が起こる場合を、アウトライヤー銀行（極端なリスクをもつ銀行）と定義し、こうした銀行の自己資本の適正度については、特に注意を払うとした。

5　バーゼルⅡの内容──第三の柱

第三の柱は、銀行が保有する資産負債や、リスクエクスポージャー、さらには、そのもととなっている各種リスク管理方針や管理手法等についての開示を広範に求めることとした。これ

---

[14] 本邦では、監督指針において、前者に対応する早期警戒制度、後者に対応する早期是正措置が規定された。

により、市場参加者が、当該銀行が抱えるさまざまなリスクを把握することが可能となり、結果として市場からの監視が強まることが期待された。

6 オペレーショナルリスク

前述のとおり、銀行業務の複雑化と手数料収入への傾斜は、オペレーショナルリスクに対する認識を高めた。オペレーショナルリスクは、「内部プロセス、人的要因、システムが不適切であること、もしくは機能しないこと、あるいは外生的事象から損失が生じるリスク」と定義されたが、市場業務における不正取引から発生する損失や、M&A業務における訴訟から生じる損失、あるいは複雑な業務を支えるITシステムが障害を起こした場合の損失等に対する備えとして所要自己資本賦課を行うものである。

バーゼルⅡ上のオペレーショナルリスクにおいては、基礎的手法（BIA[15]）、粗利益配分手法（TSA[16]）、先進的計測手法（AMA[17]）という3つの「メニュー」が示された。このうち、基礎的手法と粗利益配分手法は、銀行の粗利益に対する一定比率をリスクアセットとするという比較的単純な方法である。

これに対して先進的計測手法では、銀行自身の計量モデルから算出されるオペレーショナルリスク量を、バーゼルⅡ上の所

15　Basic Indicator Approach.
16　The Standardized Approach.
17　Advanced Measurement Approach.

図表8-7 オペレーショナルリスクにおけるメニュー方式

手　法	内　容
基礎的手法	年間の粗利益に15％を乗じた額の直近3年間の平均値
粗利益配分手法	8つのビジネスライン(注)ごとの粗利益に、ビジネスラインに固有の係数（12％、15％、18％）を乗じたものの合計の直近3年間の平均値
先進的計測手法	銀行の内部管理で用いられる計測手法に基づき計算される最大損失額（信頼区間99.9％、保有期間1年）

バーゼルⅡで新たに導入されたオペレーショナルリスクにおいても、メニュー方式が採用された

(注) ①リテール・バンキング、②コマーシャル・バンキング、③決済業務、④リテール・ブローカレッジ、⑤トレーディング・セールス、⑥コーポレート・ファイナンス、⑦カストディ業務、⑧資産運用

要資本とすることが認められた。ここでいう「オペレーショナルリスク量」は、銀行が自らのオペレーショナルリスクに対して、保有期間1年、信頼区間99.9％で計測したオペレーショナルリスク上のVaR値に当たる。

　オペレーショナルリスクの計量化にあたっては、その特殊性が障害となった。VaRを計測するためには、幅広い損失事象の分布を想定する必要があるが、損失額の小さい事務ミスやシステム障害等は広くみられる一方で、ベアリングズ事件のような大規模損失事象は、社内データからは得られないことが多い。一方で、ベアリングズ事件のような不正取引が自社で起こる可能性が否定できないのであれば、こうした損失の可能性を自社

図表 8 − 8　オペレーショナルリスク先進的計測手法における 4 つの原則

・銀行内部で発生した内部損失データを用いること
・必要に応じて、銀行の外から入手した外部損失データをもって内部損失データを補完すること
・シナリオ分析を実施し、「低頻度・高インパクト」の損失も捕捉すること
・所要自己資本の算出に用いるリスク計測手法が、銀行内部におけるリスク管理全体のなかに統合されていること

オペレーショナルリスクの先進的計測手法では「4 つの要素」が求められた

の損失分布に含める必要があると考えられる。こうしたことから、他社の損失事象が仮に自社で起こった場合の影響をシナリオとして作成して、自社の損失分布に織り込むことが一般的となった。これらも含めてバーゼルⅡでは、先進的計測手法の要件として、各銀行の計量モデルが図表 8 − 8 にあげる 4 つの要素を含むことを求めている。

7　金融リスク管理への影響

　バーゼルⅡでは、多くの新たな考え方が導入された。また、バーゼルⅡの内容を確定させる作業においては、新たな自己資本規制の枠組みをよりリスク感応度の高い枠組みとするべく、民間銀行と監督当局の間でおびただしい量の意見交換が行われた。この意見交換自体が、それぞれの分野におけるリスク管理の理論と実務の展開に対して大きな影響を与えた。

信用リスクにおいては、内部格付手法を軸とした議論が進んだ。事業法人向けエクスポージャーは、格付の考え方との親和性は高かったが、リテール向けエクスポージャーや特定貸付債権においては、内部格付という実務は一般的ではなかった。事業法人に対する内部格付手法と整合的な考え方を導入するために、こうしたエクスポージャーに対してどのようなリスク計測手法をとるべきか、それらに対してどう自己資本賦課を行うべきかという点についての議論が重ねられた。

　自己資本比率規制と金融リスク管理実務の連携は、オペレーショナルリスク管理に顕著であった。バーゼルⅡにおいて、オペレーショナルリスクに対して自己資本を賦課することが打ち出されたことは、オペレーショナルリスク管理の高度化と、特にオペレーショナルリスクを市場リスクや信用リスクと同様に計量化して管理することに対する機運を盛り上げた。オペレーショナルリスク管理に係る議論は活況を極め、リスクの計量化手法、損失データの捕捉、KRIやCSA[18]等の定性的手法の検討、シナリオ分析手法の検討方法、保険の考慮等、オペレーショナルリスク管理をめぐるさまざまなパーツについて活発な意見交換がなされた。議論は百家争鳴の様相を呈した。

　バーゼルⅡは2004年7月に最終案が確定し、2007年以降、各国で順次導入[19]されていったが、こうして銀行は従来よりもリ

---

[18] KRIは、主要リスク指標（Key Risk Indicator）、CSAは統制内部評価（Control Self-Assessment）を指し、それぞれオペレーショナルリスクの定性的な管理手法である。

スク感応度の高い自己資本比率規制に従うこととなったのである。

目撃者のコラム

　BIS市場リスク規制における内部モデル方式の採用からバーゼルⅡにおけるメニュー方式の全面採用は、1990年代から2000年代前半にかけてのリスク管理興隆の典型例であった。そこには、民間側のリスク管理体制強化とリスクに根差したリスクベースの考え方を追求することで、銀行規制の中核をなす自己資本比率規制を改善させるという官民共通の信念のようなものが感じられた。

　バーゼルⅡの策定とは、一方で、各国の金融業の競争地図を書き換える、国際競争の側面も持ち合わせている。規制内容を議論するなかで、内外当局との議論を重ね、各銀行が行った分析結果を持ち寄って、さらなる交渉や夜中の電話会議に臨む[20]。時に厳しい時限性のなかで、夜半の作業を強いられることもしばしばだった。それでも、そうすることで、自らの業務を規定する自己資本比率規制をあるべき姿にしていくのだ、さらにそれがリスク管理の高度化につながるのだ、という信念に支えられた作業には、強い充実感が存在した。

　そうした典型例が、オペレーショナルリスクをめぐる議論だった。官民の議論を突き詰めることで、オペレーショナルリスクという、いわば「未開の大陸」がVaRを中心とした金融リスク管理の手法で開拓され、リスク管理が可能になるの

19　本邦では、2007年3月末より導入が開始された。
20　グローバルな電話会議を開催する場合、時差の関係から、日本の深夜（欧州の午後、米国の早朝）に開催されることが一般的である。

ではないかという漠然とした期待感のようなものが、そこにはたしかに存在した。

　オペレーショナルリスク管理をめぐるその後の展開は、当時期待したほどたやすい道のりではなかったといわざるをえない。しかしながら、世界中の実務家と連日のように繰り返した議論は、金融リスク管理にとって決して無駄ではなかったと断言できる。

　こうした信念に基づいて策定されたバーゼルⅡも、結果的には、サブプライムローン問題をきっかけとして手痛いしっぺがえしを食うことになった[21]。

　本稿をまとめている2016年には、俗にバーゼルⅣと呼ばれるバーゼル規制改訂案[22]のなかで、オペレーショナルリスク所要資本計測における先進的計測手法を廃止することが提案された。リスクベースアプローチに基づく計量化を前面に押し出したバーゼルⅡとは正反対の方向が示されたことになる[23]。バーゼルⅡ後の経緯をみれば、オペレーショナルリスクの計量化は、「未開の大陸」を切り開くには、無謀な試みだったということかもしれない。しかしながら、そのさまざまな試みがオペレーショナルリスク管理に対する理解を深め、リスク管理高度化の議論に貢献したことは、決して否定しえない。自己資本比率規制上の計量化を否定したオペレーショナルリスク管理に、今後どのような動きが起こるのか、歴史の目撃者として、しっかりと見届けたいと思う。

　それをおいても、バーゼルⅡの議論当時におけるリスクマネジャーたちとの、そして官民協議における腹を割った議論

21　第10章「サブプライムローン問題と証券化商品」参照。
22　第12章「バーゼルⅢと金融規制強化の潮流」参照。
23　信用リスクについても、2016年3月に大企業向けや金融機関向け貸出債権等について、内部格付手法の適用を廃止する提案がなされている。

> は、規制する側と規制される側が「1つの目標」に向かうという ある種の連帯感を共有した、特別な時間であったという感がいまでも強い。

〈参考資料〉

「自己資本の測定と基準に関する国際的統一化」、バーゼル銀行監督委員会、1988年7月

「新たな自己資本充実度の枠組み（市中協議文書）」、バーゼル銀行監督委員会、1999年（"A new capital adequacy framework", Basel Committee on Banking Supervision, 1999）

Basel II: International Convergence of Capital Measurement and Capital Standards: A Revised Approach, Basel Committee on Banking Supervision, 2006

Consultative Document: The New Basel Capital Accord, Basel Committee on Banking Supervision, 2001, 2003

"Building Scenarios—Operational Risk: Practical Approaches to Implementation", Fujii K, 2004

『詳解バーゼルⅢによる新国際金融規制』、みずほ証券バーゼルⅢ研究会、2012年

第 9 章

ニューヨーク同時多発テロとBCP
【2001年】

> ●本章のポイント
>
> 2001年9月11日、後に「セプテンバー・イレブン」ないし「9.11」と呼ばれる、同時多発テロが、米国東海岸を中心に発生した。テロ行為は、ニューヨーク市のシンボルでもあったワールド・トレードセンターを壊滅させ、米国金融市場は混乱に陥った。リスク管理における対応として、各金融機関は、業務継続計画の抜本的見直しを余儀なくされた。

1　9月11日午前8時46分

2001年9月11日午前8時46分、米国ニューヨーク市マンハッタン島の突端に位置する高層オフィスビルであり、ツインタワーとして知られたワールド・トレードセンター[1]の第1棟北館に、過激派テロリストに乗っ取られたアメリカン航空11便が突入した。その直後の午前9時3分には、同じく過激派テロリストに乗っ取られたユナイテッド航空175便が、ワールド・トレードセンター第2棟南館に突入した。いわゆるニューヨーク同時多発テロの勃発である。

ワールド・トレードセンター第2棟南館は、航空機突入によ

1　「ワールド・トレードセンター」は、ツインタワーの高層オフィスビルを含む全7棟のビルからなる地域全体のことを指すが、同時多発テロにより、ツインタワーのほかに第5棟、第7棟が崩壊、第4棟と第6棟は半壊した。また、隣接したマリオットホテルも崩壊した。

り発生した火災の熱に耐えきれなくなり、10時9分に崩落した。次いで、10時30分には、第1棟北館が崩落した。テロ行為による犠牲者は2,000名を超えた。

ワールド・トレードセンターは、テロ発生時点で95％の入居率であり、平日平均3万5,000名が勤務していた。そのなかには、多くの金融機関が含まれており、金融機関関係者にも多数の犠牲者が出る惨事となった。

2 ライフラインへの影響

テロの影響は、人命とワールド・トレードセンターの損傷にとどまらなかった。巨大なビルの崩落により、付近をカバーする電話回線や電力・ガスなどの、いわゆるライフラインにも大きな被害が発生した。

まず電話については、世界の金融の中心であるウォール街をカバーする200万以上の電話回線が切断された。復旧には、行政施設、警察、消防を優先するなどして、9月17日には電話回線の7割が、翌18日には9割の180万回線が復旧した。

電力については、ワールド・トレードセンター近くにあった変電設備が被災したことから、マンハッタン島のダウンタウンで電力供給が停止、当面の復旧に8日間を要した。

3 金融市場への影響

ライフラインの断絶により、金融市場も休場に追い込まれた。ニューヨーク証券取引所は、ワールド・トレードセンター

に近接していたことから、取引自体が困難となり、テロ発生の11日から休場し、9月17日に取引を再開した。

これに対して、米国国債市場は、電話での取引が中心であったことから、取引再開は早く、13日には取引を再開した。しかしながら、資金決済が滞っていたことから、再開当初は、通常翌営業日に決済される手続を、取引の3営業日後、ないし5営業日後に延ばす対応とした。

金融機関の資金決済面にも影響が出た。ニューヨーク市場における債券クリアリングの中心的な存在である、バンク・オブ・ニューヨーク（以下「BONY[2]」）のマンハッタン島データプロセシング・センターが被災したため、米国国債取引決済が停滞[3]、国債を担保としたニューヨーク連銀からの資金調達が滞った。各金融機関は、資金支払指図を他の手段[4]に振り替える等して緊急対応を図った。各国中銀は、市場機能や決済機能を維持するために、必要な流動性を供給することを早期に表明、市場に対する積極的な資金供給を行った。

ライフラインは大きな影響を受けたが、関係者の懸命の努力により、被害の大きさに比べれば、金融市場の回復は速かったと考えることができよう。

---

2 Bank of New York の頭文字に基づく通称。
3 BONYは、JPモルガン銀行とともに、債券クリアリングの中核を担っていた。
4 SWIFTによる個別支払指図等。

4　金融機関の対応

　ニューヨーク同時多発テロの発生に際して、各金融機関の対応はまちまちであり、その違いは、被害状況や業務復旧の差となって現れた。

　ワールド・トレードセンターには、多くの金融機関が密集していたこともあり、なかには犠牲者が100名を超えた金融機関もあった。航空機が突入したのが、それぞれ第1棟北館で90階前後、第2棟南館で80階前後であったことから、80階以上の高層階に位置していた金融機関に犠牲者が集中した。

　そんななかで、第2棟南館の43階から74階にオフィスを構えた、モルガン・スタンレー証券（以下「モルガン・スタンレー」）は、緊急時における業務継続対応の成功例であるとされている。

　モルガン・スタンレーのオフィスはワールド・トレードセンター第2棟にあったが、第1棟にアメリカン航空が突入した9分後に自社の業務継続計画を発動、その直後に、その時点ではテロを受けていなかった第2棟のオフィスからの脱出を開始した。さらに、テロ勃発の45分後にはワールド・トレードセンターから北方約1.5kmにあるバックアップ施設が稼働、業務継続を図っている。

　モルガン・スタンレーも決して無傷ではなく、12名の死亡が確認され31名が負傷した。しかしながら、当日の勤務者が3,700名であったことを考えると、その緊急避難行動は、迅速かつ適

図表9−1　モルガン・スタンレーにおけるニューヨーク同時多発テロ発生時の初期行動

時刻	発生事象ととられた行動
午前8時46分	ワールド・トレードセンター第1棟にアメリカン航空11便激突
午前8時55分	モルガン・スタンレー、BCP発動。ワールド・トレードセンター第2棟のオフィスより全職員脱出開始
午前9時3分	ワールド・トレードセンター第2棟にユナイテッド航空175便激突
午前9時30分	ワールド・トレードセンター北方約1.5kmのヴァリック地区にあるモルガン・スタンレーのバックアップ施設稼働
午前9時59分	ワールド・トレードセンター第2棟崩落開始
午前10時28分	ワールド・トレードセンター第1棟崩落開始
午前10時40分	ヴァリック地区も立入制限地域に指定されたため、バックアップ施設から脱出開始
午前10時55分	モルガン・スタンレーの危機管理チームヘッド、ブルックリンのオフィスに到着、BCP指揮開始

ニューヨーク同時多発テロの発生に対して、モルガン・スタンレーは迅速に対処、早急な避難と代替オフィスでの業務再開を実現した

切であったと考えることができよう。

　セプテンバー・イレブンの経験は、金融機関の実務に対しても大きな影響を与えた。すなわち、テロや自然災害等の事象が発生した際に、最低限の業務を続けるための対策を抜本的に見直すことが求められたのである。

5 金融リスク管理への影響──業務継続と災害復旧

　金融リスク管理上、テロや自然災害等は「外部事象」と呼ばれ、「内部プロセス、人的要因、システムが不適切であること、もしくは機能しないこと、あるいは外生的事象から損失が生じるリスク」として定義されるオペレーショナルリスクのうち、「外生的事象」に基づくものであると整理される[5]。

　オペレーショナルリスク管理上は、こうした外部事象から生じる損失の可能性を見積もって、自社の計量モデルに組み込み、損失可能性に見合った資本を事前に準備することが一般的である。

　しかしながら、ニューヨーク同時多発テロのような重大な外部事象により、業務の継続自体が困難となるようなケースでは、損失に対する予防的な資本手当といった枠組み以前に、金融機関として最低限の業務を維持継続するための手だてを講じることが何よりも優先される。

　テロや自然災害等の外部事象が発生した場合に備えて、事前に重要な業務の継続を確保するための枠組みは、業務継続計画（以下「BCP[6]」）と呼ばれる[7]。社会インフラとしての金融機能を維持確保する観点から、金融機関は、災害等に直面しても、

5　第8章「バーゼルIIとオペレーショナルリスク」参照。
6　Business Continuity Planの略。
7　これに対して、当面の業務継続を確保した後に通常業務に戻すための枠組みは災害復旧計画（「DRP（＝Disastor Recovery Plan）」）と呼ばれる。

最低限の業務の継続を確保することが期待されている。国際決済銀行のバーゼル銀行監督委員会ジョイント・フォーラムは、「業務継続における基本原則[8]」として、図表9－2に示され

図表9－2　業務継続における基本原則

1．責任の所在	金融機関と金融当局は、効果的・包括的な業務継続体制を整備するべきである 取締役会と経営陣は、業務継続に共同責任を有する
2．重大な業務中断の想定	重大な業務中断を想定して業務継続体制を整備する
3．復旧目標	金融機関は、自らが金融システムの運営に対し与えるリスクに応じて復旧目標を策定する（主要な市場参加者は当日中） 復旧目標は、金融当局と協議のうえで、または金融当局によって設定されることもありうる
4．連絡体制	業務継続計画には、重大な業務中断の際の組織内や外部関係者との連絡体制を含む
5．国際的な連絡体制	国境を越えて影響が波及しうる重大な業務中断の際には、他国の金融当局と連絡をとることも想定しておく
6．訓練と更新	業務継続計画に沿って訓練を行い、計画の実効性を検証し、業務継続体制を更新する
7．当局による検証	金融当局は、所管する金融機関を評価する枠組みのなかに、訓練プログラムの適切性など業務継続体制の検証を含める

金融機関における業務継続の重要性から、バーゼル銀行監督委員会は「業務継続における基本原則」を取りまとめた

る7つの原則を示している。

6 BCPの策定

実際のBCP策定は、いくつかの手順を経て行われる。

(1) 重要業務の選定

被災時には、利用可能な人員、システム、オフィススペース等に制約が生じることが予想される。そうしたなかでは、すべての業務を行うことはできないため、まず継続すべき重要業務を明確化する必要がある。業務中断時の顧客への影響、決済機能等の金融システムへの影響、企業存続への影響等を勘案したうえで、業務継続の対象となる重要業務を特定する。

たとえば、資金や証券決済業務を中心業務とする銀行であれば、これら資金・証券決済が最低限継続すべき優先度の高い業務と認識されるであろう。市場トレーディングを業務の中心とする金融機関の場合には、災害があってもトレーディング業務を継続できるインフラが、BCPの中心に据えられるであろう。

(2) 復旧目標時間の設定

次に、やむをえず業務が一時的に停止する場合を想定して、重要業務を復旧させる目標時間を設定することも重要となる。たとえば、重要な金融決済機能については、当日中の復旧を目指す等である[9]。

---

8 "High-level principles for business continuity"、バーゼル銀行監督委員会、2006年。

(3) BCPの策定と定期的見直し

　重要業務を特定し復旧目標時間を設定すると、それを実現するためのBCPを策定することになる。BCPは、「危機管理マニュアル」といったかたちで整備されることも多いが、名称のいかんにかかわらず、災害被災時等における重要業務についての記載と、それらの業務を限られた陣容で行うための手順を示すものになる。

(4) 経営資源の確保と連絡体制の整備

　重要業務を目標時間内で復旧するためには、業務継続のために必要とされる経営資源を確保することが必要となる。そのなかには、バックアップのオフィスサイトやバックアップ・システムの設置、代替オフィスで業務に従事できる要員の確保や代替オフィスに移動するための交通手段についての検討も必要となる。

　また、特に自然災害発生時には、職員やその家族の安否確認、さらに職員や関係者に対する連絡体制を確保することが必要となる。そのためには、事前の連絡網の整備や、衛星電話等の通信手段の確保等も必要となる。

9　2005年、中央防災会議は、「首都圏直下地震対策大綱」において、重要な金融決済機能は当日中に復旧することを求めている。また、米国の金融当局（FRB、OCC、SEC）は、主要金融機関向け実務指針において、「重要市場の主要参加者は、被災当日の業務時間中という回復目標を達成するため、4時間で自らの決済・清算業務を回復できる能力を備えるべきである」としている。

(5) 訓練の実施

BCPにおいて最も重要視されるのが、BCPの実効性を確保するための訓練の実施である。

BCP訓練は、まず、①組織全体における連絡・意思決定プロセスを確認する訓練と②BCP上の各実務の担当部署が復旧手順の実施や確認を行う訓練の2つに大別される。さらに後者は、実際のオペレーションを伴う実地訓練とオペレーションは伴わず手順の確認にとどまる机上訓練の2種類に分けられる。また、訓練の日時や内容を事前に共有する方法や、事前に知らせずに行ういわゆる「抜打ち」の訓練など、さまざまなバリエーションがある。

BCP訓練は、特定のシナリオを設定して行うことが一般的である。たとえば、×月×日×時に、震度7の首都圏直下型地震が発生して本社と東京システムセンターが被災し、対応本部機能を千葉のバックアップサイトに移すとともに、大阪のバックアップ・システムセンターからのサポートを行う等といったかたちである。それにより、BCPが想定した手順が訓練のシナリオ上で機能するかどうか、手順や体制に修正すべき点がないか等を検証することができる。BCPが実施される場合に、陣頭指揮をとるのは経営トップを中心とした経営陣であり、その意味で、経営陣はBCP訓練に積極的に参加・指揮すべきである。

訓練は定期的に実施し、そのたびごとに異なるシナリオで行うことが望ましい。それにより、さまざまなパターンの事象に対して、臨機応変に対応する経験知を積み上げることができ

る。

(6) 計画の定期的見直し

BCP計画は、業務構成や重要業務の変更、あるいは、訓練の結果をふまえて定期的に見直す必要がある。これにより、業務継続体制を継続的に高度化させることができる。

7 その後の危機事象とBCP

ニューヨーク同時多発テロ以降も、図表9－3のとおり、BCPの対象となるような事象が多数発生している。

本邦において、2011年に発生した東日本大震災は、BCP上も大きな教訓を残した。職員やその家族の被災や、交通網の混乱に伴う帰宅困難者への対応、営業拠点被災による代替サービスの提供、システムベンダーを含む外国人職員の国内外退避への対応等、さまざまな事象に対する経験知が積み上げられた。米国においても、2012年に大型ハリケーン「サンディ」が米国東海岸を襲った際に、多くの金融機関がBCPを発動して、優先業務の確保にあたっている。これらの個別事象を通じて、金融機関のBCPは着実に進化している。そして、こうしたBCPに対する考え方を抜本的に変える契機となった事件が、ニューヨーク同時多発テロであったのである。

図表9－3　BCP上重要な過去事象

発生年	発生事象	種類	概　　要
2001年	ニューヨーク同時多発テロ	テロ	ニューヨーク市ワールド・トレードセンターで発生した同時多発テロ行為
2003年	香港SARS（注）	疫病	香港におけるSARS発生により、300名が死亡
2003年	北米大停電	停電	2日間にわたり北米北東部（米国・カナダ）の広い範囲で停電
2005年	ロンドン同時テロ	テロ	ロンドン市内における地下鉄・バスへの同時爆弾テロ
2010年	新型インフルエンザ	疫病	鳥インフルエンザから派生した新型インフルエンザの発生
2011年	東日本大震災	地震	東北地方で発生した巨大地震。地震・津波被害に加え、原発被災による放射能被害も発生
2012年	ハリケーン・サンディ	台風	米国東海岸を襲った大型台風。マンハッタン島では、広い範囲で停電や交通網の遮断が発生

ニューヨーク同時多発テロ後も、さまざまな事象からBCPが発動され、BCPは継続的に改善された

（注）　重症急性呼吸器症候群（Severe Acute Respiratory Syndrome）。

目撃者のコラム

　2001年9月11日、関東地方には台風が接近していた。夜半に帰宅し、翌日の天気予報をみるためにつけたTVから飛び込んできたのは信じられないような画面映像だった。見慣れた米国ニューヨークのワールド・トレードセンターからあがる煙と炎に、最初はこれは映画の番組ではないかと思った。しかしながら、回したどのチャンネルでも映し出された映像は同じであり、英語のアナウンスとそれに対する同時通訳が叫ばれているのを聞いて、はじめてこれが現実であるとわかった。そうしているうちに、現地時間の9時3分にユナイテッド航空175便が第2棟南館に突入した映像は、まさにリアルタイムで世界中に実況中継された。一瞬、頭が真っ白になったことが鮮明に思い出される。

　2001年当時は、現在ほどインターネットやEメールが発達していなかった。夜中すぎまで電話で連絡を取り合い、とりあえずは、ニューヨーク駐在職員の安全確保と当日の資金繰りには問題がない[10]というところまで確認して床についた。

　翌日以降は、ニューヨークにおけるBCP発動状況のフォローと、その後の各国金融市場で発生した市場の混乱への対応に追われた。日経平均株価は、前日の1万292.95から、9,610.10に6.6%急落、いくつかのデスクで、ロスリミットの超過が発生し、リミット超過報告とリスク資本上の対応に追われた。一方、ニューヨークの拠点では、家族や友人の安否を気遣い、テロ行為に対するぶつけようのない怒りを抑えながら、限られたインフラで日々の業務を回す懸命の努力を続ける同僚たちがいた。

10　後で聞いてみると、手対応の発生により、資金繰り対応はぎりぎりであったことが判明した。

自らも、ロンドン勤務時代のIRA[11]爆弾テロ被災やシステム障害等、さまざまなBCP体験をしたが、そのたびごとに思うのはBCPにおける訓練の重要性である。訓練を実地で行うと、さまざまな教訓が得られる。連絡網がつながらない、非常階段の入り口に鍵がかかっている、バックアップサイトへの移動が円滑にできない、やっとたどりついてもバックアップ・システムが立ち上がらない、訓練シナリオがマニュアルと違うので混乱する等々、得られた教訓には、枚挙にいとまがない。マニュアルに書かれたものと異なるシナリオで訓練を行うと、必ず、マニュアルにも複数のあるいは多数のシナリオを準備したほうがいいという声があがる。しかしながら、いくらシナリオを用意しても、実際の事象にぴったり一致することはありえない。また、シナリオが多いと、いざというときに調べる箇所が多すぎて対応が追いつかないこともある。BCP上のシナリオは基本的なものだけにとどめ、実際の事象とBCP上のシナリオの違いについては、さまざまな訓練を行うことによって臨機応変な応用力を養うべきである。

　金融や社会全体のグローバル化から、社会災害は、ニューヨーク同時多発テロに比べても、より多様にかつ伝播のスピードが速いものになっている。適切なBCPの策定と訓練の実施、さらにその定期的な見直しが強く求められる。

〈参考資料〉

"High-level principles for business continuity", The Joint Forum, Basel Committee on Banking Supervision, Bank for International Settlements, 2006

11　アイルランド共和軍（Irish Republican Army）。北アイルランドを英国から独立させようとするアイルランド独立闘争を指揮する武装組織。

『9.11生死を分けた102分』、ジム・ドワイヤー、ケヴィン・フリン、2005年("102 Minutes", Dwyer J, Flynn K, 2005)
「金融機関における業務継続体制の整備について」、日本銀行、2003年
「業務継続体制整備の具体的な手法」、日本銀行、2008年
「東日本大震災において有効に機能した事例と同震災を踏まえた見直し事例」、日本銀行、2012年

第10章

サブプライムローン問題と証券化商品
【2007年】

●本章のポイント

2007年8月の「パリバ・ショック」を引き金として、米国を中心に活況を呈していた証券化商品の価格が暴落した。信用力の低いサブプライム住宅ローンを原資産とし、複雑な証券化を繰り返したそれら証券化商品の価格下落は止まらず、金融機関に莫大な損失をもたらすとともに、流動性管理やオフバランス取引、デリバティブ取引等、金融機関のリスク管理上の問題点を浮き彫りにした。サブプライムローン問題は、その後も収束することなく、翌年のグローバルな金融危機につながった。

1 パリバ・ショック

2007年8月9日、フランスのBNPパリバ銀行傘下のヘッジファンドが、米国サブプライムローン関連証券化商品を運用対象とした3ファンドについて、ファンドを凍結、解約請求に応じないと表明した。理由は、市場混乱から適正な価格が評価できなくなったというものだった。俗にいう「パリバ・ショック」の発生である。これらファンドの投資家、さらにはサブプライムローン関連証券化商品に投資していた投資家全体が気がついた。年初から不穏な動きを示していた証券化商品、自分たちが保有するこれら証券化商品は、売れないのだと。

この時点から、サブプライムローン関連証券化商品の価格は坂道を転げ落ちるように下落を続け、決して浮上することはな

かった。いわゆるサブプライムローン問題の発生であり、翌年に続く金融危機の幕開けであった。

2 米国サブプライムローン

サブプライムローンとは、米国の住宅ローン専門会社が主に扱っていた相対的に信用度が低い借り手を対象とした住宅ローンのことをいう[1]。その定義は、おおむね図表10－1のようになっている。

たとえば、「所要債務返済総額を差し引いた月間所得では生活費をまかなう能力が限定される」といった定義は、サブプラ

図表10－1　サブプライムローンの定義

過去12カ月以内に30日滞納が2回以上、24カ月以内に60日滞納が1回以上あること
過去5年間に破産していること
債務返済負担÷所得比率が50%以上、もしくは所要債務返済総額を差し引いた月間所得では生活費をまかなう能力が限定されると認められること
FICOリスクスコア（注）が620～660以下であること
サブプライムローンの定義からすると、収入だけからローンの返済を行うことはきわめてむずかしいローンであるといわざるをえない

（注）　FICOリスクスコアとは、米アイザック社が公表する個人信用情報についてのスコアのこと（満点は850点）。FICOにおけるサブプライムの基準は明確ではないが、620～660前後が分かれ目とされる。

1　これに対して、相対的に信用力の高い借り手向けの住宅ローンは、「プライムローン」と呼ばれる。

図表10-2　米国住宅ローンのデフォルト実績（2006年第2四半期～2007年第2四半期）

	2006年			2007年	
	第2四半期	第3四半期	第4四半期	第1四半期	第2四半期
全体	4.4%	4.7%	5.0%	4.8%	5.1%
うちプライムローン	2.3%	2.4%	2.6%	2.6%	2.7%
うちサブプライムローン	11.7%	12.6%	13.3%	13.8%	13.8%

サブプライムローンのデフォルト率は、プライムローンに比べてはるかに高い。加えて、サブプライムローン市場拡大直後の2006年から、すでにデフォルト率は上昇していた

イムローンの借入人は、自らの所得のみからローンの返済を行うことはむずかしいということを示している。ローンの返済は、住宅価格の上昇とローンの借換えを前提とした、いわば「自転車操業」であり、一度住宅価格が反転下落した瞬間に、急速に不良債権化することが避けられない商品であったといえる。

　すなわちサブプライムローンとは、そもそも相当数のデフォルトが予想されるリスクの高い住宅ローンであるといわざるをえない[2]。実際、サブプライムローン問題が顕在化する直前の1年間のデフォルト率推移をみても、すでにサブプライムロー

---

[2] 日本における一般的な住宅ローンの審査基準が適用された場合、サブプライムローンの基準に合致する借入人に住宅ローンが実行されるとは考えにくい。

図表10－3　日米住宅ローン残高比較

住宅ローン残高（2006年末）		
	住宅ローン残高	名目GDP比
米国	1,192.3兆円	78％
日本	187.1兆円	37％

2000年代に入って拡大したサブプライムローンは、2006年末には日本の住宅ローンの総残高に匹敵するほどに拡大した

（注）　米国のサブプライムローン残高は住宅ローン全体の1割強。

ンのデフォルト率は際立っている。

　サブプライムローンは、2000年代に入ってからの米住宅価格の上昇を追い風にして、特に2003年頃から残高が急増した。その背景には、米国における住宅市場の活況だけでなく、サブプライムローンが証券化の仕組みを通じて、広範な投資家に吸収されていった事実があった。

　まず住宅市況であるが、米国における代表的な住宅価格指標であるケース・シラー住宅価格指数は、図表10－4のとおり、2000年以降、2006年末まで右肩上がりの上昇を記録した。このトレンドが続く限り、住宅購入者は、仮に全額借入れで住宅を購入したとしても、将来住宅を売却した時点で住宅は値上りしており、売却代金でローンは返済することができる。こうした状況から、銀行や住宅ローン会社は争うように住宅ローンの貸出や、借換えの勧奨を行った。

図表10-4　2000~2007年におけるケース・シラー住宅価格指数の推移（2000年1月を100とする）

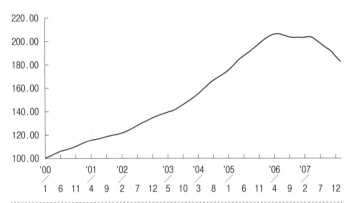

ケース・シラー住宅価格指数は、2006年をピークに下落に転じた

（出典）　ケース・シラーComposite 20住宅価格指数

3　サブプライムローンと証券化商品

　こうしたサブプライムローンの実行や借換えを可能としたのが証券化である。図表10-5に基づいて、サブプライムローンを原資産とした証券化商品の組成メカニズムをみてみることとしたい。

　住宅ローン専門業者や銀行が実行したサブプライムローンは、実行と同時に証券化用の特別目的会社（SPV[3]）に移転され、SPVが住宅ローン担保証券（MBS[4]）を発行するかたちで

3　Special Purpose Vehicle.
4　Mortgage-Backed Securities.

図表10－5　サブプライムローン証券化のメカニズム（1回）

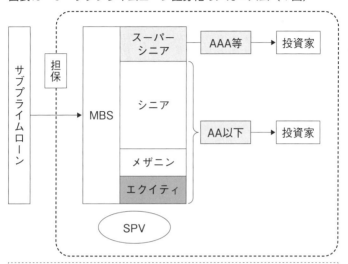

実行された住宅ローンは、証券化のプロセスのなかでキャッシュフローに優先権をつけられたいくつかのトランシェに分割して販売された

証券化される。SPVは、資産がサブプライムローンのみ、負債はMBSのみという、いわば「証券化のハコ」として証券化だけのために設立された会社である。

MBSは、SPVが保有する住宅ローンを原資産（担保）としたうえで、いくつかのトランシェに分けて発行されるのが一般的である。各トランシェは、原資産である住宅ローンから発生する元利払いのキャッシュフローに優先・劣後の順位をつけて、投資家に各トランシェとしての元利払いを行う。

たとえば、最上位の、スーパーシニア・トランシェには、最

優先で元利払いを行い、次にシニア・トランシェが元利払いを行う。その下の劣後トランシェ[5]は、上位のトランシェが元利払いを行った後で、キャッシュフローが残っていれば元利払いを行い、さらに残余キャッシュフローがあった場合には、エクイティ投資家にそれを分配するといったかたちである。

仮に原資産である住宅ローンにデフォルトが発生しても、キャッシュフローの不足分は、エクイティ投資家や劣後トランシェの投資家が最初に負担することになるので、最上位のスーパーシニア・トランシェは、予定どおりの元利払いがなされる可能性がきわめて高いことになる。こうした優先・劣後の構造をとることで、最上位のスーパーシニア・トランシェは、外部格付機関からAAA等のきわめて高い格付を取得することができ、投資資産の安全性を重視する年金基金などの機関投資家も安心して購入することができたのである。これに対してキャッシュフローがより劣後した下位のトランシェは、キャッシュフローに見合った低い格付が付され、格付が低くても、その分利回りが高ければいいという、いわゆるハイリスク・ハイリターンを目指す投資家が購入することとなった。結果として、発行された米国MBSの発行額推移は、図表10-6のとおりであるが、2003年～2006年にかけて、サブプライムローンを原資産としたMBSの発行額が急増していることがみてとれる。

---

5 「メザニン・トランシェ」とも呼ばれる。

図表10−6　米国MBS（住宅ローン担保証券）発行額推移

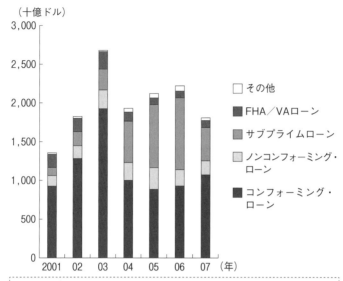

2003年以降、プライムローンの発行額はほぼ安定しているのに対して、サブプライムローンを担保としたMBS発行が急増している

（注）　コンフォーミング・ローン、ノン・コンフォーミング・ローン、FHA/VAローンは、それぞれプライムローンを担保債権とするもの。
（出典）　IMF "Global Financial Stability Report" Oct. 2008

4　CDOからSIVへ——証券化仕組商品

　こうした証券化のメカニズムは、1980年代から存在しているもので、それ自体が問題であったわけではない。2000年代に入ってからの証券化が問題だったのは、こうした証券化のプロセスを一度だけではなく二度三度と繰り返して、もともとの原資産やそこに含まれたリスクがわからないまでにしてしまった

ところにある。さらに、そこでは住宅ローンの証券化に加えて、CDO[6]やSIV[7]といった追加的な証券化の仕組みが加えられ、サブプライムローンを起点とした証券化仕組商品のメカニズムは、非常に複雑な一大ファイナンス・スキームに仕立てあげられたのである。以下では、その複合プロセスの例をみてみることとしたい。

前述のサブプライムローン証券化プロセスで、そのまま投資家に販売されたトランシェ以外のうち、相対的にキャッシュフ

図表10－7　サブプライムローン証券化のメカニズム（複数回）

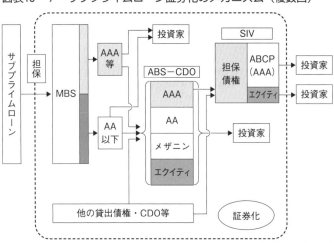

サブプライムローンを起点とした証券化プロセスはMBSからCDO、さらにSIVへと流れる複雑な再証券化を経て高格付の債券に姿を変えた

6　Collateralized Debt Obligation. 担保付支払債務証書とも呼ばれる。
7　Structured Investment Vehicle.

ロー優先度の高いトランシェは、次なる証券化のためのSPVに移された。そこでは、他のMBSや、さらには他の貸出債権の証券化証券（のうち信用力の高いトランシェ）と混ぜ合わされ、新たな原資産を形成する。新しいSPVは、こうしたさまざまな債権を原資産として、新たな資産担保証券（ABS[8]）を発行することになる。こうして組成された証券化商品は、CDOあるいはABSを担保としたCDOという意味で、ABS–CDOと呼ばれた。CDOにおいても、原資産からのキャッシュフローには優先・劣後の順位がつけられ、スーパーシニアからメザニン、さらにはエクイティに至るトランシェ分けがなされることになる。

　サブプライムローンをめぐる証券化メカニズムは、SIVと呼ばれる次なる仕組みを通じて完結する。CDOを通じてつくられたAAA格のスーパーシニア・トランシェは、SIVが購入する。SIVは、厳しい投資基準のもと、AAAの商品のみ購入することを認められたSPVであり、米国のコマーシャル・ペーパー（CP）市場で資産担保CP（ABCP[9]）を発行して資金調達を行い、AAA格のCDOを購入するのである[10]。AAA格の資産しか保有しないことから、SIVが発行するABCPもAAAの高格付が付され、米国のMMF[11]や年金基金といった厳しい投資基

8　Asset-Backed Securitiesの略。
9　Asset-Backed Commercial Paperの略。
10　SIVはABCPを発行することを目的としたSPVであったことから「ABCPコンデュイット（発行導管体）」と呼ばれることもあった。
11　マネー・マーケット・ファンド（Money Market Fund）。

準をもつ機関投資家が購入することとなった。もともとの長期のサブプライムローンが、短期・高格付のSIVのABCPにかたちを変えることにより、MMFや年金基金といった巨大な市場にたどりついたわけである。

CDOやSIVの高格付トランシェにおいては、高格付に期待される信用力をさらに確実にするために、高格付の保険会社が保証を行うこともしばしばみられた。こうして投資家は、優先度が高く安定した（と思われた）証券化商品のキャッシュフローに加えて、保険会社の保証もついた高格付のCDOやABCPに安心して投資することができたのである。

さらにSIVのABCPに対しては、銀行が流動性供給を保証する、流動性バックアップラインを供与することも一般的であった。流動性バックアップラインとは、市場の混乱等によって、SIVがABCPを発行できないような事態が発生した場合に、銀行がSIV宛てに貸出を行って流動性を供給することを確約するものである。これにより投資家は、SIVの資金繰りについて心配する必要がなくなった。

このような証券化スキームを繰り返すことで、本来信用力の低いサブプライムローンは、高格付の証券化仕組商品に姿を変えた。サブプライムローンという新しい素材を得た金融界は、証券化やスワップといった、1980年代以降積み上げたファイナンス技術の粋を尽くして、巨大な証券化仕組商品市場をつくりあげたわけである。

5 「オリジネート・トゥ・ディストリビュート」ビジネスモデル

　こうした証券化仕組商品市場がきわめて短期間に急速に拡大した背景としてあげられるのが、金融機関における「オリジネート・トゥ・ディストリビュート[12]」と呼ばれるビジネスモデルである。

　初期の証券化は、事業法人や金融機関が、自らがすでに保有する資産について、資金や資本を流動化する目的で行ったものであった。住宅ローン会社[13]や、リース会社、クレジットカード会社等が、自らの事業を行う過程で積み上がった住宅ローン資産や自動車のリース債権、クレジットカード債権等を定期的に証券化することで、自らの流動性を確保するとともに、市場に証券化商品を供給してきたのが本来の証券化だったのである。

　しかしながら、サブプライムローンに係る証券化仕組商品は、そうした「地道な」証券化スキームを超えていた。サブプライムローンの組成は、CDOやSIVといった証券化仕組商品の組成・販売を前提としており、それらすべてが、オートメーションのベルトコンベアのように一体として流れていた。またそうすることではじめて、サブプライムローンを起点としたビ

12　Originate to Distribute. 直訳すると、「販売するために組成する」。
13　米国における、FNMAやFHLMC等の公的機関も含む（第11章「リーマンショックとグローバル金融危機の勃発」参照）。

ジネスモデルが完結していたのである。すなわち、サブプライムローン証券化においては、証券化商品をアレンジして販売するために、その材料となるサブプライムローンが組成されたとも考えることができる。まさに、販売するために組成する「オリジネート・トゥ・ディストリビュート」のビジネスモデルが成立していたのである。

　金融機関は、この流れから収益を得る。サブプライムローン組成そのものに対するアレンジメント手数料や、CDO・SIV等の証券化の過程でのアレンジメント手数料、ABCPには流動性のバックアップラインの保証料等、金融機関は、サブプライムローンの証券化をめぐるさまざまな過程に絡み、そのたびごとに収益を得ていたのである。

6　市場の反転と証券化仕組商品の崩落

　2007年に入り、住宅価格が下落を始めると、サブプライムローンのデフォルト率が上昇し始めた。図表10-4で示したケース・シラー住宅価格指数も2007年に入り下げに転じたことがみてとれる。こうした動きから、ベルトコンベアのように回っていたサブプライムローン関連証券化商品の回転が目詰まりを起こし、すべての取引が逆回転をし始めた。それは相当に荒い道のりとなった。

　2007年3月には、米国の大手住宅ローン会社であるニュー・センチュリー・フィナンシャルが破綻する。その後、堅調な株価に支えられて、証券化商品市場も一時盛り返すが[14]、8月に

は、前述のパリバ・ショックに加えて、ドイツの中堅銀行であるIKB銀行が、サブプライムローン関連の損失から経営危機に陥ったことが判明、動揺は市場全体に広がった。米国の格付機関は、一斉に住宅ローン担保証券やCDO等の再証券化商品の格付を引き下げ、7月以降、サブプライムローンを原資産とした証券化商品の価格が暴落し始めた。

　投資家も動揺した。7月以降、証券化商品の価格が下落して、はじめて自らが保有するCDOに含まれている原資産が何なのかを調べるという投資家が相次いだ。自らが投資した商品の原資産が、米国オハイオ州やカリフォルニア州の低所得者の一軒家であることを、そこではじめて知ることも少なくなかったのである。多くの投資家は、原債務者の信用力ではなく、できあがった証券化商品に付された高格付だけをみて投資していたのである。

　証券化商品をアレンジした投資銀行は、2006年に実行されたサブプライムローンはまだ返済実績がないのでリスクが大きいが、2005年以前にアレンジされたローンは返済が始まっているので、これらを原資産としたCDOは安全だといったような説明を繰り広げたが、こうした説明に耳を貸す向きはもはやなかった。市場では、どちらの価格も同じように下落したのであ

14　7月19日には、バーナンキ米FRB議長（当時）が、「サブプライムローン関連の損失が500億ドル（約5兆9,000億円）から、1,000億ドル（約11兆8,000億円）になるとの試算がある」との上院議会証言を行っている。

図表10-8　各種債券の信用スプレッド推移

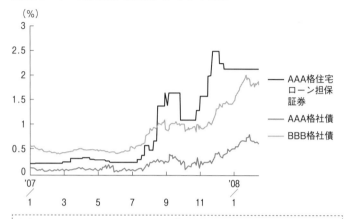

各債券とも信用スプレッドが拡大しているが、AAA格社債に比べて、AAA格住宅ローン担保証券のスプレッド拡大が大きく、BBB格社債に匹敵していることがみてとれる

(出典)　IMF "Global Financial Stability Report" Apr. 2008

る。さらに、一度価格が下落し始めると、その複雑なストラクチャーにより、こうした証券化商品の正しい価格はいったいいくらなのか、皆目見当がつかなくなった。市場はパニックに陥った。

7　資金調達市場への影響と金融危機への懸念

　CDOを中心とした証券化商品の価格下落は、これらの商品に投資していた投資家に直接的な損失をもたらしたが、問題はそれだけにとどまらなかった。まず、証券化のメカニズムが目詰まりを起こしたことによって、最後の出口として使われてい

たABCP市場がマヒし、通常のコマーシャル・ペーパー（CP）を資金調達源としていた金融機関や事業法人の資金調達にも影響が生じた。

さらに、証券化商品の価格下落は、金融機関の損失発生と経営危機を類推させた。特に資金調達を短期資金市場に大きく依存する金融機関との取引を手控える動きが広がり、銀行間取引であるインターバンク資金市場は急速に縮みあがった。どの銀行が、損失を大きく被っているのか、資金繰りに窮していないのか等、金融機関を取り巻く状況は疑心暗鬼に陥った。

金融機関への懸念は、SIVの発行するABCPプログラムに対して、銀行が流動性のバックアップラインを供与していたことにもよっていた。前述のとおり[15]、SIVがなんらかの理由でABCPを発行できなくなった場合、バックアップラインを供与している銀行は、SIVに流動性を供与する、すなわち一時的な貸出を行う必要が生じる。その事態が実際に発生したのである。SIVが保有するCDO等の証券化商品の信用力に懸念が生じ、ABCPによる資金調達ができなくなったことから、流動性バックアップラインが実行され、銀行によるSIVへの貸出が始まっていた。そして、それが最終的に返済される貸出なのかどうかについて、市場は疑問視し始めた。

SIVについては、流動性のバックアップラインを供給している銀行自身が、その設立をアレンジし、スポンサーとなってい

---

15 本章第4項「CDOからSIVへ──証券化仕組商品」参照。

たケースも多かった。契約上、SIVは別会社であるとしても、投資家の側からすると、スポンサーである銀行がアレンジした一連の商品であるという想いは強かった。契約上避けられない流動性バックアップラインの実行による貸出の実施だけでなく、商品をアレンジして販売した道義的責任から、8月以降、本来SPVであるSIVを連結化して、スポンサーとしての責任の所在を明確にした大手銀行も多くみられた。これにより、ABCP市場から行っていたSIVの資金調達は、いまやスポンサー銀行自身の資金調達になったのである。また、連結化により、スポンサー銀行はSIVが保有していた資産からの損失負担も負うことになった。金融機関の経営危機が、さらに印象づけられることになった。

8 ノーザンロック銀行──140年ぶりの「取付け騒ぎ」

英国北東部のニューカッスルに本店を置くノーザンロック銀行は、2006年の時価総額で英国第8位の銀行であった。もともと住宅ローンを専業とするビルディング・ソサエティ（住宅金融組合）であったが、1997年に普通銀行に転換し、折からの英国の住宅ブームを追い風として新規住宅ローンの残高を伸ばしていた。ノーザンロック銀行は、いたずらに業務を拡大することはせず、サブプライムローン関連商品への投資とも無縁であった。その意味では、堅実な資産運営を行っていたといえる。ノーザンロック銀行の弱みは、住宅ローン資産の伸びに、個人預金による資金調達が追いつかず[16]、銀行間借入市場や住

宅ローンの証券化に資金調達を依存していたことであった。この点が、ノーザンロック銀行の命運を決めることとなった。金融市場混乱に伴って銀行間市場が縮小したことに加えて、住宅ローン証券化市場が事実上ストップしたことから、ノーザンロック銀行の資金繰り危機が市場で噂されるようになった。

2007年9月14日の金曜日、英中銀のイングランド銀行は、資金繰りに窮した同行に対する緊急融資を決定した。これに伴い、同行の株価は、この日1日で31％下落した。同行の経営危機の報道に、個人の預金者は、週末のテレフォンバンキングやインターネットバンキングでノーザンロック銀行に預けた預金を他行に送金しようと試みたが、殺到する問合せに電話やインターネットがつながらないという事態が発生した。不安にかられた預金者は、週明けの17日月曜日にノーザンロック銀行の支店前に列をなした。英国で実に140年ぶりとされる「取付け」騒ぎの発生である。取付け騒ぎは終日続き、英財務省が同日、同行の預金の全額保護を宣言してはじめて収束したが、この時期の金融危機を表した典型的な事件となった[17]。

16　ノーザンロック銀行の資金調達に占める個人預金の比率は25％だった。
17　その後、イングランド銀行からノーザンロック銀行に対する融資は合計約250億ポンド（約5兆1,000億円）、預金の政府保証は約500億ポンド（約10兆3,000億円）にのぼった。最終的に同行は、2008年2月にいったん国有化された。

9　金融当局の対応

　金融当局も迅速に動いた。欧州中央銀行は、パリバ・ショックと同日の8月9日に緊急資金供給を行い、市場の動揺を抑えようとした。翌8月10日には、米FRBが金利低め誘導を開始し、17日には公定歩合を引き下げる決定を行った。英イングランド銀行も利下げと短期金融市場への資金供給を継続的に実施した。

　金融緩和策を中心とした当局の施策も一応の効果をあげたことから、主要国の間には、市場の混乱が落ち着くのではないかという期待も生まれた。10月にワシントンで行われたG7首脳会合の後のプレスリリースでは、以下のコメントが織り込まれている。

　「世界の経済成長は、力強い成長が5年目に入っている。最近の金融市場の混乱、原油価格の高騰、米国の住宅部門の弱さは、成長を減速させるだろうが、われわれの経済全体のファンダメンタルは引き続き強力であり、新興市場国も、世界経済の強さに重要な刺激を与える。(中略)世界的な金融市場の混乱の後、金融市場の機能は回復しつつある。世界経済の力強いファンダメンタルズと資本の充実した金融機関が、健全性と抵抗力の基盤となっているが、市場によりばらつきのある状況は今後しばらく続くとみられ、注視が必要である」

　その後の金融市場が、G7の期待どおりにいかなかったことは、すでに周知のとおりである。サブプライムローン問題と証

券化商品市場がもたらした金融混乱は、巨額の損失発生のかたちで金融機関の体力を根本から揺るがすことになるのである。

10 金融機関の損失とソブリン・ウェルス・ファンド（SWF[18]）

証券化商品価格の下落は、金融機関の決算を直撃した。2007年9月までの各社の四半期決算が公表された秋以降、関係者は損失の大きさに目を見張った。

この年に大手金融機関が公表した損失額は、シティグループが459億ドル（約5兆3,000億円）、メリルリンチ証券が321億ドル（約3兆7,000億円）、バンク・オブ・アメリカが172億ドル（約2兆円）、モルガン・スタンレー証券が133億ドル（約1兆5,000億円）にのぼった。損失は、自ら投資する証券化商品の評価損、SIVの連結化に伴うさらなる証券化商品の保有と、そこから生じる含み損失の増加、資金調達市場の混乱からくる調達コストの上昇等、あらゆるかたちで発生していた。

損失の発生から、これら金融機関の自己資本は大きく毀損した。自己資本比率が低下し、金融機関は格付機関からの格付見直しを受けていた。仮に格下げが行われると、資金調達コストはさらに上昇するし、何よりも格下げによって、この金融機関が危ないらしいといった風評が広がると、ノーザンロック銀行の二の舞にもなりかねない。金融機関は、損失が積み上がるな

---

18 Sovereign Wealth Fund.

図表10-9　主要金融機関の損失額（2008年4月末時点での見込額）

金融機関名	国名	損失額 (億ドル)	円換算額 (億円)
シティグループ	米国	459	53,000
メリルリンチ証券	米国	321	37,000
バンク・オブ・アメリカ	米国	172	20,000
モルガン・スタンレー証券	米国	133	15,000
JPモルガンチェース	米国	109	12,600
リーマン・ブラザーズ証券	米国	33	3,800
UBS	スイス	371	43,000

証券化商品の価格下落から金融機関は軒並み巨額の損失を被った

（出典）　2008年通商白書

か、自己資本の増強を模索した。株式市場の混乱からすると、時価発行増資はむずかしく[19]、第三者割当増資や優先株の割当発行が唯一の道であった。そこでも、先進国の投資家は、総じてサブプライムローン問題から痛手を被っており、結果として、国外の大手投資家への期待が高まった。

　産油国や新興国の運用資金は、ソブリン・ウェルス・ファンド（SWF）と呼ばれる国家ファンドによって運営されていた。金融機関の首脳はSWFに群がった。SWFの側も、金融市場の混乱がいずれ収まるものと予想し、優先株投資によって有利な

19　公募増資には、株式希薄化を懸念する既存株主の抵抗も大きかった。

利回りを確保したうえで、これら金融機関の要請に応じた。

シティグループは、クウェート投資庁、アブダビ投資庁、シンガポール政府投資公社から、それぞれ76億ドル（約8,800億円）、75億ドル（約8,700億円）、69億ドル（約8,000億円）の資金を調達した。メリルリンチ証券は、クウェート投資庁とシンガポールのテマセクから、それぞれ65億ドル（約7,500億円）、50億ドル（5,800億円）を調達した。モルガン・スタンレー証券は中国投資有限責任公司から50億ドル（約5,800億円）の出資を得た。SWFからの出資を得ることで、2007年の損失による資本の毀損は、何とか埋めることができたことになる。しかしながら、市場の混乱が次第に落ち着くのではないかという関係者の期待は、翌年にかけて、もろくも崩れ去ることになる。サブプライムローン問題と証券化商品市場がもたらした金融混乱は、翌年、さらに大きな展開をみせ、欧米市場を中心とした金融危機に発展することになるのである。

11 サブプライムローン問題──金融リスク管理への影響

サブプライムローン問題と証券化商品がもたらした市場の混乱と巨額の損失は、金融機関のリスク管理に大きな疑問符を投じた。

以下では、サブプライムローンと証券化問題を通じた金融機関のリスク管理の問題点の分析として、金融安定化フォーラム[20]の中間報告と最終報告書、シニア・スーパーバイザーズ・グループによる報告書、さらに、証券化商品のアレンジャーで

あるとともに投資家でもあったUBS銀行が公表した株主宛報告書を取り上げることとする。

(1) 金融安定化フォーラムの中間報告

G7の依頼を受けて市場混乱を調査した金融安定化フォーラムは、2008年2月に中間報告を公表、サブプライムローン問題が過剰な信用エクスポージャーに至った事前要因と、市場混乱を増幅させた事後要因について指摘した。

まずサブプライムローン問題を発生させた事前要因としては、以下の6つをあげた。

① 米国サブプライムローン実行時における、不十分かつ、時に詐欺的な融資慣行
② 金融機関における、市場リスク、流動性リスク、集中リスク、風評リスク、ストレス時のテールリスク等のリスク管理実務の不備
③ 投資家における、格付への過度な依存や理解不足等、不十分なデュー・ディリジェンス
④ サブプライムローンを裏付資産とする証券化商品のリスク評価における、格付機関の不十分な能力
⑤ 自己資本規制や、オリジネート・トゥ・ディストリビュートのビジネスモデル、報酬体系等におけるインセンティブの

---

20 Financial Stability Forum. 1999年2月のG7・中央銀行総裁会議において、G7の要請を受けて提案し、主要国の金融当局をメンバーとして設置が決定されたフォーラム。金融市場の監督および監視に関する情報交換を通じて、国際金融システムの安定を図ることを目的とした。2009年に金融安定理事会（Financial Stability Board）に発展した。

ゆがみ
⑥　金融機関の情報開示が、保有するエクスポージャーに対して必ずしも明示的でないこと

　このなかで、②の金融機関におけるリスク管理実務の不備に関しては、監督当局は金融機関のリスク管理能力を評価するだけでなく、各金融機関が評価したリスクを自らの経営意思決定にどのように生かしているかを検証すべきであるとしている。特に、過度のリスクエクスポージャーや集中リスクが積み上がることを避けるために、ストレス時のテールリスクを重視したストレステストを強化することを求めている。

　さらに、市場混乱を増幅した事後の要因として、
①　銀行がスポンサーとなったSIV等のオフバランスSPVが十分な資本と流動性を有していなかったこと
②　これらに対する流動性バックアップラインの実行のため、金融機関がさらなる流動性の積上げを図ったこと
③　証券化商品を含む複雑な金融商品の価格評価と格付の問題点が明らかになった際に、自らのエクスポージャーを迅速に評価できなかったこと

をあげている。ここでは、金融機関が複雑な証券化商品市場を急速に拡大させる過程で、資本と流動性の管理体制が十分でなかったことを指摘、さらに証券化商品の組成や保有にあたって、市場変動時におけるエクスポージャーの変化についての把握や管理体制が不十分であったことを指摘している。

(2) **金融安定化フォーラムの最終報告**

さらに、金融安定化フォーラムは、2008年4月に「市場と制度の強靭性の強化に関する金融安定化フォーラム報告書」を公表、中間報告で確認された金融機関の問題点に対処するために、①金融機関の自己資本・流動性・リスク管理に対する規制の強化、②市場の透明性・価格評価の強化、③信用格付の役割・利用の変更、③監督当局のリスク対応力の強化、④金融システムにおけるストレスに対応するための堅固な体制の必要性を示した。

このうち、金融機関の自己資本・流動性・リスク管理規制強化に関する部分では、以下の方向性が示された。

① **自己資本比率規制**

バーゼルⅡ市場リスク規制におけるクレジット商品や証券化商品に対する自己資本賦課の強化、および所要資本水準の強化の必要性の検討。

② **流動性リスク**

流動性リスク管理について国際的に共通した健全な実務指針の検討。そこには、包括的な流動性リスクの計測、ストレステスト、日々の流動性リスクの管理、情報開示を含むものとする。

③ **オフバランス機関を含むリスク管理に対する監督**

金融機関のリスク管理実務強化。特に、社内全体にわたる総合的リスク、ストレステスト、オフバランスシート・エクスポージャー、証券化ビジネス、レバレッジの高い機関に対する

エクスポージャーといった点についてのリスク管理を強化するものとする。

④ **店頭デリバティブ取引に関するインフラ整備**

店頭デリバティブ市場の基盤となる決済・法律・事務運営等のインフラの早急な整備。

金融安定化フォーラムが本報告で示した、金融機関のリスク管理改善に向けた方向性は、第12章で示すバーゼルⅢと関連規制において、次々と具体化されることとなる。

(3) **シニア・スーパーバイザーズ・グループ報告書**

主要5カ国の金融監督当局からなる「シニア・スーパーバイザーズ・グループ」(SSG[21]) は、2008年3月に「最近の市場混乱時におけるリスク管理実務の検証」を公表した。そこでは、2007年の市場混乱時における金融機関の対応を個別にヒアリングし、市場の動きに適切に対応できた金融機関は、対応に失敗して巨額の損失を計上した金融機関に対して、大きく以下の4つの点で優れていたとした。

① **全社的リスク認識と分析**

市場混乱に適切に対応できた金融機関においては、経営陣、フロント部門、管理部門が密に連携しており、今回の市場変化

---

21 Senior Supervisors Group. 本報告書の時点では、米国（FRB、ニューヨーク連銀、OCC、SEC)、英国（UKFSA)、ドイツ（Federal Financial Supervisory Authority)、フランス（Banking Commission)、スイス（Swiss Federal Banking Comission)、の5カ国の主要金融監督当局からなっていた。その後、カナダ（Office of the Superintendent of Financial Institutions)、日本（金融庁)、イタリア（Banca d'Italia)、スペイン（Banco de Espana）が加わった。

に対しても、迅速かつ密接なディスカッションが行われていた。

② **独立し、かつ厳格な金融商品評価の整合的な実施**

市場混乱に適切に対応できた金融機関は、複雑かつ潜在的に流動性が低いと考えられる有価証券の評価について、全社的な内部プロセスを整備し、厳格に実践していた。

③ **資金流動性・資本・バランスシートの効果的な管理**

市場混乱に適切に対応できた金融機関では、バランスシートと資本に加えて資金繰り管理も一体的にコントロールされており、そうしたリスク管理プロセスに財務部門が深く関与していた。これらの金融機関では、潜在的に流動性リスクが発生する可能性がある契約に対しても資本を割り当てる等の施策を実施していた。

④ **リスク計測とリスク管理に係る報告と実務**

市場混乱に適切に対応できた金融機関は、概して柔軟な経営情報システムをもっており、その時々におけるシナリオ分析等が自由に行える体制となっていた。また定量的な分析結果と定性的な評価結果とがバランスをもって報告されており、経営陣による議論が行いやすいようなかたちになっていた。

SSGの分析は、翌年の金融危機を経て、金融機関のリスク管理実務におけるチェックリストと、そこにおける主要論点をくくりだすための準備作業となった。

(4) **UBS銀行の「株主報告」**

これに対して、民間金融機関は自社のリスク管理上の問題点

に対する対応に追われていた。巨額の損失を被ったスイスのUBS銀行は、2008年4月に損失発生について株主宛てに説明を行う報告書というかたちで、「UBS銀行における償却発生に関する株主報告[22]」を公表した。

　そこでは、UBS銀行におけるサブプライムローン関連の損失のうち、CDOの組成にあたった投資銀行部門と金利為替部門におけるCDOの在庫[23]から、全体損失の約32%が発生する一方、保有していたスーパーシニア債のポジションから損失の約50%が発生したと示されている。また、UBS銀行におけるスーパーシニア債のポジションは、同行の高格付を背景とした低利での資金調達に対する低リスク・低利鞘のさや抜き商品として保有されていたものであり[24]、同行の戦略分野と位置づけられていたわけではなかったことが示されている。また、他行との競争の激化から各部門に対する収益プレッシャーが強く、当時収益が拡大していたサブプライムローン分野や関連する証券化分野に、社内のさまざまな部門や子会社が競うようにかかわっ

---

22 "Shareholders Report on UBS's Write-downs", UBS, April 2008.
23 特に、CDOを組成するまでに、原資産となるサブプライムローン等を一時的に在庫として保有する、いわゆる「ウェアハウス在庫」を抱えたまま、市場の混乱から最終的な組成販売に至らないうちに、価格が下落し損失を被った。
24 自身の格付の高いUBSでは、各部門に賦課される社内移転価格が低かった。またAAA格のスーパーシニア債保有は、社内リスク管理上、無リスクと位置づけられたため、トレジャリー部門から資金を調達してスーパーシニア債を保有することにより、部門損益上は低い利鞘ながら無リスク・無資本でのポジションという扱いとなっていた。この扱いにより、UBSにおけるスーパーシニア債保有は、子会社経由のものも含めると最大で1兆ドル（約115兆円）を超えていたとされる。

ていったさまも示されている。

社内リスク管理上は、VaRのリミットに加えて、CDO等の発行体に対するリミット、集中リスクに対するリミット、証券化商品組成に係るオペレーショナルリスク上のリミット等のリミット体系があり、極端な市場の動きに対しては、ストレステストを実施して、そこから生じる損失をチェックする体制となっていた。また新しい商品組成や新規業務の開始にあたっては、そのプロセスを事前承認する新商品検討プロセスがあり、CDO関連商品の組成等は、このプロセスに基づいて事前検討が行われていた。しかしながら脚注24に示したとおり、AAA格付のスーパーシニア債保有は、リスク管理の枠組みの対象外となっているなどから、枠組みには根本的な欠陥があったと結論づけられている。

リスク管理の枠組みにおけるVaRやストレステストにおいても、その計測は過去の市場の動きに依存したものとなっており、過去の動きを大きく超えた市場の動きをとらえていなかった。その点で、UBS銀行の市場リスク管理部門は、「健全な懐疑主義」に欠けていたと指摘されている。また、スーパーシニア債への投資にみられるように、格付に過度に依存する体質となっていたとしているほか、資金調達コストをビジネス部門に賦課する、社内移転価格制度についても問題があったとしている。

UBS銀行の取締役会とその事務局は、ビジネス部門やリスク管理状況、さらにバランスシートの急激な拡大等について、警

鐘を発していたことが明らかになっている。しかしながら、さまざまな部門が証券化にかかわっていたこと等から、リスクの全体像の把握が後手に回り、資金コスト賦課や収益に対するインセンティブ付けの体系も含めて、結果としてガバナンス機能が十分でなかったことも示された。

　UBS銀行の株主報告を読むと、SSGが指摘したリスク管理上の典型的な問題点が広く発生していたことがわかる。リスク管理上進んでいたとされた、欧米の大手金融機関においても、急拡大したサブプライムローンと証券化商品市場、そこでみられたオリジネート・トゥ・ディストリビュートのビジネスモデル、さらに収益とROEを中心に繰り広げられる厳しい業界競争等の結果として、リスク管理上の対応を見誤ったと考えることができる。

　サブプライムローンと証券化商品から発生した損失は、金融機関の経営の根幹を揺るがし、翌年の金融危機に対する抵抗力を大きく奪うこととなった。それは、金融機関のリスク管理に対する信頼も大きく損なうことになり、金融危機後の規制強化の議論に対する抵抗力さえも奪ったのである。

目撃者のコラム

　多くのリスクマネジャーは、2007年〜2008年にかけて、目が回るように忙しい日々を送った。証券化商品の突然の価格下落から始まった事態は急速に悪化した。証券化市場から銀行間資金市場へ、さらにコマーシャル・ペーパー等の短期金融市場へと影響範囲が広がっていった。損失が大きく拡大するなかで、証券化商品の価格はみえなくなり、価格評価に困ることもしばしばであった。

　筆者は、出張のために、2007年9月17日にロンドンに滞在していた。朝のニュースでは、ノーザンロック銀行の支店の前に列をなして開店時間を待つ預金者をトップニュースとして伝えていた。インタビューに応じた預金者は口をそろえて、週末のテレフォンバンキングやインターネットバンキングがつながらなかったため、預金を他の銀行に移そうと思って来店した、政府は預金は安全だというが、こんな時にわざわざ問題になっている（ノーザンロック）銀行に預けておく必要はないと答えていた。TVのレポーターは、金融不安が5時間後に開く米国市場に伝染するかどうかで、金融恐慌も可能性がないわけではないとまくしたてていた[25]。

　サブプライムローン問題と証券化商品が、金融リスク管理に与えた影響は甚大であった。金融安定化フォーラムやシニア・スーパーバイザーズ・グループが示した報告書の内容や、そこであげられた金融機関リスク管理の問題点も、一つひとつが否定できない内容であり、発生した損失を勘案すれば弁解の余地がないと感じることも多かった。一方で、問題とさ

25　ただし、列をなしている預金者は、「取付け騒ぎ」という表現とは似つかわしくないほど落ち着いており、金融恐慌を思わせるものではなかった。

> れた、流動性リスクや信用リスク、ストレステストやオフバランスシート取引のリスク管理といった項目は、特に目新しいものではなく、むしろ金融リスク管理において、伝統的に主要課題とされてきたものばかりであった。それだけ対応がむずかしい課題だともいえよう。
>
> サブプライムローン問題は、ストレステストについての課題も突きつけた。市場のなかにいると、どうしてもその流れの範囲内でのストレスシナリオしか描けないという限界がある。その時点での常識では考えられないことを、まずは頭の体操として考えてみる、その時に何が起こるか、それに対する備えはあるのかに頭をめぐらすことの重要性が痛感された。サブプライムローンと証券化商品の問題は、そうした「健全な懐疑心」をもつことが、リスクマネジャーとしては何よりも重要であることを再認識させた「事件」であった。しかしながら、その教訓を実務に具体化する余裕もなく、事態は翌年の金融危機へと突き進んでいった。そして、その代償は、金融リスク管理にとってとてつもなく大きいものとなった。

〈参考資料〉

"Observations on Risk Management Practices during the Recent Market Turbulence", Senior Supervisors Group, March 2008

「金融安定化フォーラムからの中間報告」、金融安定化フォーラム、2008年2月("FSF Interim Report to the G7 Finance Ministers and Central Bank Governors—FSF Working Group on Market and Institutional Resilience", Financial Stability Forum, February 2008)

「市場と制度の強靭性の強化に関する金融安定化フォーラム報告書」、金融安定化フォーラム、2008年4月 ("Report of the Financial Stability Forum on Enhancing Market and Institutional Resilience", Financial Stability Forum, April 2008）

"Shareholders Report on UBS's Write-downs", UBS, April 2008

「通商白書」2008年版、2009年版、経済産業省

『波乱の時代』、アラン・グリーンスパン、2007年（"The Age of Turbulence", Greenspan A, 2007）

「世紀の空売り　世界経済の破綻に賭けた男たち」、マイケル・ルイス、2010年

「マネー・ショート　華麗なる大逆転」、パラマウント映画、2016年

第11章

リーマンショックと
グローバル金融危機の勃発
【2008年〜】

●本章のポイント

　2007年のサブプライムローンと証券化商品問題から生じた金融不安は、翌2008年にさらに状況が悪化した。秋に発生した、大手投資銀行のリーマン・ブラザーズ証券の破綻をきっかけに事態は一気に悪化、大手金融機関の破綻や買収が相次いだ。金融機能はマヒし、グローバル規模の金融危機が発生した。「リーマンショック」は、グローバル金融の急収縮を巻き起こし、実体経済にも大きな影響を与えた。金融当局は、金融システムを守るために、大手銀行に多額の公的資金を注入することを余儀なくされた。

1　金融機関の流動性危機とベア・スターンズ証券

　サブプライムローンと証券化商品問題から巨額損失が発生し、各金融機関が増資に走った後も、金融不安は収まらなかった。市場は、巨額損失の発生による金融機関の経営不安を予想し、どこの金融機関が「危ない」かを探し始めた。証券化商品の価格が下がり続け、かつ複雑な証券化商品については、その正確な価値がいくらなのかもみえないなか、金融機関の決算が損失の実態を正しく評価したものなのかについての疑念がくすぶっていた。特に、リテール預金等の安定した資金調達手段をもたず、レポ取引等の短期金融市場に資金調達を依存している投資銀行が、市場の圧力にさらされていた。投資銀行は、銀行と異なり、各国の預金保険制度をはじめとする、いわゆる

「セーフティネット」の対象ではなく、いざという時に、基本的には当局の支援が受けられないこともマイナスに受け止められた。

　米ベア・スターンズ証券は、1923年の設立以来、75年の歴史をもつ投資銀行であった。伝統的に、債券業務に強く、レポ市場や証券化商品市場でも大手に位置づけられた。ベア・スターンズ証券は、一貫して独立した経営を維持していたが[1]、後ろ盾をもたないというその点が、金融危機の状況においてはマイナスに作用した。市場は、ベア・スターンズ証券における証券化商品の保有が大きいことを理由に、「危ない金融機関」としての標的をベア・スターンズ証券に向け、同社の資金繰りが危機に瀕しているとあおった。ベア・スターンズ証券の資金繰りは、主な資金調達手段であるレポ取引において、取引相手からクレジット・ラインをカットされたり、担保掛目である「ヘアカット率」を引き上げられる等して、日に日に厳しくなっていった。

　債券市場における存在感から、ベア・スターンズ証券が破綻すると、金融市場に対する影響が大きいと予想された。政府は、ベア・スターンズ社と連絡をとりつつ、同社の身売り交渉の進展を見守った。

　2008年3月16日の日曜日、米銀大手のJPモルガンチェース

---

[1] 第7章「ヘッジファンドLTCM破綻」で、ニューヨーク連銀が主要金融機関に、ヘッジファンドLTCMに対する共同出資を求めた際、ベア・スターンズ証券は、唯一出資を拒んでいた。

銀行が、ベア・スターンズ社に対する買収の決定を公表した。買収価格は、1株当りわずか2ドル[2]、買収総額は2億3,600万ドル（約235億円）という厳しいものであったが、週明けの資金繰りもむずかしいとされたベア・スターンズ証券にはほかに選択肢はなく、同社は買収に同意した。これを受けて、ニューヨーク連銀は、ベア・スターンズ証券が保有する住宅ローン資産を担保にJPモルガンチェース銀行に300億ドル（約3兆円）を融資することを発表した。

ベア・スターンズ証券問題を買収で乗り切ったことは、金融危機が乗り越えられるのではないかという希望を金融市場に与えた。FRBが、投資銀行に対して資金供給を行ったこともあり、市場には一時の安心感が広がった[3]。しかしながら、秋には再び大波が押し寄せることになった。金融危機の「秋の陣」は、米国の住宅ローン市場の中心から始まった。

2 2008年秋の陣(1)──米GSE問題

米国の住宅ローンは、GSE[4]と呼ばれる住宅ローン公社によって支えられている。通称ファニー・メイ（FNMA[5]）やフレディ・マック（FHLMC[6]）と呼ばれる住宅ローン公社は、民

---

2 1週間前の同社の株価は、62.30ドルだった。
3 その後の米国株価の反転を受け、最終的な買収価格は1株当り10ドル（買収総額は約1,200億円）に引き上げられた。
4 Government Sponsored Enterprise. 政府支援法人。
5 Federal National Mortgage Association. 連邦住宅抵当公社。
6 Federal Home Loan Mortgage Corporation. 連邦住宅貸付抵当公社。

間金融機関から持ち込まれる住宅ローンに保証を付したり、単純に住宅ローンのキャッシュフローをパススルーした証券を発行したり[7]、あるいは自らが発行した債券の代り金で住宅ローンやその証券化商品を買い取る等して、住宅ローン市場に資金を供給しており、米国住宅ローン市場の中心に位置していた。FNMAやFHLMCは、政府が出資するものの、独立した株式会社の位置づけであった。

　FNMAとFHLMCが保証ないし保有する住宅ローンは5兆ドル（約530兆円）にのぼり、その発行する債券残高は合計で1.7兆ドル（約180兆円）にのぼっていた。その資産内容が、住宅市況の悪化により急速に劣化していた。

　住宅市況の悪化とサブプライムローン問題から、GSEのポートフォリオが問題を抱えていることは、2008年初めには関係者の知るところとなっていた。特に他のGSEに比べて住宅ローンや住宅ローン証券化商品の保有が抜きんでていたFNMAとFHLMCの問題がクローズアップされていた。主要格付機関であるスタンダード＆プアーズは8月に、保有債券の値下りから決算で純損失を計上していた両社を格下げした。

　しかしながら、仮にGSEが経営破綻した場合、米国の住宅ローン市場そのものが機能不全に陥り、米国経済自体が大きく混乱することになる。また、FNMAやFHLMCの発行する債券の多くは、海外政府や機関投資家によって保有されていたが、

7　もとになっている住宅ローンのキャッシュフローをそのまま投資家に移転すること。このような債券は「パススルー債」と呼ばれる。

図表11-1 2000〜2012年におけるケース・シラー住宅価格指数の推移（2000年1月を100とする）

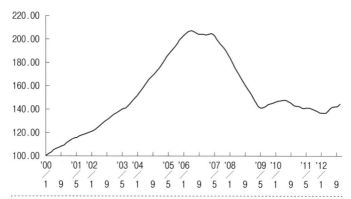

第10章の図表10-4と比較すると、ケース・シラー住宅価格指数は、2006年をピークに2009年まで急落し以後ほぼ横ばいに推移していることがわかる

（出典） ケース・シラーComposite 20住宅価格指数

これらの投資家はGSEを実質的に米国政府そのものだと思っていた。万が一GSEの債券がデフォルトしようものなら、それは米国国債のデフォルトも同然であった。GSE問題は、民間金融機関の経営問題の比ではなく、米国経済そのものの信任にかかわる問題であった。

議会を巻き込んだ議論の後、FNMAとFHLMCの両社は、2008年9月7日の日曜日に、米国連邦政府の公的管理下に置かれることとなった。米財務省は両社に対してそれぞれ1,000億ドル（約10兆6,000億円）の資本枠をコミットするとともに、信用供与枠を設定した[8]。経営陣は更迭され、政府によって選ば

れた新たな経営陣による、経営立直しの努力が始まった。

　翌９月８日の月曜日、株式市場はGSEの救済を好感し、前週末比2.6％高の１万511ドルで引けた。しかしながら、金融危機を抑え込もうとした努力にもかかわらず、市場は次なる金融機関破綻を物色していた。次の「事件」は、間髪を入れずその週末に迫っていた。

3　2008年秋の陣(2)──リーマン・ブラザーズ証券破綻

　リーマン・ブラザーズ証券（以下「リーマン」）は、1850年に、ユダヤ系移民であるヘンリー、エマニュエル、マイヤーのリーマン兄弟によって設立された老舗投資銀行である。以後、債券引受やM&A等のアレンジ業務を中心にビジネスを拡大し、全米第４位の投資銀行としての位置にあった。

　リーマンを追い詰めたのも、サブプライムローン関連の証券化商品だった。６月に公表したリーマンの第２四半期決算は、住宅ローン関連の証券化ポジションの評価損から28億ドル（約3,000億円）の損失を計上していた。リーマンは、40億ドル（約4,200億円）の株式発行と20億ドル（約2,100億円）の優先株式発行により資本増強を行ったことも同時に公表したが、市場は資本調達には反応せず、損失の側にのみ注目した。６月末の株価は、19.81ドルで引けたが、それは１カ月前の半値であった。

　９月に入ると、リーマンを取り巻く環境は一刻の猶予も許さ

8　最終的に両社に対する公的資金注入は、2011年にかけて累計で1,875億ドル（約19兆9,000億円）にのぼった。

れなかった。GSE問題が解決した9月8日月曜日、ダウ・ジョーンズ株価指数は前週末比2.6%上昇したが、リーマンの株価は前日比12.7%下落し、14.15ドルで取引を終えた。翌9日火曜日には、リーマンの株価はさらに44.9%下げて7.79ドルまで下落した。9月10日水曜日、市場の不安心理を鎮めるため、リーマンは第3四半期の決算見通しを前倒しで公表したが、その内容は、不動産関連の評価損を中心に最終損失が39億ドル（約4,100億円）にのぼるというものだった。市場は、リーマンの体力がさらに弱っていることを確信した。

すでに債権者はリーマンとの取引を差し控えており、追加担保の要求も堰を切らなかった。リーマンの資金繰りは、週末までもちこたえられるかどうかすら危ぶまれる状況だった。

全米第4位の投資銀行であったリーマンが破綻した場合、金融システムに多大な影響を与えることが懸念された。特に、リーマンのレポ取引とデリバティブ取引のポートフォリオは、その詳細がつかめておらず、その処理方法にはいまだ道筋がつけられていなかった。

リーマンは、身売り交渉を急いだ。当初、リーマンは、韓国産業銀行（KDB[9]）から株式総額の25%に相当する出資を受け入れる交渉を行っていたが、9日にKDB側から出資協議を打ち切ることが伝えられた[10]。リーマンは、バンク・オブ・アメ

---

9 Korean Development Bank.
10 この出資協議打切りの報道が、9日におけるリーマン株価の44.9%下落のきっかけとなった。

リカおよび英国のバークレーズ銀行による買収交渉を進めた。リーマンの株価は、11日木曜日が4.22ドル、12日金曜日には3.65ドルにまで下落していた。

9月12日金曜日夜6時、主要金融機関のトップとそのスタッフがニューヨーク市のダウンタウンにあるFRBに招集された。議題はリーマンだった。買収交渉が不調に終わった場合に備えて、FRBは民間金融機関に週末にかけての作業を指示した。

作業は、リーマンが破綻した場合の影響を最小限に抑える方法を検討する第一グループ、リーマンを業界全体でいったん買い上げて清算を目指す方法を探る第二グループ、リーマンの不良資産を切り出す方法を検討する第三グループに分かれて、まさに業界をあげて行われた。作業期限は日曜中だった。各金融機関は、リーマン問題が一個の金融機関問題にとどまらず、自分の会社やひいては金融システム全体に及ぶ可能性、すなわち金融システミック・リスクの可能性を十分に理解していた。主要なスタッフによる夜を徹しての作業が始まった。

リーマンの売却交渉は難航した。当初有力候補と思われたバンク・オブ・アメリカは、リーマンが保有する商業用不動産のポートフォリオに懸念を抱いたことに加えて、年初に住宅ローン会社、カントリーワイドを買収していたことも足かせになったことから候補から外れた。バークレーズ銀行は、リーマン買収についての取締役会の承認を週末に取り付けたものの、本国の監督当局である英国金融サービス庁（UKFSA[11]）が買収に難色を示した。リーマンを買収することによって、自国の銀行で

あるバークレーズ銀行が、過大なリスクを抱えることになるのをおそれたのである。

　結局、両社との買収交渉は決裂し、リーマンを破綻から救う道筋は閉じられた。2008年9月14日日曜日の夜半、正確には15日月曜日の午前1時45分、リーマンは米国連邦破産法11条の申請を行い、158年にわたったその歴史に幕を下ろした。負債総額は6,130億ドル、日本円にして約65兆円となり、米国史上過去最大の倒産となった。

　リーマンの破綻は、金融市場に大きな混乱をもたらした。いわゆるリーマンショックの発生である。市場商品、特にデリバティブ市場は混乱を極めた。リーマンとデリバティブ取引やレポ取引を取り交わしていた相手先は、リーマンのデフォルトに伴って多額のデフォルト債権を抱え込むことになったが、影響はそれだけではなかった。金融機関は、多数のデリバティブ取引を資産・負債の両サイドで行うことにより、資産・負債のポートフォリオを構築している。このうち、取引相手のリーマンが消滅したことで、デリバティブのポートフォリオに穴が空き、その結果発生したポートフォリオのでこぼこの部分が思いもよらない市場リスクにさらされることになってしまったのである。発生した市場リスクを埋め、ポートフォリオを再構築するために、多くの金融機関が、ただでさえ動揺し、取引の出合いが少ない市場に、自らのポートフォリオを守るためのヘッジ

11　Financial Services Authority. 第6章「ベアリングズ銀行と不正トレーダー」参照。

取引を行うために殺到した。混乱のさなか、市場の取引量は膨大な量にのぼった。動揺が続く市場に殺到するカバー取引に金融市場はさらに混乱、市場は乱高下を続けた。

4　2008年秋の陣(3)──AIG破綻とCDS取引

　リーマンの破綻をもってしても、金融危機は終わらなかった。リーマンの破綻に際して、公的支援の手が差し伸べられなかったことから、市場は政府には有効な手だてがなく、大手金融機関の破綻も容認するのだととらえ、次に行き詰まる金融機関を探した。ベア・スターンズ証券とリーマンのケースを考えれば、安定資金調達力に欠ける投資銀行に注目が集まるのは当然だった。すでに、リーマンが追い詰められた9月の第2週には、第3位の投資銀行であるメリルリンチ証券（以下「メリルリンチ」）も株価下落にさらされていた。しかしながら、メリルリンチは、リーマンの連邦倒産法申請がなされたのと同じ9月15日の月曜日に、バンク・オブ・アメリカによる買収を発表した[12]。経営の独立性は失われたものの破綻は免れた。

　リーマンとほぼ並行して追い詰められたのは、米国最大の保険会社、AIG[13]であった。

　AIGのケースで問題となったのは、クレジット・デフォルト・スワップ、通常「CDS[14]」と呼ばれるデリバティブ取引

12　買収価格は、1株当り29ドル、総額500億ドル（約5兆3,000億円）。
13　American Insurance Group.
14　Credit Default Swap.

だった。CDSは、特定の企業やその発行する債券等がCDSの契約期間内にデフォルトした場合に、その元本を保証する取引であり、保証する側はその対価として一定の「プレミアム」を受け取る[15]。たとえば、「A社の5年の債務に対するCDSプレミアムは（年率）100ベーシスポイント（＝1％）」といったかたちで価格が設定され、このCDSプレミアムは市場価格として刻々変化する。保証する側は、年率1％のオプション料を受け取るかわりに、A社が5年以内にデフォルトした場合、対象となるA社の債務（たとえば債券）の元本額をCDSの取引相手先に支払うこととなる[16]。取引期間中にデフォルトが発生しなけ

図表11-2 CDS取引のスキーム

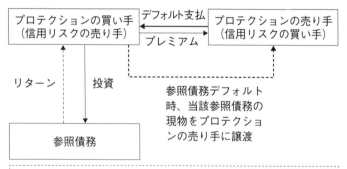

参照債務に対するプロテクション（保証）の買い手は、売り手に対してプレミアムを年率で支払う。参照債務がデフォルトした際には、売り手は、買い手に対して参照債権を受け取るかわりに、債権額面金額を支払うことになる

---

[15] その意味では、CDSはデフォルトに対するオプション取引であると考えることができる。

れば、保証する側は年間1％のオプション料を受け取るだけで、取引は消滅することになるのである。

AIGは、住宅ローンを担保とした証券化商品のデフォルトに対して、CDSのかたちで、これら商品の最終償還を保証していた。証券化商品の下落とデフォルトの発生によって、保証債務の大幅な履行が求められることが懸念されたが、それだけではなかった。

AIGからのCDS保証を受けた証券化商品は、AIGが格下げされると格付が下がってしまうリスクにさらされている[17]。そうした事態を避けるため、仮に保証元であるAIGが格下げになった場合には、AIGは保証した証券化商品の格付維持に必要な追加担保を証券化商品を組成するSPVに差し入れる契約になっていた。したがって、AIGが格下げになると、AIGは巨額の担保差入義務が発生することになっていたが、その担保余力や現金はもはや存在しなかったのである。格付機関のスタンダード＆プアーズは、AIGがかかわった住宅ローン関連取引から生じる損失を懸念し、すでにAIGの格下げの方向性を示していた。

一方、保険会社としてのAIGの保険契約者は、全米だけで数千万人にのぼっており、仮にAIGが破綻すれば、全米の保険契約者が影響を受けることが想定された。

---

16 保証する側は、元本を支払うかわりにデフォルトした債券を受け取ることになるので、保証側の負担は元本額とデフォルトした債券の価値の差になる。
17 AIGの格付は、最上格のAAA格だった。

AIGの格下げは９月15日の月曜日に公表された。さまざまな取引で追加担保が求められ、AIGは資金調達に窮した。翌９月16日火曜日午後９時、政府とFRBはAIGの救済を発表した。政府はAIGの株式の79.9％を取得し、FRBはAIGの資産を担保に、期間２年、850億ドル（約９兆円）のつなぎ融資を行うという内容だった。AIGは公的管理に入る一方、AIGが履行保証したCDSは継続することが確保された。

　金融機関の破綻が相次ぐなかで、CDSの価格動向が注目された。前述のとおり、債券等のデフォルトの可能性に対して保証を提供するCDSの価格である「CDSスプレッド[18]」は、金融機関の破綻可能性を市場がどのようにみているかについての重要なインディケーターとされた。

　また、CDSについては、そのストラクチャー上の基本的な問題がクローズアップされた。CDSを積極的に引き受けていたのが大手金融機関であったことから、「誤方向リスク[19]」と呼ばれるリスクが発生するのである。たとえば、リーマンの発行する債券に対するCDSを、別の投資銀行であるモルガン・スタンレー証券（以下「モルガン・スタンレー」）が引き受けていたとする。CDSの相手先は、リーマンの破綻に対して、実質的にモルガン・スタンレーからの保証を受けていることになり、リーマンの破綻可能性が高まって、リーマン債の価格が下落した場

18　通常、対象会社の５年債のCDSに対する年率スプレッド（例：年率100ベーシスポイント）として示される。
19　Wrong-way Risk の訳。

合、その元本を保証してくれるモルガン・スタンレーに対するエクスポージャーが増えることになる。ところが、金融業界全体を巻き込んだ金融危機のような場合、リーマンの破綻可能性が高まるときには、モルガン・スタンレーの信用力も悪化していることが予想される。すなわち、CDSの対象先と当該CDSを保証する側のデフォルトリスクに正の相関関係がある場合、「誤方向リスク」が発生しているとされ、CDSのエクスポージャーは倍加して増えることになるのである。

さらに、実際にデフォルトが発生して、CDSの保証債務の履行が求められることになった場合に、CDSから生じる多額の資金決済に係る懸念が生じることとなった。CDSの大宗は、業界団体であるISDAが定めたマスター契約雛型[20]に基づいた契約がなされていた。ISDAの取決めでは、デフォルト事象が発生した場合には、ISDAのもとで組成される決定委員会[21]がデフォルト債権に対するオークションを行うことで、CDSの清算価格を決定し、その清算価格に基づいて資金決済が行われるとされていた。しかしながら、FNMA[22]やリーマンのような大手金融機関のデフォルトは、それまでに例がなく、円滑な資金決済ができるかどうかに注目が集まった。というのは、CDSについて

---

20 第4章「G30レポートとVaR革命」参照。
21 Determination Committee.
22 FNMAは経営破綻はしていなかったが、「公的管理」がCDS取引におけるデフォルトの定義に該当していることから、一般債務の返済は引き続き行われていたものの、CDS上はデフォルトのプロセスを経ることとなった。

は業界におけるデータベースが存在しないことから、オークションの結果、いったいいくらの資金移動が発生するかすらわからなかったのである。特にリーマンのデフォルトを対象としたCDSは、対象額面合計が4,000億ドル（約39兆4,000億円）にのぼるとされた[23]ことから、リーマンのデフォルトに対して、CDSでその債務を保証した大手業者がオークションの結果確定した資金の支払ができずに、連鎖破綻してしまうのではないかといった憶測が広がった。CDSの清算プロセス自体が金融不安心理をあおることとなったのである。

　FNMAのCDSについての清算オークションは10月6日に行われ、清算価格は90.25％で確定した。リーマンのCDSについての清算オークションは10月10日に行われ、清算価格は8.625％で確定した[24]。市場の懸念にもかかわらず、実際の保証資金は円滑に決済された。資金決済に伴う「連鎖倒産」は避けることができたとともに、CDS取引の決済メカニズムが実際に機能することが証明された。

5　事態の収拾と公的資金注入

　9月15日月曜日のリーマン破綻後、同日のバンク・オブ・ア

---

[23] CDSでは、同種の反対取引が二重計上されていることが多いことから、想定額面合計が決済額にはならない一方、それらを差し引いたネットの金額がいくらかについても憶測が飛び交っていた。
[24] デフォルト認定に伴い、FNMA債権の損失率は9.75％（＝100％－90.25％）、リーマン債権の損失率は91.375％（＝100％－8.625％）とみなされたと解釈できる。

メリカによるメリルリンチ買収、さらに9月16日火曜日のAIG救済の発表が行われても、事態は収拾の兆しをみせなかった。市場はさらなる標的を探した。米国投資銀行第5位のベア・スターンズ、第4位のリーマン、第3位のメリルリンチ、が相次いで破綻や買収に追いこまれた後、第2位のモルガン・スタンレー、さらには第1位のゴールドマン・サックス証券も安泰ではなかった。市場の圧力を遮る早急なアクションが必要とされ

図表11-3　2008年9〜11月におけるモルガン・スタンレーのCDSスプレッド推移

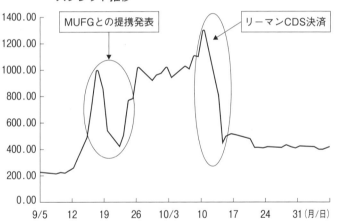

モルガン・スタンレーのCDSスプレッドは、リーマン破綻時に急上昇、その後三菱UFJフィナンシャル・グループ（MUFG）との提携合意により、一時的に小康を得たが、9月下旬から、リーマンのCDS取引における資金決済不安と提携が撤回されるのではないかとの憶測から、10月中旬にピークをつけた。提携の実行とリーマンCDS取引の決済完了により、CDSスプレッドは低下した

（出典）　Bloomberg

ていた。

　市場の「次なる標的」はモルガン・スタンレーだった。ゴールドマン・サックス証券とともに二大投資銀行、あるいは米国資本主義の中核的存在として位置づけられていたモルガン・スタンレーは、同時にCDSを積極的に取引しており、「標的」として十分な存在だった。一方で、仮にモルガン・スタンレーが破綻するような事態になれば、業界第1位のゴールドマン・サックス証券が巻き込まれることにもなりかねない。モルガン・スタンレーのデフォルト可能性を示す同社のCDSスプレッドは急拡大していた。

　事態を打開すべく、9月21日、ゴールドマン・サックス証券とモルガン・スタンレーは、それぞれの持株会社を、銀行持株会社に転換することを発表した。これによって両社は、いざという時にFRBの融資を受けることができる準備を整えた。

　さらにモルガン・スタンレーは、9月22日に、日本の三菱UFJフィナンシャル・グループと90億ドル（約9,500億円）の優先株式受入れを含む、戦略的提携を結ぶ基本合意に達したと発表した。それでも市場では、同社の資産内容を精査するデュー・ディリジェンスの過程で、三菱UFJフィナンシャル・グループが提携を撤回するのではないかという憶測が飛び交った。モルガン・スタンレーのCDSスプレッドは、10月中旬までさらに拡大した。

　10月14日、三菱UFJフィナンシャル・グループによるモルガン・スタンレーに対する優先株式出資払込みが予定どおり行わ

図表11-4　2008年の主な欧米金融機関の経営破綻・統合例

年月	金融機関名	国	業態	国内業界における順位（当時）	内容
2008年3月	ベア・スターンズ証券	米国	証券	5	JPモルガンによる吸収合併
2008年9月	リーマン・ブラザーズ証券	米国	証券	4	経営破綻
	メリルリンチ証券	米国	証券	3	バンク・オブ・アメリカによる買収
	AIG	米国	保険	1	公的資金注入・資金繰り支援
	ワシントン・ミューチュアル	米国	貯蓄金融機関	1	経営破綻
	フォルティス銀行	ベルギー	銀行	1	国有化
2008年10月	ワコビア	米国	銀行	4	ウェルズ・ファーゴ銀行による合併
	ロイヤル・バンク・オブ・スコットランド	英国	銀行	1	公的資金注入実質国有化

> 2008年の金融危機は、リーマンの破綻以降、グローバルな金融危機に発展、欧米各国で大手金融機関の経営破綻、統合、公的資金投入が相次いだ

れた。米国投資銀行を標的とした市場の刃は、この出資を契機に徐々に落ち着きをみせていった。

　金融機関の破綻や再編は、さらに進んだ。9月18日には、英国のロイズ銀行が国内大手金融機関のHBOSを救済合併すると公表した。9月25日には、米国住宅ローン大手の貯蓄金融機関ワシントン・ミューチュアルが業務停止になり破綻した。9月

30日には、欧州ベネルクス３国に中心を置く大手銀行フォルティス銀行のオランダ部分が国有化された。同日には、ベルギーの大手銀行デクシアに対する公的資金の注入が決まった。10月３日には、カリフォルニアに本拠を置くウェルズ・ファーゴ銀行が米国第４位の大手銀行ワコビア買収に合意した。10月８日には、英国最大の銀行ロイヤル・バンク・オブ・スコットランドの破綻を避けるため、200億ポンド（約３兆1,500億円）の公的資金を注入する決定がなされた[25]。

　混乱に油を注いだのは米国議会の動きだった。米財務省は、金融危機を抑えるために、政府が不良債権を買い取るとする不良債権救済プログラム、いわゆる「TARP[26]」を含む金融安定化法案を議会に提出した。しかしながら、米国下院は、９月29日の採決で金融安定化法案を否決した。法案の可決を期待していた市場は混乱し、ダウ・ジョーンズ平均株価は、前日比下げ幅としては過去最大の778ポイントの下げを記録した。財務省は、法案に修正を加えることで議会調整を実施、10月３日に修正法案が上下院で可決され、何とか事態を収拾した。一方で、10月９日に空売り規制が撤廃[27]されると、株価は再び急落した。息詰まる攻防の日々が続いた。市場はまだ混乱から脱して

---

25 ロイヤル・バンク・オブ・スコットランドに対しては翌2009年２月にも公的資金が追加注入された。注入された公的資金は総額452億ポンド（約７兆1,200億円）にのぼった。
26 Troubled Asset Relief Program.
27 時限規制であった、それまでの空売り規制の期限が到来したことから撤廃されたもの。

図表11-5 金融危機と米ダウ・ジョーンズ平均指数の経緯（2008年9～11月）

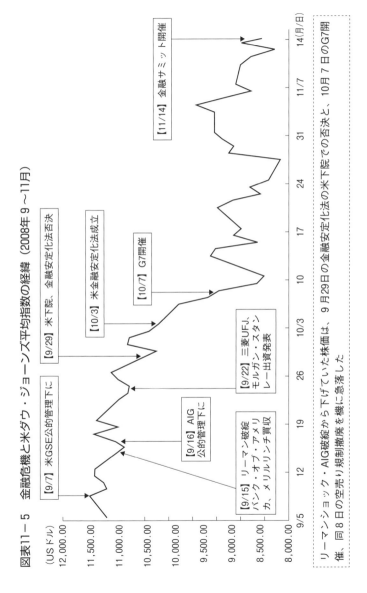

リーマンショック・AIG破綻から下げていた株価は、9月29日の金融安定化法の米下院での否決と、10月7日のG7開催、同8日の空売り規制撤廃を機に急落した

第11章 リーマンショックとグローバル金融危機の勃発【2008年～】 249

図表11-6　欧米銀行に対する公的資金注入例

金融機関名	所在国	公的資金金額	同円貨換算額
シティグループ	米国	450億ドル	4兆4,300億円
バンク・オブ・アメリカ	米国	450億ドル	4兆4,300億円
ウェルズ・ファーゴ	米国	250億ドル	2兆4,600億円
JPモルガンチェース	米国	250億ドル	2兆4,600億円
メリルリンチ	米国	100億ドル	9,800億円
ゴールドマン・サックス	米国	100億ドル	9,800億円
モルガン・スタンレー	米国	100億ドル	9,800億円
ロイヤル・バンク・オブ・スコットランド	英国	452億ポンド	7兆1,200億円
フォルティス	オランダ	168億ユーロ	2兆1,000億円
ソシエテ・ジェネラル	フランス	51億ユーロ	6,400億円

金融危機時の資本不足と市場不安を払しょくするため、大手金融機関に対して多額の公的資金が注入された

いなかった。

　10月8日、主要6カ国は協調利下げを実施、金融政策面での支援を強化した。10日には、G7、先進国財務大臣・中央銀行総裁会議を開催、各国協調による金融機関への公的資金注入が表明された。これに従い、13日には英国の大手3銀行に対して公的資金注入が決まった。翌14日には、米国が国内金融機関に対して合計2,500億ドル（約24兆6,000億円）の公的資金を注入することを決めた。関係者の懸命の努力により、金融危機は徐々に抑え込まれていった。

6 金融危機と実体経済への影響

 世界的な金融危機は実体経済にも影響を与えた。まず、SIVを中心としたABCP市場が事実上ストップしたことから、コマーシャル・ペーパー市場が停滞した。

 次にSIVが発行したABCPの価格が下落したことから、米国のMMFが元本割れを起こした。MMFは本来有価証券ファンドであり、価格の変動はつきもののはずだったが、資本市場の発達した米国において、MMFは元本が確実でいつでも引出しが可能な流動性商品の位置づけを有していた。MMFが元本割れを起こすような事態は、国民全体に影響を与えMMFの存在価値を否定してしまうおそれがあった。政府は、一時的にMMFの元本保証を宣言せざるをえなかった。

 さらに、大手銀行ですら、その存続に腐心するなかで、金融機関による融資拡大は不可能だった。金融は機能不全を起こし、広範囲の「貸渋り」を引き起こした。こうした金融の機能不全は、実体経済の成長の足を引っ張ることとなり、リーマンショックは世界的な経済停滞を引き起こした。

 金融機関に対する公的資金の注入は、金融システミック・リスクを止めるという各国政府の決意を示し、市場は徐々に落着きを取り戻していったが、金融機能の回復は容易ではなかった。サブプライムローン問題に始まった金融機関のバランスシートの劣化に対して特効薬はなく、実体経済の回復とあわせて、時間をかけて傷んだバランスシートを調整していく以外に

回復するすべはなかったのである。

7　金融リスク管理への影響

　リーマンショックとそれに続く金融危機が、金融リスク管理に与えた影響は甚大だった。

　市場の過去の統計値に基づくVaR手法を中核に据えたリスク管理の枠組みは、多数の市場参加者の間で価格決定が合理的にかつ独立に行われることを前提としたものであった。しかしながら、実際の市場は、大規模金融機関を中心とした限られた数の市場参加者の間で、相互に連関するかたちで動いている。市場が大きく変動した場合には、上記の前提は成立しなくなり、リスク要因間や金融機関同士の相関関係が増幅し、市場の動きは過去の統計値をはるかに超えた大きさで一方向に動くことが判明したのである。通常の市場の動きを統計値とし、観測期間を限定したVaRのアプローチが大きな市場の動きに対応できないのは明らかだった。

　VaRのそうした欠点は、本来、ストレステストで補完されるべきであったが、金融機関の実施するストレステストはグローバルな金融危機のような事態までは想定していなかった。

　最終的な資本を守る経済資本の枠組みも十分ではなかった。経済資本の考え方からすれば、金融機関は市場のストレスが発生しても十分な資本を確保できるはずであったが、多くの経済資本の枠組みが、市場リスクや信用リスクといったリスク要因ごとのVaR値を合算したものをベースとしていることからすれ

ば、もとになる部品（VaR）が凌駕された時点で経済資本の枠組みが超えられてしまうことは、驚きには値しなかった。実際の損失の発生により、多くの金融機関が資本調達や公的資金注入に追い込まれたことからしても、経済資本の枠組みが資本の充実度を検証するためには十分でなかったと結論づけざるをえなかった。VaRやストレステスト、さらに経済資本といった従来の金融リスク管理の中心となった考え方は、グローバル金融危機のような巨大なストレス事象には不十分であった。

VaRや経済資本といった、金融リスク管理の主要なツールが、グローバルな金融危機に対して有効に機能せず、巨額の公的資金投入を余儀なくされた事実は、納税者の血税を投入したことに対する政治的反発と共鳴し、その後の金融機関に対する規制強化という大きな潮流を生み出すこととなったのである。

目撃者のコラム

サブプライムローン問題から年を越した2008年は、グローバルな金融機関の状況が風雲急を告げていた。特に夏を過ぎてからは、GSEの経営危機問題から目が離せなかった。そもそもGSEは、巨大な米国の住宅ローン市場を制度面で支えている。GSE問題は、米国そのものの信任問題ともいえたのである。FNMAとFHLMCを公的管理下においた９月７日の翌週末にはリーマンの破綻が発生、さらにバンク・オブ・アメリカによるメリルリンチ証券の買収、米国最大の保険会社であるAIGの破綻が続いた。米国資本主義が、がらがらと音をたてて崩れゆくような印象さえあった。

リーマンが連邦破産法11条の申請を行ったのは、2008年9月14日日曜日の夜半、日本はすでに日付が変わった9月15日月曜日の昼過ぎだった。日本にとって、そしてもしかすると世界経済にとって幸運だったのは、その月曜日がたまたま敬老の日の祝日だったことであった。午後のテレビニュースに映し出された映像は、勤務先の会社が破綻したと知り、週明けにオフィスから締め出されることをおそれた従業員が、夜中にもかかわらず出社して、ありったけの私物を段ボール箱に詰め込んで会社から出ていく姿だった。リーマンの本社は、ニューヨークのマンハッタン、盛り場で知られるタイムズスクエア近くにある。ニューヨーク随一の繁華街の賑わいを横目に、TVレポーターからのインタビューの試みに対して、両手で段ボール箱を抱えながら無言でオフィスを後にする従業員の姿には、そのちょうど10年前の11月23日、同じく国民の祝日に自主廃業を決めた山一證券のオフィスに向かう山一マンたちをとらえたニュース画像が二重写しになった[28]。

　立ったままニュース画面にくぎづけになりながら頭をかすめたのは、「これは大変なことになる」というおそれにも似た思いと、「今日が祝日でよかった」という奇妙な安堵感だった。リーマンの苦境はすでに周知のところとなっており、単独では生き残れないのは衆目の一致するところであった。しかしながら、多くの人は、リーマンほどの巨大な金融機関には、なんらかの公的支援の手が差し伸べられるだろうという漠然とした期待感をもって週末を過ごしていた。その年の春には、リーマンよりも規模の小さいベア・スターンズ証券でさえ、救済合併がなされていたのである。ところが、リーマンには公的支援の手は差し伸べられなかった。リーマンの破

28　『日本の金融リスク管理を変えた10大事件』第4章「日本の金融危機とジャパン・プレミアム」参照。

綻は、巨大金融機関の連鎖倒産を想起させる。そこから起こる混乱は想像すらできなかった。リーマンの破綻が日本の連休中に当たったことは、偶然とはいえ幸運だった。これが休日でなければ、日本の営業日である月曜日の日中に「リーマン・ブラザーズ証券破綻」という衝撃的なヘッドラインがマーケットを駆けめぐり、ただでさえ弱気なニュースに対して敏感に反応しがちな東京市場は、グローバルな市場暴落の先鋒の役割を担っていた可能性がある。その意味では、「不幸中の幸い」との思いが強かった。

　それ以上にどぎもを抜かれたのは、9月29日に米国議会が金融安定化法案を否決したことだった。いまにも崩れそうなグローバル金融市場、いや米国資本主義にとって、金融安定化法案は最後の砦と思われた。金融危機の震源である米国において、その立法主体である米国議会が事態の収拾を図る法案を否決したのである。法案通過を当然のように思っていたため、否決の文字が躍る朝刊の見出しを目にした時は一瞬目を疑った。グローバルな金融危機を引き起こした、少なくとも主要因である米国金融の問題に対する解決策を、当該国の議会が否決したことに対して怒りさえ感じた[29]。直後の株式市場は、当然のように急落した。その後、修正法案が10月3日に米国上下院で可決されたことで、資本主義の旗手である米国が自ら資本主義の幕を閉じることは避けられたが、振り返ってみれば、一度は法案を否決した議会の意思表明自体が、その後の政治家主導による金融規制強化の前兆だったと考えられなくもない。これ以後、金融危機収拾とともに、金融規制は政治主導へと大きく舵を切ることになったのである。

29　このあたりの経緯は、『ガイトナー回顧録』に詳しい。

〈参考資料〉

"Risk Management Lessons from the Global Banking Crisis of 2008", Senior Supervisors Group, October 2009

「バーゼルⅢ:より強靭な銀行システムのための世界的な規制の枠組み」、バーゼル銀行監督委員会、2010年

「バーゼルⅢ:流動性リスク計測、基準、モニタリングのための国際的枠組み」、バーゼル銀行監督委員会、2010年

"Update of group of global systemically important banks (G-SIBs)"、金融安定理事会、2012年11月

"Thematic Review on Risk Governance"、金融安定理事会、2013年2月

"Results of the Basel III monitoring exercise as of 30 June 2012"、バーゼル銀行監督委員会、2013年6月

"Toward Effective Governance of Financial Institutions", Group of 30, 2012

"Final Report of the IIF Committee on Market Best Practices: Principles on Conduct and Best Practice Recommendation"、国際金融協会、2008年7月

"Reform in the Financial Services Industry: Strengthening Practices for a More Stable System"、国際金融協会、2009年12月

"Interim Report on the Cumulative Impact on the Global Economy of Proposed Changes in the Banking Regulatory Framework"、国際金融協会、2010年6月

『リーマンショック・コンフィデンシャル』、アンドリュー・ロス・ソーキン、早川書房、2010年("Too Big to Fail", Andrew Ross Sorkin, 2009)

『世界最大の銀行を破綻させた男たち』、イアイン・マーティン、2015年("Making It Happen", Iain Martin, 2014)

『ポールソン回顧録』、ヘンリー・ポールソン、日本経済新聞社、

2010年（"On the Brink — Inside the Race to Stop the Collapse of the Global Financial System", Paulson H.）

『ガイトナー回顧録』、ティモシー・ガイトナー、日本経済新聞社、2015年（"Stress Test: Reflections on Financial Crises", Timothy F. Geithner）

『金融危機とバーゼル規制の経済学』、宮内惇至、勁草書房、2015年

『詳解バーゼルⅢによる新国際金融規制』、みずほ証券バーゼルⅢ研究会、中央経済社、2012年

第 12 章

バーゼルⅢと
金融規制強化の潮流
【2008年〜】

> ●本章のポイント
>
> サブプライムローンと証券化商品問題から生じた金融不安は、2008年のリーマンショックを経てグローバル金融危機に発展、グローバル経済に大きな混乱をもたらした。
>
> 巨額の公的資金注入を余儀なくされた先進国では、金融機関経営に対する批判が続出、金融機関の資本と流動性、リスク管理の立直しは喫緊の課題となり、バーゼルIIIを中心とした金融規制強化の潮流が明確になった。

1 国際政治での金融規制の潮流

世界経済を混乱に陥れ、公的資金の注入まで引き起こした金融機関の経営とその要因と考えられた金融リスク管理の欠陥は厳しく批判され、二度と金融危機を起こさないような金融機関規制が求められた。

方向性を示したのは、2008年4月の金融安定化フォーラムの「市場と制度の強靭性の強化に関する金融安定化フォーラム報告書」[1]であった。そこでは、①自己資本比率規制の強化、②流動性リスク管理の強化、③リスク管理実務の強化、④店頭デリバティブ取引に関するインフラ整備が主要施策として示され、具体的な規制策定が進んだ。

2009年9月に開催されたG20ピッツバーグ・サミットは、

---

1 第10章「サブプライムローン問題と証券化商品」参照。

2010年末までに銀行資本の量と質の双方を改善し、過度なレバレッジを抑制するための国際的に合意されたルールを策定することを宣言した。具体的には、損失に対する備えとして資本のなかでも質の高いティア1資本の向上、自己資本比率規制を補

図表12-1 ピッツバーグ・サミットにおける決定内容

1	ティア1資本の質、一貫性および透明性を向上させる
2	ティア1資本の主要な部分は、普通株式および内部留保で構成されなければならない
3	資本からの控除項目の取扱いは、国際的に調和され、一般的に普通株式および内部留保に対して適用される
4	バーゼルⅡの枠組みに対する補完的指標としてレバレッジ比率を導入する
5	資金流動性についての国際的な最低基準を導入する
6	景気連動性を抑制するような、最低水準を上回る資本バッファーの枠組みを導入する
7	バーゼル委は、金融システム上重要な銀行のリスクを軽減するような提案を2009年末までに発表する
8	バーゼル委は、これらの措置についての具体的な提案を2009年末までに発表する
9	バーゼル委は、2010年はじめに影響度調査を実施し、2010年末までに新規制に係る水準調整を完了する
10	実体経済の回復を阻害しないよう、これらの新たな措置を段階的に導入するための適切な実施基準が策定される

2009年9月に行われたG20ピッツバーグ・サミットで、バーゼルⅢにつながる金融規制強化の方向性が決定した

完するレバレッジ比率の導入、流動性についての国際的な統一基準の導入等がうたわれた。

また、金融危機時には、大手金融機関が「大きすぎてつぶせない[2]」がゆえに、公的資金を注入せざるをえなかったという認識も高まった。将来こうした状況が再発することを避けるために、金融システム上重要な金融機関（G-SIFI[3]）については、通常の金融機関よりも高い資本レベルを求め、加えて経営が悪化したときの再建計画と、さらに経営が悪化して破綻処理が必要になった場合の破綻処理計画を事前に準備させる方向性が示された[4]。これにより、システミック・リスクを軽減させ、公的資金注入を未然に防ごうとするものである。

この後、関係者は金融規制の見直しを急ぐことになる。その意味で、金融安定化フォーラムの報告書とピッツバーグ・サミットでの決定は、バーゼルⅢをはじめとするその後の金融規制強化の潮流の骨格をなすものとなったのである[5]。

---

2 「トゥー・ビッグ・トゥ・フェイル」（"Too big to fail"）と呼ばれる。
3 Global Systemically Important Financial Institutionsの略。このうち、金融システム上重要な銀行は、G-SIB（Global Systemically Important Banks）とされる。G-SIBは、銀行の規模や市場シェア等から、毎年見直される。2015年11月時点では、本邦の、三菱UFJフィナンシャル・グループ、三井住友フィナンシャルフループ、みずほフィナンシャルグループを含む、世界で30の金融グループがG-SIBに該当するとされている。
4 再建計画は「Recovery Plan」、破綻処理計画は「Resolution Plan」と呼ばれ、両者をあわせて、「Recovery and Resolution Plan」、略して「RRP」と呼ばれる。
5 金融安定化フォーラム（Financial Stability Forum）は、その後金融安定理事会（Financial Stability Board = FSB）に改組された。

2 バーゼル2.5とバーゼルⅢ

　ピッツバーグ・サミットで作業指示を受けたバーゼル銀行監督委員会は、2009年12月に「銀行セクターの強靭性を強化するための市中協議文書」を公表、いわゆる「バーゼルⅢ」の方向性を示した後、2010年12月にバーゼルⅢを公表、2019年1月の完全適用（後述参照）に向けて、2013年1月から段階的に適用することとした[6]。

　また、バーゼルⅢに先んじて、金融危機で特に問題となったVaRの欠点や、証券化商品の取扱いの問題に対しては、とりあえずの応急措置としてバーゼルⅡ上のトレーディング勘定と証券化商品の取扱いを改正した。俗に「バーゼル2.5[7]」と呼ばれる改訂では、証券化商品に対するリスクウェイトが大幅に引き上げられたほか、金融危機時のような、市場にストレスがかかった期間に対応したVaR値を市場リスク相当額に上乗せする「ストレスVaR」と呼ばれる規制等が導入された。バーゼル2.5は2012年3月に開始された。

　バーゼルⅢは、従来の自己資本比率規制の延長線上にある「バーゼルⅢ：より強靭な銀行および銀行システムのための世界的な規制の枠組み」と、新たに流動性に関する国際的な基準を制定する「バーゼルⅢ：流動性リスク計測、基準、モニタリ

6　ピッツバーグ・サミットで示された期限が守られたことになる。
7　バーゼルⅡの後で、かつ、バーゼルⅢに先駆けて導入される、という意味で、「バーゼル2.5」と呼ばれる。

図表12−2　バーゼルⅢの全体像

(出典)　金融庁

ングのための国際的枠組み」の2つの文書から構成された。

(1) **自己資本比率規制の強化——自己資本の量と質**

　まず、「バーゼルⅢ：より強靭な銀行および銀行システムのための世界的な規制の枠組み」は、ピッツバーグ・サミットで示された、銀行資本の量と質の双方を改善し、加えて過度なレバレッジを抑制するとする方向性を実現するものであり、バーゼルⅡの枠組みを踏襲した自己資本比率規制のうち、分子に当

たる自己資本についての規制強化と、それを補完する枠組みとしてのレバレッジ比率の導入によって構成された。

まず資本の量の面では、最低所要自己資本比率を8％とする枠組みは変えないとしたものの、将来の不測の損失に備えるために新たに資本保全バッファーという概念を導入[8]、8％に資本保全バッファー2.5％を加えた10.5％を実質的な最低所要水準とすることで資本の量を求めることとした。

さらに、これに自己資本比率規制が景気変動を助長するとされた批判に対応するべく、新たにカウンターシクリカルバッファーという概念を導入、各国の経済動向と銀行融資の伸びの関係に応じて、最大2.5％のカウンターシクリカルバッファーを追加することとした。さらにG−SIB[9]については、その規模に応じて、G−SIBサーチャージとして1％から2.5％[10]の追加資本を求めることとした[11]。その結果、実質的な最低所要自己資本比率は、従来の8％に対して、通常の金融機関で10.5％プラス・カウンターシクリカルバッファー、G−SIBでは最高13％プ

---

[8] 最低水準8％を上回る一方、8％超の部分が、資本保全バッファー2.5％を維持できない場合、配当制限や、経営陣への報酬の制限等が課されることとされている。
[9] 本章脚注3参照。
[10] G−SIBサーチャージは、対象となる銀行の規模によって最小が1％、以後0.5％刻みで、最大が2.5％と規定された。それぞれの銀行がどの刻みに当たるかはバーゼル銀行監督委員会が年1回公表する。
[11] これにより、バーゼルⅢで求められる最低所要自己資本は、もともとの8％、プラス資本保全バッファー、プラス・カウンターシクリカルバッファーとなり、G−SIBの場合には、さらにG−SIBサーチャージがプラスされることとなる。

図表12−3 バーゼルⅢ完全実施に向けた、最低所要自己資本規制比率の推移

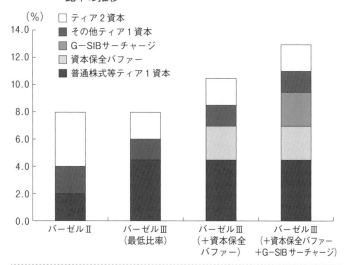

バーゼルⅢは、最低所要水準は従来同様 8 ％に維持されたが、新たに資本保全バッファーやカウンターシクリカルバッファー（グラフ上は非表示）、G−SIBサーチャージが加算され、それらの大宗が普通株式等ティア 1 資本とすることとされており、バーゼルⅡに比べて、大きな負担増となっている

ラス・カウンターシクリカルバッファーに引き上げられることとなった。

自己資本の質の面では、普通株式や内部留保等からなり、損失が発生した際の損失吸収力が高い（＝質が高い）普通株式等ティア 1 資本[12]を重視することを明確にした。バーゼルⅡで

---

12 普通株式等ティア 1 資本については、第 4 章「G30レポートとVaR革命」参照。

は、最低所要自己資本8％のうち、普通株式等ティア1資本に優先株式等を加えたティア1資本が8％中4％以上、かつティア1資本のうち半分以上を普通株式等ティア1資本とすることが求められ、残りが劣後債などのティア2資本という構成だった。これに対してバーゼルⅢでは、普通株式等ティア1資本が最低水準である8％中4.5％以上必要であるとした。さらに、最低所要水準に上乗せされる資本保全バッファー、カウンターシクリカルバッファー、G-SIBサーチャージはすべて普通株式等ティア1資本で求められることとされた。その結果、普通株式等ティア1資本は、変動性があるカウンターシクリカルバッファーを除いても、通常の金融機関で最低7％、G-SIBでは、最低でも8％[13]が必要とされることになった。

このようにバーゼルⅢでは、バーゼルⅡに比べてはるかに大きな普通株式等ティア1資本が求められることになったが、普通株式等ティア1資本は、基本的には収益積上げによる内部留保の増強か、普通株式発行でしか積み上げることができず、その増強には時間がかかることが予想された。そのため、バーゼルⅢの導入は、規制開始の2013年1月時点では普通株式等ティア1資本で3.5％を求めることから始め、これを6年間かけて段階的に増加させ、2019年1月に完全実施することとした。

普通株式等ティア1資本については、その定義も見直した。たとえば、繰延税金資産や他の金融機関への普通株式出資等

---

13 最高では、9.5％プラス・カウンターシクリカルバッファーとなる。

は、その内容に応じて普通株式等ティア1資本からは控除され、普通株式等ティア1資本自体の質も高めることとした。

(2) 自己資本比率規制の強化──リスク捕捉の強化

自己資本比率規制の分母に当たるリスクアセットの面でも規制強化が打ち出された。金融危機で問題となったデリバティブ取引のカウンターパーティ・リスクをより広くとらえるべく、信用評価調整（CVA[14]）と、清算機関を通じた取引に対するリスクアセットの賦課が新たに導入された。

CVAは、カウンターパーティの信用力をデリバティブ取引の価格評価に反映させるもので、金融危機時に顕在化した誤方向リスクに対応するものであるが、その結果算出された追加的な額が信用リスクアセットに加えられることになった。

清算機関に対しては、従来のゼロ・リスクウェイトの扱いを改め、リスクアセットを賦課する扱いに変更された。これは、デリバティブ取引を透明性の低い店頭取引から、より透明性が高い清算機関を通じた取引に誘導していく方向性のなかで、清算機関といえどもデフォルトと無縁ではないとの考え方に立ち、店頭取引よりは有利ではあるものの、相応のリスクアセット賦課を求めたものである。

(3) レバレッジ比率

レバレッジ比率は、銀行における過度なレバレッジの積上げが金融危機を増幅する要因になったとの反省から導入されるこ

---

14 Credit Valuation Adjustment.

図表12-4　レバレッジ比率

> ・レバレッジ比率の算式
>
> $$\text{レバレッジ比率} = \frac{\text{ティア１資本}}{\text{エクスポージャー(オンバランス項目＋オフバランス項目)}}$$

バーゼルⅢにおけるレバレッジ比率は、オンバランス項目とオフバランス項目からなるすべてのエクスポージャーに対するティア１資本の比率として算出される

とが決まった指標であり、ティア１資本を分子とし、オンバランス・オフバランス合算の総資産エクスポージャーを分母とした比率として計算される（図表12-4参照）。

　レバレッジ比率は、３％を最低水準としたうえで、2013年１月から2017年１月までを試行期間とし、2015年から開示もなされている。2016年末をメドに比率の妥当性[15]を検証し、2018年１月からバーゼル規制上の第一の柱の要素として取り扱うことについて最終調整するとされている。

(4) 流動性規制の導入

　金融危機では、金融市場の混乱と金融機関自身の信用不安からインターバンクの資金市場が縮み上がり、多くの金融機関が資金調達に窮した。こうした経験から、「バーゼルⅢ：流動性リスク計測、基準、モニタリングのための国際的枠組み」では、新たに流動性について国際的な基準を導入することが示さ

15　所要最低水準として３％が妥当かどうかを検証する。

図表12−5　流動性カバレッジ比率と安定調達比率

- 流動性カバレッジ比率（LCR）の算式

$$\frac{適格流動資産}{30日間に必要となる流動性} \geq 100\%$$

- 安定調達比率（NSFR）の算式

$$\frac{安定調達額（資本・預金等）}{所要安定調達額} \geq 100\%$$

バーゼルⅢにおける流動性規制は、流動性カバレッジ比率（LCR）と安定調達比率（NSFR）によって構成される

れた。そこでは、流動性管理を確実にするための基準として、流動性カバレッジ比率（LCR[16]）と、安定調達比率（NSFR[17]）の２つの指標が示され、それぞれについて100％以上を維持することを求めるとした（図表12−5参照）。

　まず、流動性カバレッジ比率は、仮に金融危機から市場の機能不全が発生して、市場からの資金調達が不可能になるような場合でも、当座の資金繰りを乗り切れるような流動性の高い資産の保有を求めるものである。具体的には、資金流動性の厳しいストレス状態が30日間続いた場合におけるネット資金流出額以上に、こうした状況でも当面の資金繰りを可能とするような換金性の高い高品質の流動資産（以下「適格流動資産」）を保有することを求めるものであり、適格流動資産が、ストレス時の

16　Liquidity Coverage Ratio.
17　Net Stable Funding Ratio.

30日間のネット資金流出額を上回ること（比率が100％以上）を求めている。

これに対して安定調達比率は、1年間先をみた資産負債構成につき、流動性が期待できないような資産に対しては流動性の源となる安定的な負債と資本をより多く保有することを求めるものである。

流動性カバレッジ比率は、2013年1月に最終案が取りまとめられ、2015年より段階的導入が始まった[18]。安定調達比率は、2018年より導入される。

3 総損失吸収力、あるいは「TLAC」

大手金融機関が「大きすぎてつぶせない」という問題に対して、再建・破綻計画を策定することによって対応を図ったことは、本章の冒頭で記載した。しかしながら、仮にそうした大手金融機関が破綻した場合に、株主や債権者が損失を負担する枠組みが整備されていないと、再び公的資金注入によって納税者の負担が発生しないとも限らない。G20はそうした事態を避けるため、金融システム上重要な銀行であるG-SIBに対して、自己資本比率規制に加えて、新たに「TLAC[19]」と呼ばれる枠組みを求めることにした。これは、銀行の債務のなかで、銀行破綻時に発生する損失を吸収できるものを明確にしたうえで、自己資本とこれら債務（あわせて「総損失吸収力」あるいは

---

[18] 完全実施は、2019年1月。
[19] Total Loss Absorbing Capacity.

図表12-6　TLACと自己資本比率の対比

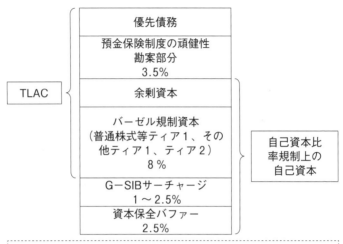

FSBは金融機関破綻時における損失吸収力強化のため、大手銀行に、TLACの積上げを求めた

「TLAC」と呼ぶ)をもって破綻処理に充てることで、事前の計画に基づいた破綻処理、いわゆる「ベイルイン[20]」の実効性を確保するという考え方である。TLACは、G-SIBの破綻処理時に直ちに利用できる自己資本や負債と定義されるが、利用できる負債としては、自己資本扱い以外の劣後債や、破綻処理時に損失吸収力のある優先債務などが該当するとされた。

金融安定理事会（FSB）は2015年11月に、TLACについての最終的な基準を公表[21]、G-SIBに対して、2019年1月以降

20　bail in.

2022年1月までに、①リスクアセット対比で、当初最低16％、最終的には最低18％のTLACを維持すること、また、②レバレッジ比率規制の対象となる分母対比で、当初最低6％、最終的には最低6.75％のTLACを維持すること、を求めるとした。また、日本のように十分な預金保険制度の備えがある場合には、リスクアセットの当初2.5％、最終的には3.5％分をTLAC相当としてカウントできる、という扱いも明記された。

TLACは、自己資本を主な構成要素とすることから、自己資本比率規制と混同されて議論されることがある[22]が、自己資本比率規制は、国際的活動を行う銀行が、(経営の健全性を確保するために)期中発生する損失に対するクッションとして最低限保有することが求められる自己資本についての規制であるのに対して、TLACは、G-SIBを対象として、これらが破綻する場合に、金融システムへの悪影響を軽減し、公的資金注入などを回避する目的として維持することが求められる損失吸収力の高い債務ないし自己資本であり、異なる性格のものと考えることができる。

4 リスクデータ集計・報告原則

新たな規制が導入されたのは、自己資本や流動性、といった

---

21 「グローバルなシステム上重要な銀行（G-SIBs）の総損失吸収力（TLAC）に係る最終的な基準（"Principles of Loss-absorbing and Recapitalisation Capacity of G-SIBs in Resolution—Total Loss Absorbing Capacity Term Sheet"）」として公表された。
22 「巨大銀行自己資本18％に引き上げへ」、東京新聞、2015年11月10日。

図表12-7　実効的なリスクデータ集計とリスク報告に関する諸原則

全般的ガバナンスとインフラ		
原則1	ガバナンス	データ品質の評価・管理を行うとともに、強固なガバナンス態勢を確立すること
原則2	データ構造とITインフラ	平常時だけでなくストレス時においてもデータ集計・報告態勢を満たすデータとITインフラを確保すること
リスクデータ集計能力		
原則3	正確性と信頼性	正確かつ信頼性の高いデータを生成すること
原則4	網羅性	グループ全体にわたるすべての重要なリスクデータを捕捉・集計可能とすること
原則5	適時性	適時にリスクデータの集計が可能であること
原則6	適応性	非定型のデータ要請に対応可能な、柔軟なデータ集計プロセスを整備すること
リスク報告態勢		
原則7	正確性	リスク報告の正確性を確保するため、重要な報告データの検証枠組みを整備すること
原則8	包括性	リスク報告はビジネス・リスク特性をふまえ、すべての重要なリスク分野を対象とすること
原則9	明瞭性と有用性	リスク報告は、包括的であるとともに、情報を明瞭かつ簡潔に伝えること
原則10	報告頻度	平常時・ストレス時における報告の頻度および適時性についての要件を設定すること

| 原則11 | 報告の配布 | 適切な関係者にリスク報告を配布するための手続を整備すること |

> バーゼル銀行監督委員会は、リスクデータの集計とリスク報告についての諸原則を定め、グローバルなシステム上重要な銀行に対して、諸原則を満たすことを求めた

　財務的な要素にとどまらなかった。金融危機時には、激しく動くマーケットに対して、金融機関が自らのポジションや損益状況・リスク状況をタイムリーに把握することができなかった、との反省がなされた。バーゼル銀行監督委員会は、銀行のITインフラやデータ構造が、金融機関のリスク管理をサポートするうえで不十分だったと結論づけ、「実効的なリスクデータ集計とリスク報告に関する諸原則」を公表、G‒SIBに対して、2016年1月までに11の原則[23]を満たすことを求めた。

　11の原則は、銀行が平常時だけでなく、ストレス時にもリスクの集計と報告をタイムリーに行う態勢を整備することを求めたものだが、求める要求水準は高かった。対象となるG‒SIBは、これらの原則を満たすために、データベースの構築やそれに対するガバナンス態勢の構築、それらの文書化等に多くの資源を投入することとなった。

---

23 「実効的なリスクデータ集計とリスク報告に関する諸原則」は、厳密には14の原則からなるが、原則12以降は監督当局向けのものとなっている。

第12章　バーゼルⅢと金融規制強化の潮流【2008年～】　275

5　リスクアセット＝分母の見直し──バーゼルⅣ？

バーゼルⅢやTLACという、自己資本についての規制強化の議論に加えて、自己資本比率規制上の分母であるリスクアセットについても、規制の見直しが行われた。議論の焦点になったのは、バーゼルⅡで全面的に採用された内部モデルアプローチだった。

バーゼル銀行監督委員会は、2013年に市場リスクと信用リスクにおけるリスクアセットについての比較分析を実施、内部モデル法に基づくリスクアセットの計算結果が、銀行によって大きくばらつきがあったと報告した[24]。また各銀行の内部モデル法は過度に複雑になっており、バーゼル規制は「よりシンプルで、リスクと整合的、かつ比較可能な[25]」枠組みに改訂すべきであるとした。そのための共通の「物差し」としては、標準法を活用すべきであり、標準法の一定割合を内部モデル使用上の「資本フロア」とすることで、内部モデル使用によるリスクアセットのばらつきに歯止めをかけ、同時に銀行間の比較可能性を高めるべきであるとの主張が行われた[26]。市場リスクと信用リスクでは、相次いで新たな標準法の見直しについての提言が

---

24 "Regulatory consistency assessment programme (RCAP) — Analysis of risk-weighted assets from market risk," バーゼル銀行監督委員会、2013年1月。および、"Regulatory consistency assessment programme (RCAP) — Analysis of risk-weighted assets from credit risk," バーゼル銀行監督委員会、2013年7月。

25 "Simplicity, risk-sensitivity, and comparability" とされる。

図表12－8　金融危機からバーゼルⅢ、さらにバーゼルⅣへの規制強化概観

バーゼルⅡ	・3つの柱／リスクベースアプローチ ・内部格付手法（信用）・先進的計測手法（オペ）

金融危機の発生

バーゼル2.5	・欠陥が顕著な分野に対する「応急措置」 ・証券化商品／CVA／集中清算機関向け債権

バーゼルⅢ	バーゼル委	FSB	バーゼルⅣ？
・自己資本の質と量の向上 ・リスク捕捉の強化 ・流動性規制の導入 ・レバレッジ比率規制の導入	・実効的なリスクデータ集計とリスク報告に関する諸原則 【G–SIB対象】	・銀行破綻時の損失吸収力（TLAC） 【G–SIB対象】	・トレーディング勘定の抜本的見直し ・信用リスクの標準法見直し ・オペリスクの標準法見直し ・資本フロア導入

グローバル金融危機後の国際金融規制の潮流は、バーゼルⅡから、バーゼル2.5、バーゼルⅢと歩を進め、さらにその他の金融規制強化へと歩を進めた

行われた。また、オペレーショナルリスクでは、内部モデル法である先進的計測手法（AMA）を廃止することが提言されたほか、信用リスクにおいても内部格付手法の適用範囲を大きく

26　内部モデル法を採用する銀行は、内部モデル法によるリスク量計測と同時に、（新）標準法に基づくリスク量計算を行い、内部モデル計測に基づくリスク量が、標準法の一定割合（フロア）よりも下回った場合には、リスク量はフロアを下限とする、というアプローチ。これにより、内部モデル法が過度にリスク量を削減することは認められなくなる。また、内部モデル法を採用する銀行は、内部モデル法に基づくリスク量計測と標準法に基づく計算を並行して行うことが求められることになる。

狭める提案が行われた。内部モデル法を推進することで、リスクベースの自己資本管理が進んだ、というメリットに対して、結果として手法が複雑化しすぎ、銀行間の比較可能性が損なわれた、というデメリットが上回ったとの判断ともとれた。

こうした内部モデルアプローチの見直しや新標準法導入の提言は、自己資本比率規制上の分母であるリスクアセットに再び着目する動きであることから、俗に「バーゼルⅣ」とも呼ばれ、2016年中に合意する見込みである。

6 トレーディング勘定の抜本的見直し[27]とVaRの終焉

内部モデル法が最初に採用された市場リスク[28]については、2016年1月に、「市場リスクの最低所要資本[29]」が公表され、内部モデル法の抜本的見直しの議論が完結した。そこでは、まずトレーディング勘定取引の定義を厳格に定めたうえで、内部モデル法としてのVaRを廃止して、新たに「期待ショートフォール[30]」に置き換えることとした。また、金利や為替、エクイティといったアセット種類別に、ポジション解消のための期間である「流動性ホライズン」を変え、これらの商品を扱う

---

27 市場リスク規制についての改定作業は、「トレーディング勘定の抜本的見直し（Fundamental Review of Trading Book＝「FRTB」）と呼ばれた。
28 第4章「G30レポートとVaR革命」参照。
29 "Minimum Capital Requirements for Market Risk," バーゼル銀行監督委員会、2016年1月。
30 Expected Shortfall。略して「ES」とも呼ばれる。

図表12−9　バリュー・アット・リスク（VaR）から期待ショートフォールへ

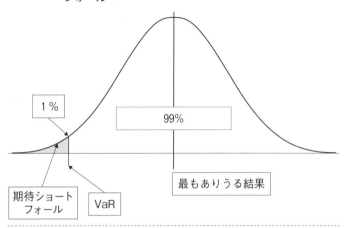

トレーディング勘定の抜本的見直しは、金融危機で露呈したVaRの欠点に対して、VaRを超える損失の期待値である期待ショートフォールをもってVaRを置き換える決定を行った

デスクごとに内部モデルを承認する[31]、といった大きな変革を示した。

　一般に期待ショートフォールとは、確率分布において一定の閾値を超える部分の期待値、として定義される。この場合でいえば、損失分布という確率分布において、VaRという閾値を超える損失の期待値ということになる。VaRが、損失分布における1点のみを示すもので、VaRを超える損失について何も語らないのに対して、期待ショートフォールはその期待値を示すこ

31　承認と同様に、内部モデルのパフォーマンスが悪い場合には、デスクレベルでモデルの承認取消しを行うこともありうる。

とから、金融危機でみられたような、極端な損失、いわゆる「テール・イベント」に対する捕捉力が高いと考えられたものである[32]。

トレーディング勘定の抜本的見直しで示された諸々の変更は、実務上大きなインパクトをもたらすものだった。流動性ホライズンをアセット種類ごとに設定することは、設定された期間が妥当かどうかという議論だけでなく、計算上の負担も大きい。また期待ショートフォールは、VaRと違ってリスクリミットとしては使いにくく、リスク管理の実務との親和性が低い、との声があがった[33]。さらに新規制では、内部モデルがデスクごとに承認を取り消されて、標準法に逆戻りさせられるリスクが高まり、自己資本比率の安定運営がむずかしくなる、との見方が広まった。

7 各国規制と「逆グローバル化」

さらに金融機関を悩ませたのは、バーゼル規制とは独立した主要各国における規制強化であった。

金融危機の過程で、公的資金注入を余儀なくされた主要国では、納税者や政治家を中心に金融機関に対して強烈な批判が巻き起こった。それは、2019年に導入が完了するバーゼルⅢだけ

---

[32] 第4章「G30レポートとVaR革命」参照。
[33] 第4章「G30レポートとVaR革命」でみたとおり、VaRが銀行の実務から生まれた概念を規制資本にいわば「応用」したのに対して、期待ショートフォールは実務主導というよりも規制主導で導入が決定した経緯と表裏になっているといえる。

では、到底収まりがつかなかった。また、金融危機の過程における金融システムに対する各国の問題意識は異なっており、それぞれの国における個有の問題点に対する改善策を早急に実施する必要があった。こうして各国では、独自にかつそれぞれに厳しい国内金融規制が導入された。国際合意としてのバーゼル規制を、各国が尊重していたグローバル規制の潮流は変調し、「逆グローバル化[34]」が顕著となった。

(1) 米　　国

金融危機の影響を最も大きく受け、合併や破綻により、5大投資銀行のうち2社を失った米国では、公的資金を要した金融機関の資本問題に加え、公的資金注入の対象となる銀行が、リスクが高い自己トレーディング活動を行うことに批判が集まった。

2009年6月に政府は金融規制改革案を公表、広範な金融規制強化の道筋を示したが、それらはドッド・フランク法として施行された。ドッド・フランク法には、金融監督体制の枠組み強化、銀行本体による自己トレーディング業務を禁止する、いわゆるボルカールールの導入、さらに店頭デリバティブ業務を登録業者に限定し、清算集中義務や取引情報報告義務等の広範な義務を課する店頭デリバティブ規制等、広い範囲の規制が織り

---

[34] 金融危機後の金融界の流れに対して、大手機関投資家であるピムコ社のチーフ・ファンドマネジャーであったビル・グロス氏（当時）は、"De-Leverage, De-Globalization, and Re-Regulation"「レバレッジの巻き戻し、逆グローバル化、規制強化」と表現した。

込まれた[35]。

　ドッド・フランク法のもとでの自己資本強化による健全性強化策として、FRBは共通ストレステストの枠組みを導入、2009年から実施した。CCAR[36]と呼ばれる共通ストレステストは、当局が設定したストレスシナリオに対するストレステストを年次で一斉に実施し、その結果として資本の備えが十分でないとされた銀行には、資本計画の提出と資本調達の実施を義務づけるものである。CCARでは、当局の設定するシナリオに対して、業務収益やバランスシートがどのような影響を受けるかについて徹底した分析が求められることとなり、対象となる銀行グループは大きな経営資源を投入することが必要となった。

(2) 英　　国

　米国についで金融危機の影響が大きかった英国では、特に金融機関の流動性管理に焦点が当たった。まず、金融危機時に、本国での資金調達が困難となった外国銀行が、英国で行っていた銀行業務を通じて、まだ機能していた英国のリテール資金を吸収する動きに出た。これら銀行は、英国における市場の厚みの恩恵を受けながら、吸収した英国リテール預金を本国における資金繰りに回していたものであり、英国にしてみれば、英国

---

[35] 当局によるストレステストも、ドッド・フランク法において法制化された。さらに、2012年暮れには、ドッド・フランク法の枠組みを、米国で活動する大手外国金融機関にも適用することが公表されている。
[36] 本プロセスは、「包括的資本分析およびレビュー（CCAR：Comprehensive Capital Analysis and Review）」と呼ばれ、米国の主要な銀行持株会社を対象に行われる。

制度に「ただ乗り」したものととらえられた。

　もう1つの問題は、リーマンの破綻時に発生した回金問題であった。リーマンが破綻した際、英国政府は国内における取引先や投資家を守るべく、他国と同様にリーマンの英国現法に対して資産凍結を指示した。これによって、英国国内における投資家の預り資産は確保されるはずであった。しかしながら、リーマン英国現法の資金を精査したところ、同社は、破綻の直前に英国の資金を資金繰りに苦しむ米国本社に回金してしまっており、英国内に残されているべき資金はすでに跡形もなかったのである。

　こうした経験から、UKFSAは2011年に、外国銀行の支店・現法を含む国内金融機関を対象に新たな流動性規制を導入した。新規制では、各金融機関に対して流動性管理についての体制づくりと自己評価を求めるとともに、資金流動性のストレス状態が3カ月続いた場合でも流動性を確保できる額の適格流動資産を常に保有することを求めた。

　英国の流動性規制は、外国銀行も含めた国内金融機関が適格流動資産を英国内に保有することを求めており、グローバルな金融機関であっても流動性を英国内に固定化することを求めるものであった。こうした動きは、逆グローバル化の典型例ととらえられ、流動性の「リングフェンシング（囲込み）」と呼ばれた。

　一方で、UKFSA自身も、金融危機における監督対応の不備を指摘され、2013年4月に改組された。改組後は、金融機関監

督機能を中央銀行であるイングランド銀行の傘下に移し、新たにPRA[37]およびFCA[38]として発足した。PRAは大手金融機関の健全性・安全性を監督し、FCAはそれ以外の金融機関の監督と消費者保護を含む行為規制・市場規制を担うこととなった。同時に、その監督手法についても、金融機関が従うべき原則のみを示す「プリンシプル・ベース」の監督手法から、当局自身が対象金融機関に対する監督方針を判断する「ジャッジメント・ベース」に変更するとした。監督手法の変更により、英国では以前よりはるかに厳格な監督スタイルに舵を切った。

(3) 欧　　州

金融危機のつめあとは、欧州においても大きかった。ベネルクス3国最大の銀行であったフォルティス銀行は国有化の後解体され、オランダ最大の銀行であったABNアムロ銀行も国有化された。また金融危機後のギリシャの債務問題をきっかけとして、2011年にベルギーの大手銀行デクシアが経営破綻し、ベルギー・フランス両政府のもとで破綻処理が行われた。

欧州においては大手金融機関が複数の国を拠点として業務を展開しており、公的資金注入や破綻処理においても一国の金融当局では対応が完結しないことが一般的である。そのため、銀行監督や破綻処理においても、欧州という共通の枠組みのもとでの規制枠組みが不可欠であるとの認識が高まった。欧州議会は、欧州における銀行監督の一本化を推し進め、2014年には、

37　Prudential Regulation Authority. プルーデンス規制機構と呼ばれる。
38　Financial Conduct Authority. 金融行為監督機構と呼ばれる。

欧州中央銀行による欧州の銀行監督の一本化を実現、2016年には、欧州銀行の破綻処理についても一本化が実現した。

 以上のとおり、グローバル規制と各国規制の動きはその後も継続しており、今後、両者の間でどのようなバランスが築かれるのかが注目される。

8 金融リスク管理への影響

 バーゼルⅢのインパクトは強烈であった。普通株式等ティア1資本の水準だけでも従来の実質最低2％から実質最低7％[39]が求められるようになり、同時に流動性規制においても国債を中心とした潤沢な適格流動資産の保有が求められるようになるなど、その影響は甚大であった。資本規制・流動性規制とも、利益の積上げやリテール預金等の安定資金調達手段の拡充等[40]、伝統的な銀行業務が拡大する場合に比率が改善する性格のものであり、金融危機後の厳しい経済環境のなかでは改善は容易ではなかった。各金融機関は、資本計画や資金計画の策定に始まり、業務ライン見直しによる業務の選択と集中の実施等、バーゼルⅢ対応に追われることとなった。

 欧米においては、当局が指定する共通ストレスシナリオに基づく業界横断的なストレステストが一斉に実施され、そのテスト結果に対して資本が十分でない場合には、有無をいわせず資

---

39 最低水準4.5％プラス資本保全バファー2.5％。
40 普通株式の発行は、既存株主の希薄化をもたらすため、バーゼルⅢ対応策としての当初の選択肢からは外された。

本調達ないしリスク削減が求められた。

　ストレステストだけではなく、リスク管理体制そのものとしてのガバナンス、資金繰り等の流動性リスク管理、トレーディング商品の市場流動性リスクを含む市場リスク管理、デリバティブ取引のカウンターパーティ・リスクを中心とした信用リスク管理、証券化商品等の引受リスクの管理、それらを総合した資本運営の枠組み、さらには金融リスクのディスクロージャー等、広い範囲での見直しが求められることとなった。

　当局主導のストレステストから、バーゼル2.5・バーゼルⅢの導入準備、さらには各国規制への対応に至るまで、各金融機関のリスク管理担当者は金融規制強化の潮流への対応に忙殺された。市場・信用・流動性といった、それぞれの規制対応自体、相当な負担が強いられることから、規制の全体像の整合性や全体的影響度に目配りすることはきわめてむずかしくなった。総合的な影響の分析は後手に回った。

　バーゼルⅢの完全実施は2019年であるが、そこに向けた導入スケジュールも国によって違いがある。各国ごとの規制の導入もいまだ道半ばであり、金融機関における規制対応の努力はまだ続く。金融リスク管理実務の将来は、規制と実務のバランスをみながら、曲がりくねった道筋になることが予想される。

目撃者のコラム

　金融規制がわかりにくくなった、といった声を多く耳にする。バーゼル規制イコール自己資本比率規制である、というイメージが強いなかでは、流動性規制やレバレッジ規制、さらには、破綻計画からTLAC、データ集計原則にまで広がると、一部の専門家を除いて、相互の関係や全体像がみえないというのが実情ではないか。また、規制の発信源も、バーゼル銀行監督委員会にとどまらず、金融安定理事会（FSB）や、さらには、ボルカールール、ドッド・フランク法など、国際金融規制対応に加えて、各国個別の規制にまで対応が必要とされる。対象となる銀行も、国際的な活動を行う、という当初のバーゼル規制の切り口に加えて、G-SIBや、D-SIB[41]、さらにはG-SII[42]の選定、と、これも一般人の理解を超える。新たな規制では「よりシンプルでリスクと整合的、かつ比較可能な」方向性による改訂が試みられている。しかしながら、標準法を内部モデル法に対する資本フロアとすることによる二重計算負担や、新たな流動性規制とレバレッジ比率規制、さらにG-SIBに対する、データ集計・報告原則とTLAC、となると、個々には単純さに意を用いた（とされる）新規制が複数並び立つことで、その目的を達成できているかについては疑問も残る。

　バーゼルⅡ以降、金融規制と金融リスク管理の実務のバランスという課題に取り組んできた身からすると、金融危機以降の規制強化の潮流は、隔世の感と無力感にさいなまれるものであった。規制案に対して、業界団体を通じて議論を行い

41　Domestic Systemically Important Bank. 各国国内の金融システム上重要な銀行のこと。
42　Global Systemically Important Insurance Company. 金融システム上重要な保険会社のこと。

はするものの、ピッツバーグ・サミット等で規定された政治上のスケジュールが前提であり、十分な議論が行えない。官民の議論を徹底的に尽くしたバーゼルIIとは大きな落差があった。

政治的な期限を守る必要性は否定できなかった。一方、民間側も、議論が多方面にわたるなかで準備不足の側面もあり、結果として実証能力に欠ける議論はきわめて分が悪かった。

金融危機で発生した損失の一因がリスク管理にあったことも明らかだった民間側において、リスク管理の側からの議論が説得力を欠いたのは無理もない。やむをえず傷病兵を再度戦線に繰り出しているような状況さえ見受けられた。それでも、バーゼルIIにおける官民の議論を経験した身からすると、これでいいのだろうかという思いは禁じえない。

その典型例が、市場リスク規制の見直し、いわゆるトレーディング勘定における抜本的見直し（FRTB）であろう。

サブプライムローン問題から金融危機時においてVaRによる管理が有効に機能しなかったのは疑いがない。VaRの成立ち[43]を考えれば、一点の損失しか示さないVaRに対して、最大損失の期待値として提案された期待ショートフォールを中心に据えたFRTBの考え方は、金融危機で問題になったテール・イベントを捕捉できる点で方向性としては正しいと考えることができる。一方で、期待ショートフォールはリスク管理上のリミット設定や枠管理としては使いにくく、民間実務の方向性を重視した従来のアプローチとは異なる、新たな「当局主導によるリスクベース」、あるいは「当局が考えるリスクベース」の規制への転換とも考えられる。FRTBを提示されたリスク管理担当者は、FRTBとリスク管理実務のバランスをどのようにとればいいのか悩んでいる。しかしながら、考え方

---

[43] 第 4 章「G30レポートとVaR革命」参照。

のアプローチが異なるのであれば折り合いは本来つけがたく、新たな規制資本対応とリスク管理実務のベクトルは離れていく可能性がある。折り合いのつけ方に悩む担当者ですら、いつまで残るかはわからないのである。民間実務を重視したリスクベースアプローチのきっかけがG30レポートだったのだとすると、その最終形であるバーゼルIIまで、約15年の道のりだったと考えることもできる。金融危機後、あるいはFRTB後の次の15年間、民間実務と当局規制の間にどのような考え方や距離感の変化がもたらされるのか、しっかりと見定める必要があるだろう。

　金融規制強化の流れは、グローバル規制の強化という潮流と各国による独自規制の強化という波が同時に押し寄せている。従来トレーディングを活発に行ってきた欧米金融機関を中心に、その規制資本負担の増加等から業務の見直しと選択が行われ、十分な利益が見込めない国や市場、業務から撤退する例が増えている。市場の有力なプレーヤーが撤退した結果、残された金融市場の流動性の低下を懸念する声もあがっている[44]。金融規制強化の潮流はやむをえないものではあるが、グローバルな金融が国境を越えた資金の移動と国際経済の発展に貢献してきたことも事実である。特に、日本を中心としたアジア各国は、その豊富で高品質の労働力および高い貯蓄率によって、貿易面や資本輸出の面でグローバル経済と切り離せない存在にある。健全な国際資本移動までも金融規制が阻害してしまう事態は避けなければならず、今後、規制導入の目的と効果およびその副作用も含めた全体影響については十分な検証が必要ではないかと思う。

---

[44] 市場の流動性の低下は、後述する「フラッシュ・イベント」の一因ともされている。第13章「アルゴリズム取引・HFT取引と「フラッシュ・クラッシュ」」参照。

さらに、規制は規制として対応し、リスク管理は内部管理として独自に高度化を図ればいいという議論も、規制による負担がここまで大きくなると通用しない。競争の激しい金融業において、リスク管理に無尽蔵にコストをかけるわけにはいかないからである。いきおい「規制対応」が優先することになり、リスクマネジャーが考えるリスクベースのプロジェクトは、「規制対応」プロジェクトに劣後することになる。

　本書の初版におけるコラムは、以下のように結んだ。「それでも、自らの主体的なリスク管理実務の高度化は、民間企業である金融機関にとって必須である。本書でみてきたとおり、リスク管理の実務は、必要性と同時に創造力によっても支えられてきたからである。その意味で、これからのリスクマネジャーには、規制対応を行いながらもあるべきリスク管理の実務を推し進めるという、これまで以上に厳しい自己規律をもった姿勢が必要になるのではないかと思う」。この思いは、今回の増補版出版においても変わらない。しかしながら、規制対応に要する資源や、規制の結果としてのビジネス側の変化があまりに大きいなか、リスクマネジャーだけでなく、ビジネス部門や経営者を含め、金融事業とそのリスク管理に対する理念や規律、プリンシプルやディシプリンをどうすれば維持できるのか、大きなチャレンジに直面していると思う。

〈参考資料〉

"Risk Management Lessons from the Global Banking Crisis of 2008", Senior Supervisors Group, October 2009

「バーゼルⅢ：より強靭な銀行および銀行システムのための世界的な規制の枠組み」、バーゼル銀行監督委員会、2010年

「バーゼルⅢ：流動性リスク計測、基準、モニタリングのための国

際的枠組み」、バーゼル銀行監督委員会、2010年
「実効的なリスクデータ集計とリスク報告に関する諸原則」、バーゼル銀行監督委員会、2013年
"2015 Update of list of group of global systemically important banks (G-SIBs)"、金融安定理事会、2015年11月
"Toward Effective Governance of Financial Institutions", Group of 30, 2012
"Minimum capital requirements for market risk"、バーゼル銀行監督委員会、2016年1月
"Final Report of the IIF Committee on Market Best Practices: Principles on Conduct and Best Practice Recommendation"、国際金融協会、2008年7月
"Reform in the Financial Services Industry: Strengthening Practices for a More Stable System"、国際金融協会、2009年12月
"Interim Report on the Cumulative Impact on the Global Economy of Proposed Changes in the Banking Regulatory Framework"、国際金融協会、2010年6月
『リーマンショック・コンフィデンシャル』、アンドリュー・ロス・ソーキン、早川書房、2010年("Too Big to Fail", Andrew Ross Sorkin, 2009)
"Principles of Loss-absorbing and Recapitalisation Capacity of G-SIBs in Resolution—Total Loss Absorbing Capacity Term Sheet", Financial Stability Board, Nov 2015
"Regulatory consistency assessment programme (RCAP)—Analysis of risk-weighted assets from market risk"、バーゼル銀行監督委員会、2013年1月
"Regulatory consistency assessment programme (RCAP)—Analysis of risk-weighted assets from credit risk in the banking book"、バーゼル銀行監督委員会、2013年7月

"Revisions to the standardised approach for credit risk—second consultative document"、バーゼル銀行監督委員会、2015年12月

"Standardised Measurement Approach for operational risk-consultative document"、バーゼル銀行監督委員会、2016年3月

"Reducing variation in credit risk-weighted assets-constraints on the use of internal model approaches-consultative document"、バーゼル銀行監督委員会、2016年3月

『ポールソン回顧録』、ヘンリー・ポールソン、日本経済新聞社、2010年（"On the Brink — Inside the Race to Stop the Collapse of the Global Financial System", Paulson H.）

『ガイトナー回顧録』、ティモシー・ガイトナー、日本経済新聞社、2015年（"Stress Test: Reflections on Financial Crises", Timothy F. Geithner）

『詳解バーゼルIIIによる新国際金融規制』、みずほ証券バーゼルIII研究会、中央経済社、2012年

『金融危機とバーゼル規制の経済学』、宮内惇至、勁草書房、2015年

「新資本規制2段階で巨大銀破綻に備え」、日本経済新聞、2015年11月10日

第13章

アルゴリズム取引・HFT取引と「フラッシュ・クラッシュ」
【2010年】

●本章のポイント

　2010年5月、米国株式市場で、数百の銘柄がわずか10分の間に急落し、その後急回復を示した。フラッシュ・クラッシュ（一瞬の市場クラッシュ）と呼ばれたこの乱高下は、アルゴリズム取引と呼ばれるプログラム売買を要因として起こったものだが、HFT取引と呼ばれる高頻度取引が一般的となった株式市場取引における市場リスク管理やシステムリスク管理に、新たな課題を投げかけることとなった。

1 「フラッシュ・クラッシュ」

　2010年5月6日、米国株式市場で異変があった。数百もの株式の価格が突然急落し、その後急反発したのである。なかには、ほとんどゼロに近い価格で取引されたケースがみられた一方、異常な高値で取引が成立したケースもみられた[1]。その間ほんの10分の出来事であった。

　市場は、この出来事を「フラッシュ・クラッシュ[2]」、すなわち一瞬の閃光のような市場クラッシュと呼んだ。21世紀の新しいタイプの市場リスクの誕生であった。

1　その後の取引所の精査の結果、後述するスタブ・クオートに関連する取引を中心に、326銘柄、約2万件を超える取引が無効であるとしてキャンセルされている。
2　Flash Crash.

図表13−1 2010年5月6日における、E−Mini（後述）先物取引の価格推移と取引量

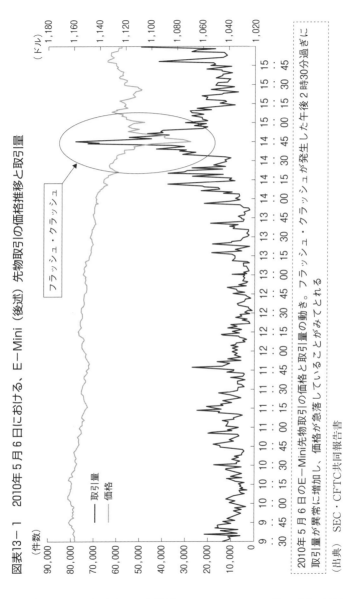

2010年5月6日のE−Mini先物取引の価格と取引量の動き。フラッシュ・クラッシュが発生した午後2時30分過ぎに取引量が異常に増加し、価格が急落していることがみてとれる

（出典）SEC・CFTC共同報告書

第13章 アルゴリズム取引・HFT取引と「フラッシュ・クラッシュ」【2010年】 295

2 アルゴリズム取引

　そもそもアルゴリズムとは、数学やコンピューティングにおいて、問題を解くための手順を定式化したかたちで表現したものをいう。特にコンピュータを使って特定の処理を行わせる場合、一定の条件に合致した場合には、このようなプロセスを経るといった、いわゆるフローチャートを作成して、処理を行わせる必要があり、その手順がアルゴリズムである。

　このアルゴリズムを市場取引に応用したものがアルゴリズム取引である。たとえば株式のアルゴリズム取引では、コンピュータシステムが株価や出来高などの動きに対応した一定の数理モデルに従って、自動的に株式売買の発注量やタイミングを判断し、株式の売買注文を行うことになる。その意味では、アルゴリズム取引は、前にみてきたプログラム・トレーディングやシステム売買と本質的に同じものであると考えられる[3]。

　アルゴリズム取引はさまざまな動機で行われるが、その最も大きなものは市場インパクトの回避である。市場で通常やりとりされている取引規模を超えた発注を行った場合、その注文自体が市場価格を動かしてしまい、投資家が思っていた価格で売買ができずに、損失を計上してしまうケースがある[4]。このように自らの売買注文が市場価格に影響を与えるケースを、市場インパクトがあると呼ぶ。たとえば、米国における企業年金等

3　第2章「ブラックマンデー」参照。
4　第7章「ヘッジファンドLTCM破綻」参照。

の大手機関投資家が保有するポートフォリオの入替えを行う際などは、ポートフォリオが巨大であるがゆえに、その入替取引も市場の規模に比して過大なものになってしまい、市場インパクトが発生してしまうことになる。

　こうした市場インパクトの影響を避けるために、市場価格に影響を与えない発注量と発注頻度を分析して、いわば取引を小分けにして、コンピュータが自動売買発注を行い、市場インパクトを生じさせずに、かつ最短の時間で売買執行を完了するために開発されたのがアルゴリズム取引である。たとえば、一定の金額の発注を行いたい場合に、直前5分間の取引量の1％を超えない額に分割してコンピュータが自動発注を行い、当初思っていた売買を完了させるといったようなプログラムが設定される。

　しかしながら、発注を小分けにして行うという場合、頻繁に売買が成立しなければ売買が完了するのに時間がかかってしまい、当初思っていた取引量が売買できない可能性がある。市場インパクトを生じさせない取引額と取引回数（ないし取引頻度）の間にジレンマが生じてしまうわけである。こうした悩みに取引所の側が対応したのが、高速で高頻度の取引いわゆる「High-Frequency Trading（HFT取引）」である。

　従来取引所の取引は、何分の1秒で売買注文を突き合わせていたが、IT技術の進展によって、この執行時間を大幅に短縮することが可能となった。通常「電子取引[5]」と呼ばれるHFT取引のプラットフォームでは、大量の売買注文をミリ秒（1,000

分の1秒）から、マイクロ秒（100万分の1秒）の単位で行うことが可能となった。これにより、取引を小分けにして高速・高頻度で行い、市場インパクトを避けながら、多額の売買執行を円滑かつ迅速に行うという機関投資家のニーズを満たすことができるわけである。各取引所は、大手機関投資家を自らの市場に引きつけるべく、争うようにインフラ基盤整備を強化、顧客に提供できる発注スピードを高め、HFT取引のサービスを提供することとなった[6]。

　米国の株式取引の多くは電子取引にシフトしており、2012年時点で、HFT取引が取引量の4分の3近くを占めるとされている。HFT取引を得意とするBATS取引所はすでに、ニューヨーク証券取引所、ナスダックに次いで第3位の取引地位を占めている。また、ニューヨーク証券取引所に上場された株式の半数以上は、電子取引を中心とした別の取引所で取引されているとされる。

　しかしながら、第2章でもみたとおり、コンピュータ・プログラムによる取引は、市場におけるなんらかの前提が成り立っている場合に機能するのであり、その前提が崩れた場合、思いもよらない結果を生む危険性がある。それが一気に噴出したのが、フラッシュ・クラッシュの10分間であった。

5 　エレクトロニック・トレーディング（electronic trading）と呼ばれる。
6 　2012年7月現在における主要取引所の売買システムの注文スピードは、東証が1ミリ秒以下、ニューヨークが0.9ミリ秒、米ナスダックが0.098ミリ秒、ロンドンが0.125ミリ秒、シンガポールが0.09ミリ秒となっている（後述脚注21参照）。

3　2010年5月6日

　2010年春は、ギリシャにおける債務危機情勢から、欧州債券市場の緊張が高まっていた。5月6日の株式市場も朝から神経質な動きを示していた。その日の午後2時以降の動きについて、米国証券取引委員会（SEC）と米国商品先物取引委員会（CFTC）の共同調査報告書[7]から追ってみることとする。

● 午後2時半までに、S&P500のボラティリティ指数（VIX）は、この日の市場が始まってから22.5％上昇した。「質への逃避」の動きから、米国国債の利回りが低下し、ダウ平均指数は約2.5％下落していた。市場ではボラティリティが高まり、電子株式先物市場の中心売買銘柄である、E-Mini S&P500先物（以下「E-Mini」）とS&P500 exchange traded fund（以下「SPY」）の流動性が低下していた。

● 午後2時32分、大手ミューチュアル・ファンドのトレーダー（以下「トレーダーA」）が、既存の株式ポジションのヘッジとして、E-Mini 7万5,000契約、金額にして41億ドル（約3,700億円）にのぼる大きな売り注文を、アルゴリズムプログラム（売りアルゴリズム）に基づいてプログラミング実行した。売りアルゴリズムの内容は、直前1分間のE-Mini取引高の9％に当たる取引を執行するというものであった[8]。

---

[7] "Findings Regarding the Market Events of May 6, 2010", U.S. Security Exchange Commission & U.S. Commodity Futures Trading Commission, 2010.

この売りプログラム自体は、いったん市場のHFTトレーダーと機関投資家およびアービトラージャーによって吸収され、約定された。

●その後、午後2時44分にかけて、上記トレーダーAの売り注文に対して買いに回ったHFTトレーダーが、自らのポジションカバーのために売り発注を実施した。これに先ほどのトレーダーAの売りアルゴリズムが反応し、電子取引参加者の間の取引が増幅するかたちで取引量・スピードが急速に拡大した。この時点で、他の一般の機関投資家とアービトラージャーは、あまりに急な市場の動きに取引を行うことができず、市場はHFTトレーダー同士の打合いの様相を呈した。

●これら取引の結果として、午後2時41分〜2時44分の間に、E-Miniは3％下落した。ここでアービトラージャーが、E-Mini買い、原株式売りを実施したことから、株式バスケットに相当するETF商品であるSPYの価格が3％下落した。この間、HFTトレーダー間の売り買いはさらに加速した。

●午後2時45分13秒〜同27秒のわずか14秒の間に、HFT取引は、通常の1日当り取引量のほぼ半分に当たる2万7,000契約を成約させた[9]。他の市場参加者が傍観し、流動性が低下したことから、E-Mini価格は、この15秒の間で1.7%下落

---

8 この際に、トレーダーは注文が成約する価格の範囲と注文を続ける時間について制約を設けておらず、これが、異常な価格での取引成約やその後も取引を続けてしまった要因になったとの批判を受けた。
9 図表13-1参照。

した。値動きが速すぎて、この間、他の機関投資家やアービトラージャーは売買注文を行うことができず、市場に流動性を供給することができなかった。

● なお、午後2時45分の時点で、市場に流動性を供給すべき多くの機関投資家のトレーディングシステムは、急激な市場の動きに対して自動停止していた。

● 結果として、午後2時41分～同45分27秒の間に、E-Miniは5％下落、SPYは6％下落した。

● 午後2時45分28秒、取引所において、価格の暴落を防ぐ機能が作動し、E-Mini取引が5秒間停止された。この間に、売り圧力が緩み、買い取引が回復した。

● 午後2時45分33秒、取引が再開されたが、価格は安定化された。E-Mini、SPYとも価格は上昇した。一方、トレーダーAの売りアルゴリズムは、午後2時51分までプログラムを実行していた。

● 個別株式の市場においては、午後2時40分～3時にかけて、約20億株、560億ドル（約5兆1,000億円）相当の取引が成立。そのうち、98％は、午後2時40分の時点の株価の上下10％以内の価格で取引が成立したが、一部の銘柄は1セント以下の安値で取引が成立する一方、10万ドル近い異常な価格で取引が成立した銘柄が存在した[10]。

● 午後3時には、ほとんどの銘柄が適切な価格に回復した。

---

10 その後、2時40分～3時の間で、直前の価格から60％以上かい離した価格で成立した326銘柄、約2万件の取引は強制的にキャンセルされた。

図表13-2 2010年5月6日における、市場売買の深み

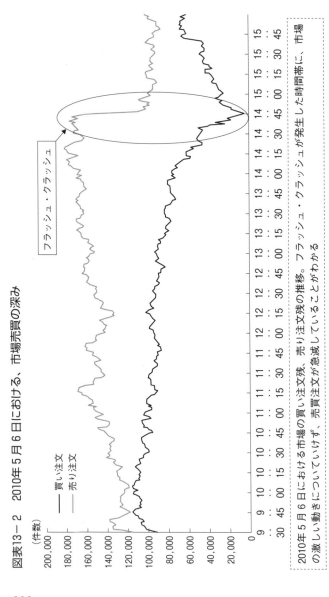

(出典) SEC・CFTC共同報告書

図表13-3 2010年5月6日14時40分〜45分のE-Mini市場の買い注文残高推移

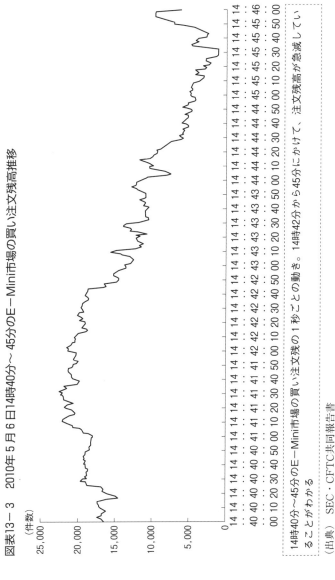

14時40分〜45分のE-Mini市場の買い注文残の1秒ごとの動き。14時42分から45分にかけて、注文残高が急減していることがわかる

(出典) SEC・CFTC共同報告書

第13章 アルゴリズム取引・HFT取引と「フラッシュ・クラッシュ」【2010年】 303

以上の経緯を振り返ると、HFT取引によるフラッシュ・クラッシュの異常さは際立っている。14秒間で2万7,000件という出来高のなかでは、人間だけでなく、多くの市場参加者のトレーディングシステムですら異常な取引を傍観するしかなかったのである。

4 スタブ・クオート

しかしながら、取引が高速で執行されるだけであれば、価格がゼロに近いような取引や法外な高値の取引というものが発生する必然性はないといえる。ここで問題になったのは、「スタブ・クオート」と呼ばれる米国における取引慣行であった。

取引所に「マーケットメーカー」として登録した会員証券会社は、自らが「マーケットメーク（＝値付け）」を行うと登録した株式銘柄について、売り買い両方の呼び値を行う[11]義務が課されている。たとえば、IBMの株式のマーケットメークを行う会員証券会社は、IBMの株式をいくらで買い、いくらで売るという価格提示を同時に行うことで、売り注文に対しても買い注文に対しても取引を執行する責任を負うわけである。マーケットメーカーが売り買い両方の呼び値をクオートして流動性を供給することを保証することにより、IBM株式の投資家は安心して売り買いを行うことができるという市場の流動性をアピールすることができるわけである。

---

11 「クオートする（＝quote）」と呼ばれる。

しかしながら、マーケットメーカーが常に売り買い両方の取引をしたいわけではない。市場の動きが一方向に偏ったときや市場が乱高下したときなどに、売り買い両方の価格を提示することは思わぬポジションを抱え込むリスクにさらされることになりかねない。こうした場合に、マーケットメーカーは、明らかに執行されないような価格を提示することで、売り買い両方の価格を提示するという義務は形式的に満たしながら、思わぬポジションを抱え込むリスクを回避してきた。こうして提示された呼び値が、「スタブ・クオート」と呼ばれる取引慣行である。すなわち、ポジションを買い増したくないマーケットメーカーは、呼び値の買い価格を極端に低い値段でクオートすることで取引が成立しないようにし、ポジションを売りたくないマーケットメーカーは、呼び値の売り価格を極端に高い値段でクオートすることでマーケットメーカーとしての義務は果たしながら、意図せざるポジションテイクを避けてきたわけである。

　このように本来スタブ・クオートは、取引を「成立させない」ことを目的とした価格提示であるから、マーケットメーカーの側からすると、スタブ・クオートで提示した価格で取引が執行されるとは思ってもいないところである。ところが、フラッシュ・クラッシュでは、アルゴリズム取引に基づく多くのストップロス注文が、本来取引が成立しないはずのこれらのスタブ・クオートの価格提示を拾ってしまい、スタブ・クオートによる異常な価格での取引が成立してしまったわけである。

マーケットメーカーがクオートする価格は、最低0.01セント、最高は10万ドルを上限とするというルールがある。そのため、フラッシュ・クラッシュの間では、多くの取引が、0.01セントや10万ドルで取引約定されてしまったのである。

5　市場の対応

フラッシュ・クラッシュが市場関係者に与えた衝撃は大きかった。SECとCFTCによる共同調査報告書では、フラッシュ・クラッシュの教訓として、市場にストレスがかかった状況において、アルゴリズム取引による大きな売り発注がなされると、極端な価格の動きを引き起こす可能性があり、流動性の低下や市場の混乱を引き起こす可能性があることを示した。さらに、複数の市場参加者が市場から同時に撤退すると市場の流動性危機が発生する可能性についても指摘した。その一方で、市場がこうした状況に陥った場合に、一度市場の動きを止めることで、参加者がトレーディング戦略を見直したりアルゴリズム取引の設定内容を変更する時間の余裕を与えることができ、市場機能を復活させるのに有効であると結論づけた。

こうしたことを受けて、SECは翌2011年6月、S&P500指数の構成銘柄の個別株式に対するサーキット・ブレーカー制度を導入した。ブラックマンデーの経験から株価指数先物取引についてのサーキット・ブレーカー制度が導入されたことは、第2章で示したとおりだが、ここで導入された個別株式についてのサーキット・ブレーカー制度は、直前5分間で10％以上の価格

変化があった株式につき、5分間取引を中断する、というものである。SECは同年9月、ラッセル1000指数の構成銘柄と一部のETFにもサーキット・ブレーカー制度を適用することとした。これらの施策は、市場が異常な動きを示す、フラッシュ・クラッシュを未然に防止する手だてとして一定の効果があると考えることができる。

　しかしながら、フラッシュ・クラッシュの2年後、市場は再び冷水を浴びせられることになる。2012年8月1日、ニューヨーク証券取引所に上場する約150銘柄の株価が乱高下を示し、ニューヨーク証券取引所は、このうち6銘柄の取引について、一部の取引をキャンセルした。原因は、米国の証券電子取引仲介大手のナイト・キャピタル証券が、大量の買い取引を誤って発注してしまったことであった。ナイト・キャピタル証券は、この誤発注取引によって、わずか45分間で4億4,000万ドル（約340億円）の損失を被った。ナイト・キャピタル証券の株価は急落し、最終的には経営権も引き渡すこととなった[12]。

　ナイト・キャピタル証券のケースは、単純な誤発注であったが、HFT取引において、一度プログラミングを間違えた場合に思いもよらない損失が発生し、場合によっては市場全体を巻き込んでしまうリスクがあることが再認識された[13]。

---

[12] また同年5月には、交流サイト（SNS）大手のフェイスブックの新規上場の当日に、米ナスダック市場でシステム障害が発生、同社株式上場の主幹事を務めたUBS銀行がフェイスブック株式関連の電子取引で、3億5,000万ドル（約270億円）の損失を計上したとされている。

一瞬の閃光のような市場クラッシュはその後も続いた。フラッシュ・クラッシュは、より一般的に、「フラッシュ・イベント[14]」と呼び方を変え、株式市場だけではなく、より広範な市場で見受けられるようになった。

　2014年10月15日、世界で最も取引量が多く、最も流動性が高いとされる米国国債、いわゆるトレジャリー市場をフラッシュ・イベントが襲った。この日の市場では、午前4時に2.20％だった米国10年国債利回りは、午前9時29分に2.16％をつけた後、9時39分までの10分間に1.86％に急低下、その後11時11分までに2.06％に急上昇した。結局その日の取引終了時は当日開始時に比べて0.06％差の2.14％で引けたが、世界一の流動性を誇る米国国債市場において、日中に2.16％から1.86％まで0.30％の金利乱高下を示した動きは、関係者に大きな衝撃を与えた。

　株式市場、債券市場に続いて、為替市場でも「フラッシュ・イベント」が発生した。2015年3月18日、午後4時〜4時6分のわずか6分間の間に、欧州通貨のユーロは、米ドルに対して1.5％上昇、その後4時10分までのわずか6分間の間に、ユーロは、米ドルに対して1％下落した。直前6分間における急上昇をおおむねはき出したことになる。

　このような「フラッシュ・イベント」とHFT取引の直接の

13　その後も、HFT取引の規制強化についての議論が米国議会を中心に行われているが、本稿執筆時点では議論は決着していない。
14　Flash Event.

図表13-4　2014年10月15日の米国10年国債市場の利回り推移

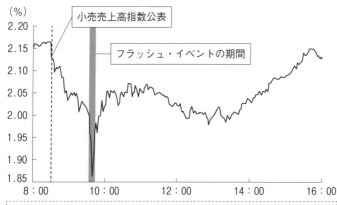

世界で最も取引量が多い米国国債市場で2014年10月15日に発生した「フラッシュ・イベント」は関係者に衝撃を与えた

因果関係は究明できていない。しかしながら、関連市場取引の流動性の低下が、フラッシュ・イベントの発生につながっているとの指摘が、多くの関係者から指摘されている[15]。

　HFT取引については、市場の公平性の観点からの疑念も生じている。2014年に発表された「フラッシュ・ボーイズ」では、投資家が取引所に対して発信した株式発注注文に対して、それを受けた投資銀行やヘッジファンドが、自らの取引をより距離の短い光通信ケーブルを通じて発注することで「先回り」

---

15 "Introduction to a Series on Market Liquidity" Liberty Street Economics, Aug 2015. 第12章で記載された金融規制の強化が、市場の参加者減少をもたらし、市場の流動性低下の一因になっている、との分析もなされている。

して売り買いし、より有利な取引を実現する様が示された。

　たとえば、株式市場にある株式が売りに出ているのをみて、ある投資家が買い注文を入れたとする。それを察知した業者が、より速い注文で先回りして株式をさらってしまうと、投資家が買おうと思った株式はすでに市場にはなく、投資家は買うことはできなくなる。その後この投資家が、先回りして買いつけた業者からその株式を少しでも高い価格で買った場合には、業者は「先回り」による利益を得ることができる。自ら投資して取引所との間に、より近くより速い通信インフラを設置して、より有利な取引を実現することは資本主義の原理からすると競争原理にかなっているかもしれないが、市場参加者の間に不公平が生じているのではないか、あるいはそこに不公正取引は存在しないのか[16]。HFT取引をめぐるやりとりは、いまだ続いている。

6　フラッシュ・クラッシュが金融リスク管理に与える影響

　アルゴリズム取引とHFT取引は、金融リスク管理に対しても新たな課題を突きつけている。マイクロ秒単位で執行されるトレーディング活動やトレーディング・ポジションに対して、

---

[16] 2013年1月には、米エネルギー情報局が天然ガスレポートを発表する400ミリ秒前に天然ガス先物売買が急増、情報の事前漏えいが疑われたほか、同年6月には米サプライマネジメント協会が発表した製造業景況感指数をHFT取引トレーダーが15ミリ秒早く入手して事前に売買を実行したとの疑いも示された。

金融リスク管理はどのように対処すべきかという課題である。そのなかには、市場や自社のアルゴリズムの設定ミスに対してどのように対処すべきかという、オペレーショナルリスク管理としての課題も含まれている。アルゴリズム取引に対するリスク管理上の対応には、主に事前管理と事後の事象対応の大きく2つの方向性が考えられる。

　事前の管理は、システムリスクを軽減するものであり、システムおよびプログラムの内容を検証するとともに、システムテストを繰り返し、アルゴリズムに誤りがないことを確保することである。いわば「転ばぬ先の杖」に当たる。ここではシステムリスク管理を行う基準としてのテスト方法に従い、システムバグの検出とその排除を行うことになる。

　しかしながら、どれだけテストを繰り返しても、システムバグをゼロにすることはできない。あるいはプログラミングの際に想定していなかった市場の異常な動きが発生した場合には、アルゴリズム取引が暴走するリスクは排除しえない。リスク管理上は、こうしたリスクが発生した際の事後の管理体制を整備しておくことが必要である。仮にアルゴリズムが暴走した場合、取引そのものが、「目にもとまらぬ速さ」で行われている以上、そのリスクを目視で管理することはほぼ不可能である。したがって、アルゴリズム取引とHFT取引に対しては、リスク管理自体もアルゴリズム化する必要がある。たとえば、アルゴリズム取引に基づくトレーディング・ポジションが一定の規模やリスク量を超えた場合には、いったん強制的に取引を中止

させるというルールを組み込むことが考えられる。また、専属のリスクマネジャーを配属して、こうしたトレーディング・ポジションを常時監視させて、ポジションが異常な動きを示した場合には、取引をいったん中断させるというルールを定めることも行われる。この場合も、「異常な動き」の判断には、取引規模やリスク量などの客観的な基準を置く必要がある。

　アルゴリズム取引やHFT取引に係るリスク管理アプローチは、市場リスク管理であるとともに、アルゴリズム取引をかたちづくるシステムのリスクに対するオペレーショナルリスク管理であると考えることができる。それは、目視では追い切れない取引が、システムや市場の想定を超えて暴走するリスクを抑止するという従来の金融リスク管理とは異なったものとなるのである。

目撃者のコラム

　本書を当初に刊行した2013年には、フラッシュ・クラッシュ自体を本書で初めて聞いた、という感想が多かった。しかしながら、その後の展開は、それ自身が「高速化」しているといえなくもない。HFT取引を広く知らしめたという意味では、ベストセラーとなった『フラッシュ・ボーイズ』の功績は大きい。『フラッシュ・ボーイズ』を通じて人々は、目にもみえない速さで繰り広げられるHFT取引とその裏で繰り広げられるマネーゲーム、さらにそこで自分の株式注文がもて遊ばれていることもかいまみることになった。株式市場で発生したフラッシュ・クラッシュは、その後より一般的にフラッシュ・

イベントと呼ばれるようになり、為替市場や、グローバルに最も流動性が高いとされる米国国債市場をもおびやかす可能性があることが示された。

2015年4月21日、英国の個人トレーダー、ナヴィンダー・シン氏が拘束された。罪状は、ネット経由で架空の取引注文を大量に行い、取引成約直前に取り消す「見せ玉」と呼ばれる相場操縦を繰り返すことで、2010年5月6日の「フラッシュ・クラッシュ」の引き金を引いたというものだった。シン氏は容疑を否定する姿勢を示している。容疑に対しては、シン氏がフラッシュ・クラッシュのスケープゴートにされた、との報道もなされており、真偽のほどはいまだ明らかではない。仮に検察側が正しかったとしても、1人の個人トレーダーが全世界を震撼させる事件を引き起こせるとするなら、そうした金融システムの側に問題があるといえないだろうか。

ソロモン・ブラザーズ証券[17]の市場リスクマネジメントのヘッドであった、リチャード・ブックステーバーは、2008年に出版した著書『市場リスク 暴落は必然か[18]』で、以下のように述べている。

● 最近みられる市場の機能不全の多くは複雑性に起因しているが、これにプロセスの構成要素同士が強く依存しあっている「密結合」という状況が加わることで、事故は「ノーマル・アクシデント」すなわち「起こるべくして起こる事故」になる。
● その状態では、リスクをコントロールしようとする取組みが結果的に流動性危機を生み出してしまうことになる。
● 執行スピードはかつてなく速まり、それまでは独立していたプロセスが結合し、すでに数が減少した金融機関の間で

---

[17] ソロモン・ブラザーズ証券については、第7章「ヘッジファンドLTCM破綻」参照。
[18] "A Damon of Our Own Design".

取引が行われている結果として、トレーディングリスクを吸収したり緩和したりする能力が低下している。
- ノーマル・アクシデントが発生したときに、規制を強めることで再発を防ぐことは可能だが、システムの複雑性がすでにノーマル・アクシデントが頻発するようなレベルにある場合には、規制を次々に加えていくと複雑性や不明瞭さが逆に高まるため、コントロールを強化しても問題には対処しきれない。
- 流動性が本当に求められる状況下では、レバレッジを正当化するはずの流動性は消失し、負のスパイラルに陥って危機へと突入する。
- 複雑性を増大させて、その影響に規制で対処しようとするのではなく、複雑性の源泉を制御すべきである。さらに密結合を減らす最も簡単な方法は、市場活動のスピードを遅くすることである。

氏の指摘のほとんどすべてが、その3年後に発生したフラッシュ・クラッシュに当てはまることに驚かされる。まるで、タイムマシーンで3年後のフラッシュ・クラッシュを目撃していたようである。

フラッシュ・クラッシュ後にSECによって、個別株式に対するサーキット・ブレーカー制度が導入されたが、これは市場活動のスピードを遅らせることに貢献するものとも考えることができよう[19]。

しかしながら、HFT取引は世界中でさらに推し進められている[20]。特に、前章で触れた新たな金融規制や複雑でリスクの高いトレーディング活動等を抑えようとする動きが強まれば強まるほど、より進んだインフラによって標準的で単純な取

---

19 ブックステーバーは、その後、SECのシニア・ポリシー・アドバイザーに就任した。

引を高速で多数取り扱い、そこから付加価値を創出しようとする流れが出てきても不思議ではなく、むしろそれは自然な流れであると考えることができる。

　人間の反応速度をはるかに超えた執行頻度と、グローバルな市場が密接に結びついた密結合。IT技術がデジタルスピードで高速化にまい進する以上、人知がいかに事前のリスク管理を改善しても、近い将来、次世代のフラッシュ・クラッシュが発生するのは避けられないのではないかと思う。そうだとすると、リスクマネジャーがとるべき方策は、HFT取引から発生するリスクに対するストレスシナリオに頭をめぐらせて、事後のリスク管理に万全を期すということになろう。しかしながら、IT能力を極限まで使ってプログラミングされるHFT取引から発生するストレス状況は、人間が軽減策を実行するスピードを超えている[21]。本書初版のコラムは以下の問いで締めくくった。「そうした場合のリスク軽減策は、HFT取引に対抗して自動プログラミングされたリスク管理ロボットによる軽減策の実行になるのだろうか。その時のリスクマネジャーの仕事は、機械対機械によるリスク軽減策をプログラミングする能力なのだろうか」

　増補版発刊にあたって、3年前のこの問いに対する答えはいまだ見つかっていない。その間、フラッシュ・イベントは

20　東証のHFT取引システムであるアローヘッドは、2012年7月に従来の取引執行時間2ミリ秒から1ミリ秒以下に高速化、2015年9月のリニューアル時には、0.5ミリ秒未満にさらに高速化した。また、2015年末時点で東証の株式取引において、HFT取引は約5割を占めているとされている。

21　本文記載のとおり、2010年のフラッシュ・クラッシュでは、わずか15秒の間に、E−mini価格は1.7％下落した。また脚注16に記載の事例では、2013年6月にHFT取引トレーダーが不正に公表数値を取得した時間は「15ミリ秒」とされている。ちなみに人間のまばたきには300ミリ秒の時間を要する。

> 増加している。世の中では人工知能が有名大学の入試に挑戦し、あるいは人間のじゃんけんに対して「絶対に負けない」無敵のプログラムを手に入れた。小説家を志す人工知脳も現れている。3年前の問いは深まることはあれ、収まる見込みはいまのところ期待しがたい。しかしながら、リスク軽減プログラムのアルゴリズムを考えるのは、まだ人工知能ではなく、生身の人間であろう。リスクマネジャーが培った経験知が、そこでこそ発揮されるべきであろう。

〈参考資料〉

"Findings Regarding the Market Events of May 6, 2010", U.S. Security Exchange Commission & U.S. Commodity Futures Trading Commission, 2010

『市場リスク 暴落は必然か』、リチャード・ブックステーバー、2008年（"A Demon of our own Design", Bookstaber R.）

「フラッシュ・クラッシュから1年」、大崎貞和、「金融ITフォーカス」2011年5月、野村総合研究所

「東京マイクロ秒戦争」、日経ヴェリタス、2012年7月29日号

"Joint Staff Report: The U.S. Treasury Market on October 15, 2014", U.S. Department of Treasury at el, July 2015

"Introduction to a Series on Market Liquidity", Liberty Street Economics, 2015

"Flash crash" charges spark concern over regulation of US markets", Financial Times, Apr. 23. 2015

"'Flash crash'case shines light on futures trades", Financial Times, Apr. 23. 2015

『フラッシュ・ボーイズ』、マイケル・ルイス、文藝春秋、2014年

"Algorithmic Trading Briefing Note", Senior Supervisors Group, April 2015

第14章

LIBOR不正とコンダクトリスク
【2012年〜】

●本章のポイント

　金融危機後の欧米金融業界では、金融機関の行動規範に対する批判が高まった。2012年の英国では、インターバンク取引金利として世界中の資金・貸出取引の基準金利になっているLIBOR金利の決定プロセスに不正取引があったとして、複数の大手銀行に対して多額の罰金支払が命じられた。その後、「コンダクトリスク」は、外為取引や、金融商品の販売適合性、経済制裁国への資金決済提供、さらには、損失発生に対する管理責任へと範囲を広げ、金融機関にとっての重要な対応分野となった。

1　英バークレーズ銀行LIBOR不正申告事件

　発端からして、奇妙な話だった。2012年6月、英米の金融当局[1]は、英バークレーズ銀行が、銀行間の取引金利であるロンドン銀行間取引金利、いわゆるライボー金利（以下LIBOR[2]）を操作しようとした、として、4億5,000万ドル（約360億円）にのぼる罰金支払を命じた。一般人にはなじみのない「LIBOR」の「不正操作」、いったいこれはどういうことだろうか。

　そもそもLIBORとは、英国ロンドン市場の銀行間で行われ

1　英国金融サービス庁（Financial Services Authority）、米商品先物取引委員会（Commodity Futures Trading Commission）、および米国合衆国司法省（Department of Justice）。
2　London Inter-Bank Offered Rateの略。第5章「FRBショックとデリバティブ損失」参照。

る資金取引について使用される取引金利である。銀行が他の銀行から資金を借り入れるために適用する金利がライボー（LIBOR）、銀行が他の銀行に預入れを行うために適用する金利がライビッド（LIBID[3]）、とされる。LIBORはその名のとおり、ロンドンにおいて（London）、銀行間取引で（Inter-Bank）、資金の出し手が提示する（Offered）、金利（Rate）、の略である[4]。

歴史をさかのぼると、そもそも金利は政府や中央銀行が決定するものであった。しかしながら、第一次オイルショック後に発生したユーロダラー市場では、こうした政策金利とは離れた自由な金利設定が行われ、銀行自らが基準金利を決定する実務を整備することが必要となった。そこでユーロダラー取引の中心となったロンドン市場の主要な参加者であるいくつかの銀行を「レファレンス銀行」として、これらの銀行が提示するオファー金利（貸出金利）から、その日の銀行間取引の基準金利としてLIBORが決定される実務が形成された[5]。これら主要銀行は1日1度、ロンドン時間の午前11時に自らのオファー金利とビッド金利を英国銀行協会（BBA[6]）に提示、BBAがその平

---

[3] London Inter-Bank Bid Rateの略。
[4] ロンドン以外の市場においては、たとえば欧州銀行間取引金利はユーリボー（EURIBOR = Europe Inter-Bank Offered Rate）、東京銀行間取引金利はタイボー（TIBOR = Tokyo Inter-Bank Offered Rate）、シンガポール銀行間取引金利はサイボー（SIBOR = Singapore Inter-Bank Offered Rate）などと呼ばれる。
[5] 序章「「10大事件＋𝒳」と本書の構成」参照。
[6] British Bankers' Association.

均値を、LIBORおよびLIBIDとして公表するのである[7]。公表されたLIBOR金利は、翌日の朝11時に更新されるまで、LIBORの基準金利として使われることになる。LIBOR金利は米ドルや日本円など、通貨ごとに設定され、通貨ごとにレファレンス銀行が定まっている[8]。ちなみに、米ドルのLIBORのレファレンス銀行はバークレーズ銀行を含む18行、日本円LIBORのレファレンス銀行は、三菱東京UFJ銀行、みずほ銀行など13行からなっていた。

英バークレーズ銀行のケースでは、このLIBOR決定プロセスにおいて、バークレーズ銀行が不当に低いレベルでLIBOR金利を提示し、金利を低めに操作しようとした、とされたのである。

では、LIBOR金利を低く（あるいは高く）提示することでバークレーズ銀行には、どのような利益があるのだろうか。LIBORは、日々の銀行間の取引だけでなく、広く金融取引に適用される。たとえば、固定金利と変動金利を交換する金利スワップ取引における変動金利は、多くの場合、LIBOR金利に基づいている[9]。あるいは米国内の変動金利建て住宅ローンも

---

[7] LIBOR金利は、レファレンス銀行の提示金利から、上下両端1〜2行の提示金利を除いた他の銀行の提示金利を平均することで決定される。したがって、仮に1行が極端に低い（高い）金利を提示した場合、その金利は、LIBORを決定する平均算出の計算から除外されることになる。

[8] LIBORはまた、3カ月物LIBOR、6カ月物LIBORといったように、典型的な取引期間ごとに設定される。

[9] 第5章「FRBショックとデリバティブ損失」参照。

図表14−1　LIBOR不正前における米ドルLIBORのレファレンス銀行

バンク・オブ・アメリカ
三菱東京UFJ銀行
バークレーズ銀行
BNPパリバ
シティバンク
クレディ・アグリコール
クレディ・スイス
ドイツ銀行
HSBC
JPモルガンチェース
ロイズ銀行
ラボバンク
ロイヤル・バンク・オブ・カナダ
ソシエテ・ジェネラル
三井住友銀行
農林中金
ロイヤル・バンク・オブ・スコットランド
UBS銀行

LIBOR金利は、レファレンス銀行と呼ばれる主要プレーヤーが提示する金利水準の平均値をとることで決定されていた

LIBORを基準金利とすることが多い。日本国内における短期貸付も「円LIBOR＋xx％」というかたちで設定されることが多い。LIBOR金利を高く設定できれば、これらの貸出金利も高くすることができ、貸出利鞘が増えることになる。全世界で、LIBORを基準金利とする金融取引は推計で360兆ドル（2京9,000兆円）にのぼるともされている。これだけの金融取引に

影響を与えるLIBOR金利を操作することができるとすれば、得られる利益は莫大なものになる可能性があるだろう。

しかしながら先に示したように、LIBOR金利は1行で決められるものではない。金利決定は、数行以上のレファレンス銀行の提示金利を平均することで行われるため、1行が極端に高い（あるいは低い）金利を提示しても、算出手法上は除外されてしまうのである[10]。また、バークレーズ銀行で問題になったのは、金利を不当に「低く」提示したことだった。先の記述であれば、金利を高く提示すれば貸付から得られる追加金利は大きいが、金利を低く提示すると、貸付からの金利収入は減ってしまうことになる。バークレーズ銀行が、収入を大きく減らす金利提示を行う動機はどこにあったのだろうか。

2007～2008年の金融危機時、金融機関に対する経営不安が広がったことは先に示した。資金調達に苦しむ金融機関が増加するなか、他行よりも高い銀行間金利を提示することは、その銀行が資金調達に窮しているとみなされるリスクがある。「当行は資金調達には困っておらず、高い金利など提示しなくても資金調達には問題ない」。当時の時代背景のなかでは、金融危機の標的とされるのを避けるため、銀行が意図的に低い金利を提示する動機がたしかに存在したのである[11]。

バークレーズ銀行のケースでは、イングランド銀行の高官がバークレーズ銀行の提示金利が「目立って高い」と、バーク

---

10 本章脚注7参照。

図表14−2　英バークレーズ銀行のLIBOR不正経緯

2005年頃〜	バークレーズ銀行、不正金利提示
2007年12月	バークレーズ行員がニューヨーク連銀に「LIBOR金利が不当に低い」と報告
2008年4月	バークレーズ行員がニューヨーク連銀に「金利を低めに提示した」と認める
2008年5月	英イングランド銀行総裁がBIS会合でLIBORについて議論
2008年6月	米ニューヨーク連銀総裁が英イングランド銀行にLIBOR改革案を提示 英イングランド銀行が英国銀行協会に、ニューヨーク連銀のLIBOR改革案を伝達
2008年9月	米リーマン・ブラザーズ証券破綻
2008年10月	英イングランド銀行高官がバークレーズ銀行に、「LIBOR提示金利が目立って高い」と指摘 バークレーズ銀行、幹部主導で提示金利の低め誘導実施
2012年6月	バークレーズ銀行、4億5,000万ドルの罰金支払

英バークレーズ銀行のLIBOR金利不正提示は、金融危機時に、自行の資金調達が安泰であることを偽装することを要因として起こった

レーズ銀行の経営陣にコメントした、ともされており、英国当局の側でも国内銀行の資金調達状況の開示に介入し、金利の不正操作を促したのではないか、との報道もなされた[12]。

11　バークレーズ銀行のケースは、不当に低い金利を提示したことを、行員が内部告発したことから発覚したものだった。

2　LIBOR不正の広がりと多額の罰金

　LIBOR不正疑惑は、バークレーズ銀行にとどまらず、次第に業界全体を巻き込む不正事件に発展した。前述の算出過程からすると、1行の金利提示によってLIBOR金利を操作することは困難であり、仮に複数の銀行が結託したからといって、思うように金利が操作できるとは限らない。しかしながら、当局による捜査の過程で明らかになったのは、金利を提示する複数の銀行の担当者が連絡を取り合い、高い（あるいは低い）金利の提示を依頼し合っている実態だった。

　事態の悪化を懸念した欧州連合（EU）欧州議会のボウルズ経済・通貨委員長（当時）は2012年7月、「銀行界の文化を変えなければならないのは明白だ」と述べたうえで、LIBORなどの不正金利操作は、複数の銀行のカルテル行為や、金利の不正操作による詐欺、さらには市場操作・相場操縦に該当する可能性が高く、刑事罰の対象にするとした。また、英国銀行協会などの業界団体が算出を行うLIBOR金利の決定方法を、公的管理のもとに置くべきであると示した。

　その後、LIBOR不正事件は、ユーリボー、タイボーを調査対象とした結果、大手銀行に対して、合計1兆円を超える罰金

12　イングランド銀行高官は、英議会の公聴会に出席し、バークレーズ銀行に対する指摘は、「①市場や政府関係者がバークレーズ銀行の経営に懸念を抱いていることを伝えること、②日々の調達金利を含めて、細心の注意を求めること」が目的であり、そもそもイングランド銀行はLIBOR市場を規制する権限や責任をもっていない、と証言、疑惑を否定した。

図表14-3　LIBOR不正事件による主な罰金例

	LIBOR関連	ユーリボーほか
バークレーズ銀行（英）	4億5,000万ドル （約360億円）	
シティバンク（米）		9,500万ドル （約100億円）
ドイツ銀行（独）	25億ドル （約3,000億円）	9億8,600万ドル （約1,040億円）
JPモルガンチェース（米）		1億1,000万ドル （約1,160億円）
ラボバンク（蘭）	10億ドル （約980億円）	
ソシエテ・ジェネラル（仏）		6億ドル （約630億円）
ロイヤル・バンク・オブ・スコットランド（英）	6億1,500万ドル （約570億円）	5億3,000万ドル （約560億円）
UBS銀行（スイス）	15億ドル （約1,580億円）	

LIBOR不正は、銀行業界に広範にまん延していた。各国当局は、これら銀行に対して巨額の罰金を科した

支払を命じる事態となった。またこの間、不正金利を提示した担当者の逮捕も発生した。

　LIBORは、2014年2月より、米国の大手取引所であるインターコンチネンタル取引所（ICE[13]）が、その算出と公表を英国銀行協会から引き継いだ[14]。LIBORの算出にあたって、各行

は、実際の約定金利に基づいたLIBOR金利をICEに提示することとした。提示を受けたICEが、上下数行の提示金利を切り捨てて[15]残りの平均を算出してLIBORを決定するプロセスには変化はないが、このプロセスは、英国の金融当局であるFCA[16]の監督を受けることとなった。

3 外為取引レート報告不正

　LIBOR不正に次いで焦点が当たったのは、外国為替取引（外為取引）だった。外為取引は、LIBOR金利とは異なり、1日のある時点で基準レートが定まるわけではなく、時々刻々と実勢外為レートが変動する。また日々の取引量は1日500兆円ともいわれるほどに巨額にのぼり、不正取引を行おうとしても、巨大な為替市場を支配して、外為レートを操作することはほぼ不可能である。しかしながら、市場関係者は、ロンドン時間の午後4時を挟んで、大手の業者が、ロイターやブルームバーグといった市場情報サービス業者の画面にクオートする為替価格が、その前後と異なった奇妙な動きを示すことに気づいた。

　資産運用業者が運用するファンドの日々の基準価格を確定するには、日々の為替を評価する基準時間を決める必要がある。

13　Intercontinental Exchange.
14　英国銀行協会（BBA）時代のLIBORと区別するために、以前のものをBBA－LIBOR、現在のものをICE－LIBORと呼ぶことがある。
15　提示レートのうち、最も高い25％と最も低い25％が、平均計算から除外される、とした。
16　FCAについては、第12章「バーゼルⅢと金融規制強化の潮流」参照。

図表14－4　為替不正事件による主な罰金・和解金例

	2014年11月 英・米・スイス 当局罰金	2015年5月 米司法省・FRB 罰金	合計
UBS銀行（スイス）	8億ドル （約950億円）	3億4,000万ドル （約420億円）	11億4,000万ドル （約1,370億円）
バークレーズ銀行（英）		23億8,000万ドル （約2,950億円）	23億8,000万ドル （約2,950億円）
シティバンク（米）	10億2,000万ドル （約1,210億円）	12億7,000万ドル （約1,580億円）	22億8,000万ドル （約2,790億円）
ロイヤル・バンク・オブ・スコットランド（英）	6億3,400万ドル （約750億円）	6億6,900万ドル （約830億円）	13億300万ドル （約1,580億円）
JPモルガンチェース（米）	10億1,000万ドル （約1,200億円）	8億9,200万ドル （約1,100億円）	19億300万ドル （約2,300億円）
HSBC（英）	6億1,800万ドル （約730億円）		6億1,800万ドル （約730億円）
バンク・オブ・アメリカ（米）	2億5,000万ドル （約300億円）	2億500万ドル （約310億円）	4億5,500万ドル （約610億円）

LIBOR不正に続き、為替取引についても銀行にカルテル的な行動がみられたとされ、各国当局は主要な銀行に巨額の罰金を科した

ロンドン市場であれば、その日の取引が一段落し、金融機関が「日締め」に向かう午後4時を使うことが多い。この時刻前後に一部の金融機関が結託して、実勢からかい離した為替レートを市場にクオートしていた可能性が指摘された[17]。英米欧の金融当局と司法当局は、こうした金融機関の動きは、外国為替相

17　実際の取引価格は市場原理に基づき、実勢価格で行われるが、これらの銀行が市場情報サービス業者にクオートした価格のみが操作された。

場を不正に誘導しようとする行動であり、反トラスト法に違反すると指摘した。また一部の銀行の為替トレーダーは、顧客から受けた為替の注文情報を、不正に他銀行のトレーダーと共有しており、こうした行動は、業界の「カルテル」に当たるとした。2014年11月、英米およびスイス当局は大手銀行に対して総額43億ドル（約5,140億円）にのぼる罰金を科した。さらに2015年5月には、米司法省と米FRBが別途総額58億ドル（約7,140億円）にのぼる巨額の罰金を科すこととなった。

4 住宅ローン証券不適切販売

銀行に対する罰金の波は、とどまることを知らなかった。2015年5月、米司法省およびFRBは、大手米銀が、サブプライムローンを組み込んだ住宅ローン担保証券のリスクを知りながら、投資家に対する説明責任を果たさずに販売を行ったとして訴追、総額4兆円にのぼる巨額の和解金をもって和解した。このうち、130億ドル（約1兆3,000億円）の和解金を支払ったJPモルガンチェース銀行の場合、こうした不適切販売を行ったのが、同行が救済買収したベア・スターンズ証券、およびワシントン・ミューチュアルだったのは、皮肉だった。

5 脱税ほう助と制裁国向け取引

米司法省の牙は外銀にも向けられた。住宅ローン証券不適切販売問題と相前後して、富裕層ビジネスにおける脱税ほう助問題と制裁国向け取引問題がやり玉にあがった。2014年5月、米

図表14-5　住宅ローン担保証券の不適切販売事件による主な罰金・和解金例

	時期	米司法省・FRB罰金・和解金
シティバンク（米）	2014/7/1	70億ドル（約7,100億円）
JPモルガンチェース（米）	2013/11/1	130億ドル（約1兆3,000億円）
バンク・オブ・アメリカ（米）	2014/8/1	166億5,000万ドル（約1兆7,000億円）
ゴールドマン・サックス（米）	2014/8/1	31億5,000万ドル（約3,270億円）

2015年、大手米銀は、住宅ローン担保証券のリスクについての説明責任を果たさずに販売した、として、総額約4兆円にのぼる和解金を支払った

　司法省は、スイスの大手銀行クレディ・スイスが過去数十年にわたって米国の富裕層顧客の脱税を助けた（「脱税ほう助」）ことを認め、合計26億ドル（約2,640億円）の罰金を支払うことを認めた、と発表した。歴史的にスイスの銀行法は国外の捜査当局を含めた第三者への顧客口座情報の開示を禁じており、スイスの銀行における富裕層ビジネス、いわゆるプライベート・バンキング業務は、脱税の隠れみのといわれていた。クレディ・スイスのケースは、こうした顧客情報の非開示に対する米司法省の攻勢に対して、決着をつけた[18]ものと考えることができる[19]。

図表14-6　米司法省による罰金・和解金例

時期	対象銀行	罰金・和解金	理由
2009年	UBS銀行（スイス）	7億ドル （約680億円）	脱税ほう助
2012年	HSBC（英国）	19億ドル （約1,640億円）	マネーローンダリング
2012年	スタンダード・チャータード銀行（英国）	3億ドル （約260億円）	制裁国との不正取引
2013年	三菱東京UFJ銀行（日本）	2億5,000万ドル （約240億円）	制裁国への送金
2014年	クレディ・スイス（スイス）	28億ドル （約2,640億円）	脱税ほう助
2014年	BNPパリバ（仏）	89億ドル （約9,000億円）	制裁国との不正取引
2014年	コメルツ銀行（独）	14億5,000万ドル （約1,800億円）	制裁国との不正取引等

脱税ほう助や制裁国との取引をめぐり、米司法省が科した罰金や和解金は巨額にのぼった

18　米国議会は2013年、海外の銀行が米国人の口座情報を届け出ることを義務づけることを規定した外国口座税務コンプライアンス法（通称「FATCA法」）を批准した。スイス当局もFATCA法を受け入れ、銀行が顧客情報を提供すれば起訴を免れる制度となったが、クレディ・スイスについては、FATCA法受入れの時点ですでに脱税ほう助捜査が行われていたため、過去の事件については対象から外されていた。

19　同じスイスの大手銀行であるUBS銀行は、脱税ほう助問題に関し、2009年に7億ドルを支払っている。またスイスの中堅のプライベートバンクであるヴェゲリンは、2013年1月に脱税ほう助を認めた後、廃業に追い込まれた。

その直後の2014年7月、米司法省はフランスの最大手銀行であるBNPパリバが、主に原油取引に関連してイランやスーダンなどの制裁国向けにドル送金を繰り返し、その事実を隠匿したとして、総額89億ドル（約9,000億円）にのぼる罰金を科した。制裁国向けの取引については、従来より罰金を科されるケースがあり[20]、事象自体は異例とはみられなかったが、BNPパリバのケースでは金額がけた外れだった。BNPパリバの2014年度最終利益は、かろうじて黒字を確保したものの、前年度比で97％の減益となった[21]。

6　「内部管理不備」に対する罰金処罰

　不正取引に端を発した銀行に対する罰金事例の対象は、内部管理体制の不備にまで及んだ。米銀最大手のJPモルガンチェース銀行は2012年5月、ロンドンの財務担当が行っていた、CDS取引[22]を中心としたデリバティブ取引のポートフォリオから20億ドル（約1,580億円）の損失が発生した、と公表した。そのポジションの大きさから、手じまいの過程で損失は雪だるま的に拡大、最終的に損失は60億ドル（約4,730億円）を超えた。財務担当のポジションは、同社のリスク枠に沿ったものであり、い

---

[20] 英スタンダード・チャータード銀行が2012年に3億ドル（約260億円）を支払ったほか、邦銀では三菱東京UFJ銀行が2013年に2億5,000万ドル（約240億円）の和解合意を行っている。

[21] 2013年度の最終利益が約48億ユーロ（約6,900億円）であったのに対して、2014年度は、1億5,700万ユーロ（約230億円）となった。

[22] CDS取引については、第11章「リーマンショックとグローバル金融危機の勃発」参照。

わゆる「権限外取引[23]」ではなかったが、そのポジションの大きさが市場の規模に比べても過大[24]との指摘を受け、リスク管理体制の妥当性自体が問われた。JPモルガンチェース銀行は、財務報告に関する内部統制の欠陥や、経営陣による取締役会への報告実務の不備などを理由として、翌2013年、米国証券取引委員会など３つの米当局に合計７億ドル（約680億円）、英国金融監督当局に２億2,000万ドル（約220億円）を支払うことで合意した[25]。

また、2014年11月、英国当局は、2012年７月に多数の預金者を巻き込むかたちで発生したシステム障害[26]に関し、ロイヤルバンク・オブ・スコットランド銀行に対して5,600万ポンド（約100億円）の罰金を科した。

前項までのケースが、不正事件に対する罰金であったのに対して、JPモルガンチェース銀行のケースは内部管理体制の不備により予想外の損失を被り、財務開示上の問題や、取締役会を誤った方向に導いた、ということが問われたものである。また、ロイヤル・バンク・オブ・スコットランド銀行のケースは、システム障害により預金者を中心とした取引先に迷惑をか

---

23 「権限外取引」については、第６章「ベアリングズ銀行と不正トレーダー」参照。
24 同財務担当のCDS取引のポジションは、ロンドン市場全体に比しても大きかったことから、「ロンドンの鯨」と呼ばれていた。
25 英国当局は当該担当者の刑事訴追も検討したとされるが、最終的に刑事訴追は断念した。
26 システム障害に伴い、およそ600万人にのぼる預金者が、最大数週間にわたって自分の口座情報へのアクセスが困難になった。

けたというものであり、大手金融機関は、その実務や運営において万全を期することが強く求められ、そこで瑕疵が生じた場合には、多額の罰金を含む厳罰に処される、という強いメッセージとなった。

7 コンダクトリスクと金融リスク管理への影響

「行動規範」という基準がある。英語では「コード・オブ・コンダクト[27]」といい、企業の倫理的価値観に基づく基本的な行動基準として位置づけられる。行動規範は各企業における基本原則として、各従業員に浸透されるべきであり、企業はそのために具体的な周知策を実施することになる。本章で発生したLIBOR不正や住宅ローン証券不適切販売の問題は、それ自体は必ずしも直接的な法令違反には当たらない。しかしながら、公共性の高い金融機関の行動基準としては不適切といえるであろう。このように金融機関の不適切な行動が社会に悪影響を与えるリスクは、新たに「コンダクトリスク」と呼ばれるようになった。英国の金融当局であるFCAは、「顧客の正当、かつ合理的な期待に応えることや、金融機関同士の行動や市場での活動で果たす役割」を金融機関に期待するコンダクトとしたうえで、こうした「顧客保護」や、「市場の健全性」、「有効な競争」に対して悪影響を与える行為が行われるリスクを「コンダクトリスク」と定義した。

---

27 Code of Conduct.

本章で示した、不適切な金融実務の事例は、たとえば、バンカーズ・トラスト銀行のデリバティブ損失事件における販売適合性の問題[28]や、証券化商品問題における「オリジネート・トゥ・ディストリビュート」ビジネスモデル[29]を思い出させる。その意味でコンダクトリスクは、オペレーショナルリスクの一形態と考えることもできるが、オペレーショナルリスクが、内部プロセスや人的要因が不適切であること、もしくは機能しないこと[30]、と定義され、なんらかの手続やシステムが正常に機能しないことに着目しているのに対して、コンダクトリスクは金融機関の従業員の行動様式という、より大元に根差しているといえる。

　コンダクトリスクは、そこから発生する多額の罰金事例に加えて、金融機関の評判に多大なダメージを与えるレピュテーショナルリスクの可能性から、急速に注目を浴びており、各金融機関はコンダクトリスク管理に向けた態勢づくりに注力することとなった。

　G30は、コンダクトリスクが金融機関のリスク文化と深く関係がある、としたうえで、以下のようなプロセスを確立すべく努力すべきである、としている[31]。

28　第5章「FRBショックとデリバティブ損失」参照。
29　第10章「サブプライムローン問題と証券化商品」参照。
30　オペレーショナルリスクは、「内部プロセス、人的要因、システムが不適切であること、もしくは機能しないこと、あるいは外生的事象から損失が生じるリスク」と定義される。第8章「バーゼルⅡとオペレーショナルリスク」参照。

●銀行は全体的なリスク文化としてどこを目指すのかを明確にすべきである。
●経営陣が、経営トップからのトーンを明確に発信する責任を負う一方で、取締役会は企業価値や行動様式を監視する必要がある。
●行動様式に対する期待を満たさない従業員を高く評価すべきではなく、行動様式に欠陥がある場合には、業績評価や報酬を修正できるようにすべきである。
●従業員に対しては、何が期待されているかについて説明・強化する強靭なプロセスを確立すべきである。
●ビジネス部門（第1層）が望ましい企業価値や行動様式を遂行し、それにミドル部門（第2層）が基準の設定やモニタリングを通じて関与し、内部監査部門（第3層）が行動基準の遵守を検証する、いわゆる「3層ディフェンスライン[32]」を確立すべきである。

コンダクトリスクは、法令違反と直結することから、社内のコンプライアンス部門が所管することが多数派のようだが、その管理手法はまだ手探り状態である。しかしながら、欧米の金融機関を中心に、コンダクトリスクをめぐる議論や実務指針は急速に進展する可能性があり、監督当局からの実務指針公表も予想される。しばらくは目が離せない展開が続くだろう。

---

[31] "Banking Conduct and Culture," Group of Thirty、2015年7月。G30については、第4章「G30レポートとVaR革命」参照。
[32] Three lines of defense.

目撃者のコラム

　コモディティ市場を使った新商品の可能性を検討するために、ロンドン金属取引所を見学したのは、1991年、いまから四半世紀以上前のことだった。ピットと呼ばれる取引ブースは、深緑色に鈍く光る革張りの椅子がぐるりと円形に並んだ、いわば「舞台」だった[33]。ピットのトレーダーたちは、革張りの椅子に足を組んで座っている。テーブルはなく、皆向かい合って互いの顔色や出方をうかがっている。取引は、原子記号に従い、5分ごとに、アルミ→ニッケル→銅→亜鉛……と取引が行われ、1時間ごとにすべての取引金属が一巡、それが午前中2回、午後2回繰り返される。取引所価格は、5分間のセッションにおける最後の取引価格で決定され、1時間後に同じ金属のセッションが行われるまで、その価格がロンドン取引所の価格として採用される。5分間のセッションの最初の4分間は、互いの手の内を探るような小口の取引が行われるが、最後の1分間、いや15秒間は怒号が飛び交うなか、最終価格を決定する木槌が振り下ろされる。その瞬間、場立ちのトレーダーたちに安堵感とも達成感ともいえないような奇妙な興奮が広がり、次の金属セッションを担当するトレーダーたちが席を入れ替わる。再び手の内を探る取引が始まる……これが本場のコモディティ取引か、という感慨があった一方で、かたや株式市場ではコンピュータを駆使したプログラムトレーディングが行われるなか、この取引形態はいくらなんでも時代遅れ、いや、時代錯誤ではないか、との思いが頭をかすめた。

　LIBOR不正をめぐるごたごたをみるにつけても、同じ思い

33　その形状により、ロンドン金属取引所における値決め取引は「リング取引」と呼ばれる。

が去来した。本章で示したとおり、LIBORとは、規制金利が主流を占めるなかで、第一次オイルショックを契機に発生した自由金利市場であるユーロダラー市場で、銀行間取引金利を決定するために、当時の銀行関係者が考案したやり方である。レファレンス銀行が提示したレートから上下をカットして残りを平均する、という手法自体が古色蒼然としていないだろうか。その後、LIBOR金利は世界中の金融取引の基準金利として、ありとあらゆる金融取引がLIBORの上に乗ってきた。リヤカーの上に、家具からテレビ、オーディオからパソコンまで、家財道具すべてを山のように積み上げて引越しをする姿のようにもみえる。ユーロダラー市場の発展当時には、一定の妥当性があった（であろう）LIBOR金利の決め方の上に、その後、次から次へと新たな金融取引が乗っかり、身動きがとれなくなってしまっているのに、なお汗を拭きながらリヤカーを引く姿にみえて仕方がない。LIBORの決め方を考案した関係者が、そうして決まるLIBORに、いまでは3京ドル近い取引が依存していると聞いたとしたら、目を回すに違いない。LIBOR不正もそうした「ミスマッチ」のうえで発生した事件に思えてならない。

　欧米金融機関を中心として2012年以降相次いだ罰金報道をみて、銀行とはいったいどういうところなのか、と思った人々は多いのではないか。本章記載の事例だけで、銀行が支払った罰金と和解金の合計は8兆円にのぼる[34]。日本人の感覚からすると、8兆円もの罰金を支払うとは、どれほどの極悪人か、というものではないか。その影響範囲の違いから、単純な比較ができないことは十分に承知のうえながら、第5章で取り上げたバンカーズ・トラスト銀行の不適切販売に対する約10

---

[34] 2014年度の日本の税収総額は約54兆5,000億円であり、本章記載の罰金・和解金で日本の税収の7分の1程度がまかなえることになる。

億円の(当時最高額の)罰金と、住宅ローン不適切販売においてバンク・オブ・アメリカが支払った1兆7,000億円の和解金の間の1,700倍の違いは何に基づいているのだろうかと思わないでもない。

　その罰金のインパクトや、その後のレピュテーショナルリスクを考えると、コンダクトリスクに対するリスク管理上の取組みが強化されるのは、当然であろう。一方で、コンダクトリスクを「管理」するロードマップは、いまだ確定していない。コンダクトリスクが行動様式や行動基準によっているとした場合、コンプライアンス部門やリスク管理部門という一部門だけでそれを変えられるものではなく、経営陣や取締役会といった、組織のトップからの強く継続したメッセージによって、金融機関の「リスク文化」そのものを変えていく必要がある。本書第6章の「目撃者のコラム」で触れた「リスク文化の醸成」は、より広い金融機関行動に対して求められている。そしてそれは、地道かつ長い道のりになる。

〈**参考資料**〉

"Toward Effective Governance of Financial Institutions", Group of Thirty, 2012

"Banking Conduct and Culture", Group of Thirty, 2015

"Barclays fined a record $450m", Financial Times, Jun. 28, 2012

「基準金利操作世界揺らす」、日本経済新聞、2012年7月17日

「金利不正、複数行で利益」、日本経済新聞、2012年7月11日

「LIBOR不正に刑事罰」、日本経済新聞、2012年7月26日

「LIBOR当局が監視」、日本経済新聞、2013年3月27日

"Six banks hit with fines of $4.3bn in global forex rigging scandal", Financial Times, Nov. 13, 2014

「外為不正、6行に罰金」、日本経済新聞、2013年11月13日

「米、金融6社に罰金7000億円」、日本経済新聞、2015年5月21日

「米シティ7100億円支払い」、日本経済新聞、2014年7月15日

「1.3兆円支払い合意　JPモルガン住宅証券販売で和解」、日本経済新聞、2013年11月20日

"B of A settles for record $17bn", Financial Times, Aug. 22, 2014

「仏パリバ　罰金9000億円」、日本経済新聞、2014年7月1日

"JPMorgan is fined $920m over London Whale fiasco", Financial Times, Sep. 20, 2013

"UK drops 'London Whale' probe", Financial Times, Jul. 10, 2015

"RBS slapped with record £56m fine over IT meltdown," Financial Times, Nov. 21, 2014

"Report of JPMorgan Chase & Co. Management Task Force Regarding 2012 CIO Losses", JPMorgan Chase, Jan. 2013

目撃者のコラム──おわりに

　本書で繰り広げられた「事件」のいくつかに共通するのは、ある市場や取引が拡大し、事業の拡大に拍車がかかった結果、管理態勢が追いつかなくなり、態勢がもたなくなって「破裂」し、大きな市場を巻き込んだ「事件」が発生する、ということではないか。「山高ければ谷深し」とはよくいったもので、市場の拡大が大きいほど、その反動としてのショックも大きい。また、取引量と管理レベルとの間のひずみが広がる種は、複雑なデリバティブから、単純な住宅ローンに至るまで、あらゆる金融取引に潜んでいることも本書の「事件」は語っている。人間は変わらない、人間は学ばない、との感想をもった方も多いのではないか。

　では、これを「管理」するには、どうしたらいいのか。それは、さまざまな性格や能力、惰性や慣性、プライドや偏見をもつ人間社会において、人間の性をコントロールする無謀な試みに近いのかもしれない。それを「管理」するのは、だれなのか。リスクマネジャーや監督当局がその重要な一翼を担うべきことは疑問の余地がない。しかしながら、担い手はそれにとどまらず、さらにさかのぼって、経営陣や取締役会が率先してリスク文化や企業文化を変革することも必要だろう。それに取り組むアプローチも1つではありえない。壮大な試行錯誤にも思える。試行錯誤なのであれば、次なる「10大事件+x」は、将来必ず発生する。それはすぐ明日のことなのかもしれないし、

すぐ身の回りの金融取引から発生するのかもしれない。

　なすべきことは、それを事前に抑え込むことに腐心するだけではなく、その教訓を正しく評価し、少なくとも同じ過ちを繰り返さないことであろう。そのためには、過去の経験を理解してそれを評価することは必須ではないだろうか。過去の経験の評価とは、起きた「事件」そのものだけでなく、その後の対応も含まれよう。すべての薬には副作用がある。対応としての投薬の副作用をも正しく理解し、グローバルな経済発展や、あるべき企業価値の向上を壊さないように、新たな薬を調合し、副作用に注意しながら、過ちの再発を抑える。そこにリスクマネジャーが果たすべき役割、責任は大きいだろう。本書初版の第9章（増補版第12章）のコラムで記した、「リスクマネジャーには、……これまで以上に厳しい自己規律をもった姿勢が必要になるのではないか」は、より広い対象に対して、より強い時代の要請になっているのではないだろうか。

2016年8月

　　　　　　　　　　　　　　　　　　　　藤井　健司

事項索引

【英字】

ABCP ··········· 168、205、251
ABCPコンデュイット ········· 205
ABNアロム銀行 ············· 284
ABS ························· 205
ABS-CDO ················· 205
AIG ························ 239
AMA ················· 172、277
AML ························ 55
BATS取引所 ················ 298
BBA ························ 319
BCCI ················· 5、22、46
BCCIインターナショナル ······ 47
BCP ····················· 7、185
BCP訓練 ···················· 189
BIA ························ 172
BIS ························ 113
BIS規制 ············ 7、76、160
BISユーロカレンシー・スタンディング委員会 ·············· 67
BNPパリバ銀行 ·············· 196
BONY ······················ 182
British Bankers' Association
 ···························· 319
CBOE ······················· 67
CCAR ······················ 282
CDO ················ 204、205、223
CDS ························ 239
CDSスプレッド ········ 242、246
CFTC ············· 99、119、299
CLS ························· 26
CP ························· 211

Credit Support Annex ········ 152
CRMPG ···················· 148
CSA ························ 175
CVA ························ 268
DRP ························ 185
D-SIB ····················· 287
EAD ························ 166
ECU ························· 23
E-Mini ···················· 299
EURIBOR ·················· 319
FATF ························ 53
FCA ················· 284、333
FHLMC ···················· 232
FICOリスクスコア ············ 197
FNMA ····················· 232
FOMC ············· 38、86、143
FRB ············ 32、83、86、130
FRBショック ················· 86
FRTB ······················ 278
G20／OECDコーポレート・ガバナンス・コード ········ 59
G30 ······················ 6、69
G30レポート ········ 6、66、69
GSE ························ 232
G-SIB ················ 262、287
G-SIBサーチャージ ·········· 265
G-SIFI ···················· 262
G-SII ····················· 287
HFT取引 ················· 8、297
High-Frequency Trading ···· 297
HLI ························ 147
ICE ························ 325

IKB銀行 ……………………… 209
ING銀行 ……………………… 115
INGベアリングズ …………… 115
ISDA ………………… 152、243
ISDAマスター契約 ………… 152
JPモルガンチェース銀行
　………………………… 231、331
KDB …………………………… 236
KRI …………………………… 175
KYC …………………………… 61
LBO …………………………… 32
LCR …………………………… 270
LGD …………………………… 166
LIBID ………………………… 319
LIBOR金利 …… 90、97、144、318
LME …………………………… 118
LTCM ……………… 6、130、231
LTCM監視委員会 …………… 144
MBS …………………………… 200
MMF ………………… 206、251
NSFR ………………………… 270
OTC取引 ……………………… 67
PD …………………………… 166
PFE …………………………… 152
PRA …………………………… 284
PVP（Payment versus
　Payment）………………… 27
RAROC ……………………… 95
Recovery and Resolution Plan
　（RRP）…………………… 262
Recovery Plan ……………… 262
Resolution Plan …………… 262
S&P500指数 ………………… 306
SEC ………… 32、99、120、299
SIB …………………… 116、119

SIBOR ………………………… 319
SIV ………………… 204、205
SPV …………………………… 200
SPY …………………………… 299
SSG …………………………… 221
SWF …………………………… 215
TARP ………………………… 248
TIBOR ………………………… 319
TLAC ………………………… 271
TSA …………………………… 172
UBS銀行 ………… 125、218、222
UKFSA ……………… 116、237
VaR ………………… 2、71、81、
　169、173、224、252、253、278
VaR革命 ……………………… 81
Wrong-way Risk …………… 242

【あ】

アービトラージ取引 …… 132、133
アービトラージャー ………… 300
アウトライヤー銀行 ………… 171
アジア通貨危機 ……………… 134
アセットスワップ …………… 89
アライド・アイリッシュ銀行
　………………………………… 123
アラン・グリーンスパン議長 … 86
アルゴリズム ………………… 296
アルゴリズム取引 ……… 8、294
アルシュ・サミット ………… 53
アローヘッド ………………… 315
暗黒の月曜日 ………………… 33
安定調達比率 ………………… 270
アンワインド ………… 143、151

事項索引　343

【い】

イールドカーブ ……………… 140
イールドスプレッド ………… 96
イラン・コントラ事件 ……… 51
イングランド銀行 ……… 213、322
インサイダー取引 …………… 32
インターコンチネンタル取引所
　…………………………… 325
インデックス・アービトラージ
　取引 …………………… 35
インバース・フローター取引
　………………………… 90、101

【う】

ウェルズ・ファーゴ銀行 …… 248
疑わしい取引の届出制度 …… 55

【え】

エレクトロニック・トレーディ
　ング ……………………… 298

【お】

オークション ………… 145、243
欧州通貨単位 ………………… 23
オブジェクト・ファイナンス
　…………………………… 167
オプション取引 …… 36、67、240
オフバランスシート取引
　……………………… 66、68、78
オペレーショナルVaR ……… 82
オペレーショナルリスク
　……… 4、163、172、185、311
オペレーショナルリスク管理 … 4
オリジネート・トゥ・ディストリ
　ビュート …… 7、207、218、334

【か】

外部格付準拠方式 …………… 168
外部事象 ……………………… 185
カウンターシクリカルバファー
　…………………………… 265
カウンターパーティ・リスク・
　マネジメント・ポリシー・
　グループ ………………… 148
カウンターパーティ・リスク管理
　………………… 4、148、151
株価指数先物 ………………… 35
株価リンク債 ………………… 92
株式バスケット ……………… 35
空売り規制 …………………… 248
カリフォルニア州オレンジ郡
　…………………………… 100
カレントエクスポージャー …… 70
韓国産業銀行 ………………… 236
カントリーワイド …………… 237

【き】

危機管理マニュアル ………… 188
企業倫理 ……………………… 103
基礎的手法 …………………… 172
基礎的内部格付手法 ………… 167
キダー・ピーボディ証券 …… 119
期待ショートフォール … 72、278
ギブソン・グリーティング社 … 96
逆グローバル化 ……… 281、283
9.11 ………………………… 180
共通ストレスシナリオ ……… 285
業務継続計画 ……………… 7、185
業務継続における基本原則 … 186
銀行勘定の金利リスク ……… 171
銀行のためのコーポレート・ガ

バナンス諸原則 58
銀行持株会社 246
金融安定化フォーラム .... 217、
　　　　　　　　　　218、260
金融安定化法 248
金融安定理事会 .... 218、262
金融行為監督機構 284
金融サービス庁 .... 116、237
金融システム上重要な金融機関
　.......................... 262
金利スワップ 89

【く】
クオート 304
グラス・スティーガル法 ... 4、41
繰延税金資産 267
グループ・オブ・サーティ
　........................ 6、69
クレジット・デフォルト・ス
　ワップ 239
グローバル金融システム委員会
　.......................... 149

【け】
経済資本 252
ケース・シラー住宅価格指数
　...................... 199、234
決済リスク 21
決定委員会 243
現グローバル金融システム委員
　会 67
権限外取引 .... 118、332
検査忌避行為 107

【こ】
公開市場オペレーション 38
公的管理 234
行動規範 .... 103、333
コード・オブ・コンダクト ... 333
コーポレート・ガバナンス 57
ゴールドマン・サックス証券
　.......................... 245
国際決済銀行 .... 5、113
国際通貨基金（IMF）協定 13
固定相場制 13
誤発注取引 307
誤方向リスク 242
コマーシャル・ペーパー 211
コマーシャル・ペーパー市場
　.......................... 251
コモディティ・ファイナンス
　.......................... 167
コンダクトリスク .... 8、333

【さ】
サーキット・ブレーカー制度
　...................... 40、306
災害復旧計画 185
再建計画 262
再構築コスト 70
最大損失額 71
裁定取引 .... 35、111
裁定利益 35
サブプライムローン .... 7、
　　　　　　　　　　197、230
3層ディフェンスライン 335
サンドストーム報告 49

事項索引　345

【し】

- ジェラルド・コリガン … 66、148
- シカゴオプション取引所 ……… 67
- 資金洗浄 ………………… 46、52
- 仕組債 ………………………… 92
- 仕組預金 ……………………… 92
- 仕組みローン ………………… 92
- 自己資本比率規制 ……… 76、220
- 資産相関係数 ………………… 169
- 資産担保CP ………… 168、205
- 資産担保証券 ………………… 205
- 市場インパクト ……… 146、296
- 市場リスク規制 ……………… 76
- 市場流動性 …………………… 150
- 市場流動性リスク管理 ……… 150
- システミック・リスク ……… 6、131、138、237、251
- システム売買 ………………… 296
- 市中協議文書 ………… 78、162
- 実効的なリスクデータ集計とリスク報告に関する諸原則 … 274
- 指定関数方式 ………………… 168
- シニア・スーパーバイザーズ・グループ …………… 217、221
- シニア・トランシェ ………… 202
- 資本フロア …………………… 276
- 資本保全バッファー ………… 265
- ジャッジメント・ベース …… 284
- シャドウ・バンキング ……… 155
- 住宅金融組合 ………………… 212
- 住宅ローン担保証券 ………… 200
- 集中リスク …………………… 224
- 主要リスク指標 ……………… 175
- ジョイント・フォーラム …… 186
- 証券化 ………………………… 200
- 証券化仕組商品 ……………… 203
- 証券化商品 …………………… 168
- 証券投資委員会 ……… 116、119
- 商品先物取引委員会 … 119、299
- 女王陛下の投資銀行 ………… 110
- 職責分離 ……………………… 121
- ジョン・メリウェザー ……… 132
- 信用VaR ……………………… 82
- 信用集中リスク ……………… 171
- 信用スプレッド ……………… 140
- 信用評価調整 ………………… 268
- 信用補完契約 ………………… 152
- 信頼水準 ……………………… 71

【す】

- スーパーシニア・トランシェ ………………………… 201
- スーパーシニア債 …………… 223
- スケーリングファクター …… 165
- スタブ・クオート …………… 304
- ストレスVaR ………………… 263
- ストレスシナリオ …………… 282
- ストレステスト ……………… 2、70、219、252
- スミソニアン協定 …………… 14
- 住友商事 ……………………… 118
- スワップション取引 ………… 90
- スワップ取引 ………………… 67

【せ】

- 清算機関 ……………………… 268
- 清算集中義務 ………………… 281
- セーフティネット …………… 231
- セプテンバー・イレブン … 7、180
- 先進的計測手法 ……… 172、277

先進的内部格付手法 ………… 167

【そ】
総損失吸収力 ………………… 271
ソシエテ・ジェネラル銀行 … 125
組織的犯罪処罰法 …………… 55
ソブリン・ウェルス・ファンド
　……………………………… 215
粗利益配分手法 ……………… 172
ソロモン・ブラザーズ証券
　………………………… 132、313

【た】
第一の柱 …………… 162、165
第二の柱 …………… 162、169
第三の柱 …………… 162、171
ダイナミック・ヘッジ ……… 36
タイボー ……………………… 324
大和銀行 ……………………… 117
多通貨同時決済 ……………… 26
脱税ほう助 …………………… 329
担保付支払債務証券 ………… 204

【て】
ティア１資本 ………… 77、261
ティア２資本 ………………… 77
テール・イベント …………… 280
適格流動資産 ………………… 270
デクシア …………… 248、284
デフォルト時エクスポージャー
　……………………………… 166
デフォルト時損失率 ………… 166
デュー・ディリジェンス … 147、
　　　　　　　　　 218、246
デリバティブ仕組取引 ……… 89

デリバティブ：その実務と原則
　……………………………… 69
デリバティブ取引 …………… 67
デリバティブ取引に関するリス
　ク管理ガイドライン …… 6、73
テロ資金供与 ………………… 52
電子取引 ……………………… 297
店頭デリバティブ規制 ……… 281
店頭取引 ……………………… 67

【と】
トゥー・ビッグ・トゥ・フェイ
　ル …………………………… 262
倒産確率 ……………………… 166
統制内部評価 ………………… 175
特定貸付債権 ………………… 167
特別目的会社 ………………… 200
独立したリスク管理部門
　………………………… 70、121
ドッド・フランク法 ………… 281
トランシェ …………………… 201
取付け ………………………… 213
取引情報報告義務 …………… 281
トレーディング勘定の抜本的見
　直し ………………………… 278
ドレクセル・バーナム・ラン
　ベール証券 ………………… 23

【な】
ナイト・キャピタル証券 …… 307
内部格付手法 ………… 165、277
内部評価方式 ………………… 168
内部モデル方式 ………… 76、79
ナスダック …………………… 298

事項索引　347

【に】
ニクソンショック …………5、13
ニック・リーソン ………… 111
ニュー・センチュリー・フィナンシャル ………… 208
ニューヨーク証券取引所 ……298
ニューヨーク同時多発テロ …………………7、180
ニューヨーク連銀 ………66、130

【ね】
値洗い …………………… 70
値付け ………………… 304

【の】
ノーザンロック銀行 ………… 212
ノーマル・アクシデント ……313

【は】
バークレーズ銀行 ……237、318
バーゼル2.5 ………………… 263
バーゼルⅡ …………7、162、264
バーゼルⅢ ……………263、264
バーゼル協約 ……………… 56
バーゼル銀行監督委員会 ……5、24、73、76、147、162、186、263、275
パススルー債 ……………… 233
破綻処理計画 ……………… 262
パリバ・ショック ………… 196
バリュー・アット・リスク …………………… 2、71
バンカーズ・トラスト銀行 …………………95、334
バンク・オブ・アメリカ ……239

バンク・オブ・クレジット・アンド・コマース・インターナショナル …………22、46
バンク・オブ・ニューヨーク ………………………… 182
阪神淡路大震災 ………… 113
販売適合性 ……………… 103

【ひ】
東日本大震災 …………… 190
ピッツバーグ・サミット ……260
日計り取引 ……………… 111
標準的方式 …………79、165
評判リスク ……………… 104
ビル・マクドノー ………… 130
ビルディング・ソサエティ …212

【ふ】
ファニー・メイ …………… 232
フェイル取引 ……………… 21
フェデラル・ファンド金利 ……86
フォルティス銀行 ……248、284
不正操作 ………………… 318
普通株式等ティア1資本 ……77、266、285
復旧目標時間 …………… 187
不適切販売 ……………… 328
プライスウォーターハウス ……48
プライムローン …………… 197
ブラック・ショールズ理論 ……67
ブラックマンデー ………… 32
フラッシュ・イベント ……… 308
フラッシュ・クラッシュ …8、294
フラッシュ・ボーイズ ………309
プリンシプル・ベース ………284

プルーデンス規制機構 …… 284
ブルームバーグ ………… 326
フレディ・マック ………… 232
ブレトンウッズ体制 …… 3、12
プレミアム ………………… 240
プロクター＆ギャンブル社 … 96
プログラム・トレーディング
　………………………… 34、296
プロジェクト・ファイナンス
　………………………………… 167
ブンデスバンク …………… 19

【へ】
ベア・スターンズ証券 …… 231
ヘアカット率 ……………… 231
ベアリングズ銀行 …… 6、23、110
平価 ………………………… 13
米国合衆国司法省 ………… 318
米国証券取引委員会 …… 32、
　　　　　　　　120、299
米国連邦準備制度理事会 …… 32、
　　　　　　　　83、86、130
米国連邦破産法 9 条 ……… 101
米国連邦破産法11条 ……… 238
米商品先物取引所 ………… 318
ベイルイン ………………… 272
ベーシスポイント ………… 240
ヘッジファンド …………… 130
ヘルシュタット銀行 ……… 18
ヘルシュタット・リスク …… 5、
　　　　　　　　18、50
変動相場制 ………………… 14

【ほ】
ポートフォリオ・インシュアラ
ンス ………………………… 34
ポテンシャル・フューチャー・
　エクスポージャー ……… 70、
　　　　　　　　149、152
保有期間 …………………… 71
ボラティリティ …………… 75
ボルカールール …………… 281
本人確認法 ………………… 55

【ま】
マーケットメーカー ……… 304
マーケットメーク ………… 304
マイクロ秒 ………………… 298
マイロン・ショールズ …… 132
マチュリティ調整関数 …… 169
マネーローンダリング …… 46、52

【み】
密結合 ……………………… 313
3つの柱 …………………… 162
三菱ＵＦＪフィナンシャル・グ
　ループ …………………… 246
ミリ秒 ……………………… 297

【め】
名義貸し …………………… 51、56
メザニン・トランシェ …… 202
メニュー方式 …………… 79、163
メリルリンチ証券 ………… 239

【も】
モラトリアム ……………… 135
モルガン・スタンレー証券
　………………… 183、242、245

事項索引　349

【ゆ】
ユーリボー ……………………… 324

【よ】
預金保険制度 ………………… 230

【ら】
ライボー金利 …………………… 318
ラッセル1000指数 …………… 307

【り】
リーマンショック …………… 8、229、238、251
リーマン・ブラザーズ証券 … 235
リスクアセット …………… 76、276
リスクウェイト …………… 77、160
リスクガバナンス ……………… 69
リスク調整後資本収益率 ……… 95
リスクファクター ……………… 75
リスク文化 ………………… 103、127、335、338、340
リスクメトリクス ……………… 73
リテール向けエクスポージャー
  …………………………… 167
流動性カバレッジ比率 ……… 270
流動性規制 …………………… 269
流動性バックアップライン
  …………………… 206、211
流動性ホライズン …………… 278
流動性リスク ………………… 220
リングフェンシング ………… 283

【れ】
劣後債 …………………………… 77

劣後トランシェ ……………… 202
レバレッジ …………………… 88、96、135、150、152
レバレッジド・バイアウト …… 32
レバレッジ比率 ……………… 268
レピュテーショナルリスク
  …………………… 100、104
レファレンス銀行 …………… 319
連邦公開市場委員会 ……… 38、86
連邦住宅貸付抵当公社 ……… 232
連邦住宅抵当公社 …………… 232

【ろ】
ロイズ銀行 …………………… 247
ロイター ……………………… 326
ロイヤル・バンク・オブ・スコットランド銀行 …… 248、332
ロケット・サイエンティスト
  ……………………… 66、134
ロシア危機 ……………… 6、135
ロバート・マートン ………… 132
ロングターム・キャピタル・マネジメント ……………… 130
ロンドン金属取引所 …… 118、336
ロンドンの鯨 ………………… 332

【わ】
ワコビア ……………………… 248
ワシントン・ミューチュアル
  …………………………… 247

【著者略歴】

藤井　健司（ふじい　けんじ）

東京大学経済学部卒。ペンシルヴェニア大学ウォートンスクール経営学修士課程修了。
1981年日本長期信用銀行入行、同池袋支店、営業第二部、長銀インターナショナル（英国）出向、等で勤務。
1998年三和銀行入行、三和証券リスク管理部長、2004年UFJホールディングスリスク統括部長兼UFJ銀行総合リスク管理部長
2006年三菱UFJフィナンシャル・グループ、リスク統括部バーゼルⅡ推進室長
2007年あおぞら銀行入行、専務執行役員チーフ・マーケット・リスク・オフィサー
2008年みずほ証券入社、リスク統括部長。2011年同執行役員。2014年同取締役執行役員グローバルリスクマネジメントヘッド
東京リスクマネジャー懇談会共同代表
Eメールアドレス：kfujii2020@gmail.com

増補版 金融リスク管理を変えた10大事件＋χ

2016年9月28日　第1刷発行
2020年6月24日　第3刷発行
（2013年7月25日　初版発行）

著　者　藤　井　健　司
発行者　加　藤　一　浩
印刷所　株式会社日本制作センター

〒160-8520　東京都新宿区南元町19
発　行　所　一般社団法人 金融財政事情研究会
　　編集部　TEL 03(3355)2251　FAX 03(3357)7416
販　　売　株式会社きんざい
　　販売受付　TEL 03(3358)2891　FAX 03(3358)0037
　　URL https://www.kinzai.jp/

・本書の内容の一部あるいは全部を無断で複写・複製・転訳載すること、および磁気または光記録媒体、コンピュータネットワーク上等へ入力することは、法律で認められた場合を除き、著作者および出版社の権利の侵害となります。
・落丁・乱丁本はお取替えいたします。定価はカバーに表示してあります。

ISBN978-4-322-12878-9